ADAC
Reiseführer

Piemont Lombardei

Mailand Turin Valle d'Aosta

von Caterina Mesina

Intro

Unterwegs

Valle d'Aosta – Bergdörfer, trutzige Burgen und majestätische Gipfel 115

Piemont, Lombardei, Valle d'Aosta Kaleidoskop

Karten und Pläne

Service

Leserforum

Die Meinung unserer Leserinnen und Leser ist wichtig, daher freuen wir uns von Ihnen zu hören. Wenn Ihnen dieser Reiseführer gefällt, wenn Sie Hinweise zu den Inhalten haben – Ergänzungs- und Verbesserungsvorschläge, Tipps und Korrekturen – dann kontaktieren Sie uns bitte:

Redaktion ADAC Reiseführer
ADAC Verlag GmbH
Am Westpark 8, 81365 München
Tel. 089/76 76 41 59
reisefuehrer@adac.de
www.adac.de/reisefuehrer

Piemont, Lombardei, Valle d'Aosta Impressionen

Magische Landschaften, faszinierende Metropolen und unendliche Gaumenfreuden

Die Lombardei, das Piemont und das Valle d'Aosta sind verlockende norditalienische Reiseziele: Die mediterrane Atmosphäre am Gardasee und Lago Maggiore, kulinarische Genüsse im Piemont von Barolo bis zu Trüffeln, hochalpine Skiparadiese in den Alpenregionen, die berühmte Modehauptstadt Mailand, die charmante FIAT-Metropole Turin sind die Bilder, die gleich in den Sinn kommen.

Genüsse für Leib und Seele

Die **Oberitalienischen Seen**, wo im milden Klima Palmen und subtropische Pflanzen vor einer schneeüberzuckerten Berglandschaft wachsen, übten schon auf die Römer Plinius und Catull eine magische Anziehungskraft aus. Die Bildungsreisenden späterer Jahrhunderte verewigten sie in Gemälden und literarischen Werken. »Das schönste an der Lombardei sind die Seen«, schwärmte Goethe. Und noch heute versetzt diese *fjordähnliche Landschaft* unter strahlendem Himmel selbst nüchterne Naturen in Begeisterung. Prachtvolle *Villen* inmitten botanischer Gartenparadiese säumen die Ufer der tiefblauen Seen und künden von der glanzvollen Belle Époque. Wie Perlen liegen die Borromäischen Inseln im **Lago Maggiore**, Pfauen stolzieren durch die barocken Parks. Das pittoreske Bellagio am **Comer See** begeisterte einen amerikanischen Multimillionär so sehr, dass er es 1998 kurzerhand in Las Vegas originalgetreu nachbauen ließ. Eher still ist der hübsche **Lago d'Orta** mit seiner geheimnisvollen Insel, auf die sich im 4. Jh. der hl. Julius zurückzog, nachdem er die Feuer speienden Drachen vertrieben hatte.

Der Süden des Piemont lockt mit den weinseligen Hügelketten des **Monferrato** und der **Langhe**, wo sich zugleich die Traditionen einer bäuerlich-soliden, aber

Oben: *Astis ruhmreiche Vergangenheit wird beim Palio lebendig*
Rechts oben: *Spitzenerlebnis – Spaziergang auf den Terrazzi des Mailänder Doms*
Rechts unten: *Reizvoll zu jeder Jahreszeit – Weinberge um Cuneo im südlichen Piemont*

raffinierten Küche erhalten haben. Dazu gesellen sich eben jene vollmundigen *Rotweine* wie Barolo und Barbera, die zu den besten Italiens zählen und Weltruhm erlangt haben. Kein Wunder, dass in diesem *gastronomischen Dorado* die **Slow-Food** Bewegung entstand, die sich seit Jahren für eine genuine italienische Esskultur einsetzt. Wenn im Herbst Nebel in den Tälern liegt, dann trifft man hier nicht nur geschäftige Weinbauern, sondern auch den geheimniskrämerischen *Trifolao* (Trüffelsucher), der mit seinem Hund die berühmteste Spezialität des Piemont aufspürt, die kostbaren weißen **Trüffeln**. Später werden sie roh, in hauchdünnen Scheiben über *Risotti* gestreut, denn hier im Norden Italiens beherrscht

der **Reis** und nicht die Pasta die Tafel. Tatsächlich wächst auf den riesigen Feldern um *Vercelli* über ein Drittel der gesamteuropäischen Reisproduktion.

Zu den Genüssen gehört auch Naturerlebnis pur, wie es das von Viertausender-Gletschern umkränzte **Valle d'Aosta** mit seinen Wanderwegen, Kletterwänden und Skipisten verheißt. Skiparadiese hat auch das Piemont zu bieten und hier, im Valle di Susa, wurden 2006 die XX. Olympischen Winterspiele ausgetragen. Für dieses Ereignis wurden Turin und die angrenzenden Bergregionen um Sestriere, Oulx und Bardonecchia einer umfassenden Verschönerungskur unterzogen.

Mächtige Kirchen, elegante Ritterkultur und barocke Paläste

Urbane Entdeckerfreuden versprechen die Metropolen Mailand und Turin, denn sie sind nicht nur Modehauptstadt und Hochburg der Autoindustrie. Wie wohl in keiner anderen Großstadt des Landes regiert in **Mailand** mit seinen Wolkenkratzern und seinem Verkehrschaos der Zeitgeist der Moderne. Er steht zugleich im faszinierenden Kontrast zu dem großen historischen Erbe, den malerischen alten Stadtvierteln oder Meisterwerken der Architektur und Kunst, wie dem *Dom* und Leonardos berühmtem ›*Abendmahl*‹. Mailands Museen, allen voran die *Brera*,

Links oben: *Nördlich an S. Maria Maggiore in Bergamo ist die Cappella Colleoni mit prächtiger Renaissancefassade angebaut*
Links unten: *Beeindruckende Fresken in der Klosterkirche der Certosa di Pavia*
Oben: *Harmonie in Grün und Blau – Blick von Isola Bella über den Lago Maggiore*
Unten: *›Begegnung zwischen Ludovico Gonzaga und seinem Sohn Kardinal Francesco‹ (1472) von Mantegna in der Camera degli Sposi im Palazzo Ducale von Mantua*

gehören neben denen von Florenz und Rom zu den bedeutendsten Italiens. **Turin** wiederum begeistert mit seiner großzügigen barocken Stadtanlage und der wienerisch angehauchten Gemütlichkeit seiner Kaffeehäuser. Die einstigen Automobilfertigungshallen von *Lingotto* wurden in hypermoderne Ausstellungsräume verwandelt.

Auch abseits der Metropolen haben die drei Regionen viel zu bieten. Zu sehen gibt es etwa die Ritzzeichnungen von **Valcamonica** aus der Jungsteinzeit, heute UNESCO Weltkulturerbe-Stätte. Bedeutende Architekturzeugnisse der römischen Antike finden sich in **Brescia** und **Aosta**. Und wie an einer Perlenkette aufgereiht sind die Kunststädte der **Poebene**. Sie waren im Mittelalter freie, selbstbewusste Stadtrepubliken, doch ab dem 13./14. Jh. gerieten sie in den Bannkreis mächtiger Familien: der mailändischen Visconti, der Gonzaga von Mantua, der piemontesischen Savoyer oder der Markgrafen von Saluzzo und Casale Monferrato. In den Städten wurden monumentale Kirchen errichtet, deren Architektur aufgrund langer Bauzeiten noch der **Romanik** und schon der Gotik verpflichtet war. So wurde etwa in der romanischen Basilika *S. Ambrogio* von Mailand erstmals ein gotisches Rippengewölbe eingezogen. Typisch für den lombardischen Kirchenbau sind auch die reich mit Zwerggalerien, Bogenfriesen und Ornamenten geschmückten Fassaden, Werke der kunstfertigen *Maestri Comacini*, Baumeister und Steinmetze aus der Gegend von Como.

Die **Gotik** fiel in Norditalien im Gegensatz zur übrigen Halbinsel auf fruchtbaren Boden und hielt sich lange Zeit.

Der Dom von Mailand blieb gar bis zu seiner Vollendung im 20. Jh. der gotischen Formensprache verpflichtet. Ganz den höfischen Stilvarianten der Gotik hingegeben sind die humorvollen Freskenzyklen der Burgen *Castello d'Issogne* im Valle d'Aosta und *Castello di Manta* bei Saluzzo, die auf vergnügliche Weise die Ritterkultur und das Alltagsleben illustrieren.

In der **Renaissance** entfaltete sich in den Städten eine prunkvolle Hofkultur. Berühmtheit erlangte der Hof der Sforza in Mailand, an dem so bedeutende Künstler tätig waren wie Leonardo da Vinci und Donato Bramante. In *Mantua* betrauten die Gonzaga Andrea Mantegna mit der Ausmalung der berühmten *Camera degli Sposi* (Hochzeitszimmer) im Palazzo Ducale und Giulio Romano mit dem exzentrischen *Palazzo del Tè*, bereits ein Meisterwerk des **Manierismus**.

Der **Barock** feierte im *Piemont* Triumphe, wo die frisch gekrönten Könige von Savoyen mithilfe genialer Baumeister wie Filippo Juvarra und Guarino Guarini Turin, aber auch sein Umland mit repräsentativen Kirchen, Palazzi, Plätzen und Schlössern schmückten.

Trends und Traditionen

Eine **Vorreiterrolle** übernahm das Piemont gemeinsam mit der Lombardei im *Risorgimento*, der italienischen Einigungsbewegung des 19. Jh., in Turin versammelte sich 1861 erstmals das italienische Parlament. Seitdem sind die beiden Regionen ein bisschen der ›große Bruder‹ Italiens. Hier setzte dank der Elektrizitätsgewinnung durch alpine Wasserkraft schon früh die Industrialisierung ein und in den 1960er-Jahren fand hier das italienische *Wirtschaftswunder* statt, das heute noch in zahlreichen mittleren und großen Betrieben zwischen Turin und Mailand präsent ist.

Nach Mailand blickt man für die neuesten Trends in **Mode** und **Design**. Auch in der Musik werden in der *Mailänder Scala*,

dem legendären Musiktheater, immer neue Maßstäbe gesetzt, eine Tradition, die bereits mit Claudio Monteverdi begann, der am Hof von Mantua die erste moderne Oper schrieb, und mit dem Komponisten Donizetti in Bergamo.

Links oben: *Nobel, nobel – Speisesaal im Grand Hotel Villa Serbelloni in Bellagio*
Links Mitte: *Ein gutes Näschen braucht man schon bei der Trüffelmesse in Alba*
Links unten: *Malcesine ist einer der einladenden Küstenorte am schönen Gardasee*
Oben: *Das im 12. Jh. errichtete Castello Grinzane Cavour liegt inmitten eines berühmten Weinanbaugebietes ...*
Mitte: *... und besitzt daher eine der bestsortierten Enotecas des ganzen Piemont*

Eine Reise nach Nordwestitalien führt in vitale, attraktive Städte und Dörfer wie *Cremona*, *Pavia* oder *Novara*, die viel Geschichte und große Kunsterlebnisse bieten. Vielfältig sind die **Landschaften** von den im Frühsommer überschwemmten Reisfeldern um Vercelli, der fruchtbaren, intensiv bewirtschafteten Poebene, über die Weinlandschaften des südlichen Piemont bis zu den Agrarregionen der Alpen mit Wein- und Obstanbau sowie Viehwirtschaft.

Man begegnet hier kaum dem ›typisch italienischen‹ mediterranen Temperament und Überschwang, die **Menschen** sind vor allem im Piemont eher nachdenklich und zurückhaltend, aber keineswegs verschlossen. Das bestätigen die zahlreichen originellen und lebensfrohen **Feste**. Die Orangenschlacht von Ivrea, die Kuhkämpfe im Valle d'Aosta, das groteske Eselsrennen von Alba oder der farbenfrohe Palio von Asti folgen uralten Traditionen und werden noch heute mit großem Enthusiasmus gefeiert.

Der Reiseführer

Dieser Band stellt die **Lombardei**, das **Piemont** und das **Valle d'Aosta** in sieben Kapiteln vor. Die Autorin beschreibt die Kunststädte der Poebene, die Oberitalienische Seenlandschaft, die Weinhügel der Langhe und des Monferrato sowie das Valle d'Aosta jeweils ausgehend von den Metropolen Mailand und Turin. **Übersichtskarten** und **Stadtpläne** erleichtern die Orientierung. Die **Top Tipps** bieten Empfehlungen zu Hotels, Restaurants, Märkten, Museen etc. Den Besichtigungspunkten sind **Praktische Hinweise** mit Touristenbüros sowie Hotel- und Restaurantadressen angegliedert. Der **Aktuelle Teil** bietet alphabetisch geordnet nützliche Informationen zur Anreise über Essen und Trinken bis zu Verkehrsmitteln. Hinzu kommt ein umfassender **Sprachführer**. Ein **Kaleidoskop** von Kurzessays rundet den Reiseführer ab.

Geschichte, Kunst, Kultur im Überblick

Mächtige Städte, bedeutende Familien und Künstler, Wiege der Republik und Motor der Wirtschaft

ab 6000 v. Chr. Im Valcamonica nördlich des Lago d'Iseo hinterlässt der keltisch-alpine Stamm der Camuni zahlreiche Felsritzzeichnungen.

5.–4. Jh. v. Chr. Keltisch-gallische Stämme wandern nach Oberitalien ein und vertreiben die hier ansässigen Ligurer und Etrusker. Sie gründen u. a. Mediolanum (Mailand), Berghem (Bergamo), Comun (Como) und Bric (Brescia). Das Valle d'Aosta bewohnen die keltischen Salasser.

218–201 v. Chr. Im Zweiten Punischen Krieg zieht Hannibal 218 v. Chr. über die Alpen ins Piemont und bedroht von da aus das Römische Reich. Nach der Niederlage der Karthager unterwerfen die Römer Oberitalien.

um 81 v. Chr. Gründung der römischen Provinz Gallia Cisalpina.

286 n. Chr. Die Diokletianische Verwaltungsreform schafft neben der nominellen Hauptstadt Rom vier neue Kaiserresidenzen, darunter Mailand, das faktisch zur Hauptstadt des westlichen Reichsteiles avanciert.

313 Mit dem Mailänder Edikt gewährt Kaiser Konstantin den Christen Religionsfreiheit.

374 Ambrosius, römischer Statthalter Oberitaliens und späterer Kirchenvater, lässt sich taufen und wird in Mailand zum Bischof geweiht.

395 Teilung des Römischen Reiches in Westrom mit der Hauptstadt Mailand (ab 404 Ravenna) und Ostrom, das von Konstantinopel aus regiert wird.

5. Jh. Im Zuge der Völkerwanderung (5.–9. Jh.) dringen die Westgoten unter Alarich nach Italien vor und zerstören 412 Mailand. 40 Jahre später plündern die Hunnen unter Attila Pavia und erneut Mailand.

476 Ende des Weströmischen Reiches. Der germanische Söldnerführer Odoaker setzt den weströmischen Kaiser Romulus Augustulus ab und errichtet die erste germanische Herrschaft in Italien.

◁ *Im Jahr 568 erhebt Alboin, König der Langobarden, Pavia zur Hauptstadt seines Reiches*

493 Ostgotenkönig Theoderich der Große besiegt Odoaker und ernennt sich zum König über Goten und Römer. Pavia wird eine seiner drei Residenzstädte.

568 Langobarden marschieren in Oberitalien ein und erobern die später nach ihnen benannte Lombardei sowie weite Teile des Umlands. Pavia bleibt Residenzstadt und ist bis ins 11. Jh. bevorzugter Krönungsort.

773/774 Karl der Große, vom Papst um sein Eingreifen gebeten, erobert das langobardische Reich und lässt sich in Pavia zum König der Franken und Langobarden krönen.

9./10. Jh. Mit dem Zerfall des karolingischen Reiches beginnt in Norditalien die unruhige Zeit der sog. Nationalkönige mit zahlreichen selbstständigen Kleinstaaten. Sarazenen und Ungarn verwüsten mit ihren Raubzügen immer wieder das Land.

951/962 Nach einer Zeit politischer Wirren gelingt es dem Sachsenkönig Otto I. durch geschickte Heiratspolitik, sich in Pavia zum König der Franken und Langobarden ausrufen und 962 vom Papst zum Kaiser krönen zu lassen. Von nun an gilt der deutsche König auch als Herr über Mittel- und Oberitalien.

11./12. Jh. Aufstieg der Stadtrepubliken (Comuni), die sich besonders früh in der Lombardei bilden (Pavia 1084, Mailand 1097, Cremona 1098, Como 1109). Auf dem

Ronkalischen Reichstag 1158 versucht der Staufer Friedrich I. Barbarossa die Herrschaftsverhältnisse in Italien zugunsten des Kaisertums neu zu ordnen. Dagegen leistet vor allem das wirtschaftlich mächtige Mailand Widerstand. Daraufhin belagert Friedrich die Stadt und zerstört sie im Jahr 1162.

1167–83 Bildung der ersten Lombardischen Liga der Städte gegen die Staufer. Nach dem Sieg der Liga bei Legnano 1176 einigen sich die beiden Parteien im Frieden von Konstanz 1183 auf eine weitgehende Selbstverwaltung der Städte.

ab 1226 Abermals schließen sich die oberitalienischen Städte zu einer Lombardischen Liga zusammen, diesmal gegen Friedrich II. Ab 1236 werden sie auch vom Papst als Verbündetem unterstützt. Zwar gelingt es Friedrich II., die Städte in der Schlacht von Cortenuova 1237 zu besiegen, doch mit dem Ende der staufischen Dynastie 1250 erringen sie wieder ihre Unabhängigkeit.

ab 1250 Interne Parteienkämpfe zwischen päpstlich gesinnten Guelfen und kaisertreuen Ghibellinen sowie Machtansprüche der führenden Familien Mailands, Venedigs, Veronas etc. führen zum Niedergang der unabhängigen Stadtrepubliken. Sie werden ersetzt durch erbliche Signorie, die Alleinherrschaft eines Einzelnen und seiner Familie über die Stadt.

ab 1277 Zu einer der einflussreichsten Familiendynastien Oberitaliens entwickeln sich die Mailänder Visconti. Ihr Reich umfasst die lombardischen Städte – außer Mantua, wo von 1328 bis 1707 die Gonzaga herrschen – sowie zeitweise weite Teile Ober- und Mittelitaliens. Mailand wird zur bestimmenden wirtschaftlichen Macht zwischen Po und Alpen.

1395 Der deutsche König Wenzel IV. erhebt die Visconti zu erblichen Herzögen der Lombardei.

15. Jh. Venedig erweitert sein Festlandsterritorium (Terra-ferma-Politik) um Verona, Padua, Bergamo, Brescia und Crema, die bis 1797 unter seiner Herrschaft bleiben.

1416 Die Grafschaft Savoyen wird Herzogtum. Das Stammgebiet liegt rund um die Hauptstadt Chambéry und reicht bis zur Rhône und an den Genfer See. In savoyischer Hand liegen auch die Grafschaft Aosta und die Kontrolle der westlichen Alpenpässe.

1450–99 Nach dem Tod des letzten Visconti tritt der Condottiere Francesco Sforza die Nachfolge im Herzogtum Mailand an. Unter Ludovico Maria Sforza, gen. il Moro, avanciert der Hof ab 1494 zu einem blühenden Zentrum der Künste und Wissenschaft.

1499/1500 Der französische König Ludwig XII. entmachtet Ludovico Maria Sforza und bemächtigt sich des Herzogtums Mailand. – Im Kampf um die Hegemonie in Europa wird Oberitalien zum Hauptkriegsschauplatz im Konflikt zwischen dem spanischen Zweig des Hauses Habsburg (Karl V.) und Frankreich (Franz I.).

1525 In der Schlacht von Pavia besiegt Karl V. seinen französischen Widersacher Franz I.

1559 Nach der endgültigen Vertreibung der Franzo-sen wird das Herzogtum Mailand den spanischen Habsburgern zugesprochen. Das Piemont fällt wieder an die Savoyer, Saluzzo aber bleibt französisch. Es folgt eine Zeit der wirtschaftlichen und kulturellen Stagnation.

1567 Der große Erneuerer der Musik, Claudio Monteverdi, kommt in Cremona zur Welt († 1643), das sich seit 1550 zum herausragenden Zentrum des Geigenbaus

Claudio Monteverdi (1567–1643) – bedeutendster italienischer Komponist seiner Zeit

entwickelt hat. Als Sänger, Violinist und Kapellmeister wirkt Monteverdi über 20 Jahre am Hofe des Herzogs Vincenzo I. Gonzaga in Mantua.

ab Mitte 16. Jh. Unter dem Erzbischof von Mailand, dem später heilig gesprochenen Carlo Borromeo sowie unter seinem Neffen und Nachfolger Federico Borromeo wird Mailand zu einem Zentrum der Gegenreformation.

ab 1563 Turin wird neue Hauptstadt des Herzogtums Savoyen. Im 17. Jh. wird die Stadt zu einer der prächtigsten Barockmetropolen Europas ausgebaut.

1701–14 Mit dem Spanischen Erbfolgekrieg erlischt die spanische Vorherrschaft in Oberitalien. Die Lombardei fällt an die österreichischen Habsburger. Vittorio Amadeo II. von Savoyen erhält als Verbündeter Sizilien und die damit verbundene Königswürde sowie das Monferrato und Alessandria. 1720 tauscht er Sizilien gegen das bis dahin österreichische Sardinien.

1740–48 Nach dem Österreichischen Erbfolgekrieg behält die Kaiserin Maria Theresia im Frieden von Aachen Mailand, Mantua und zent-

◁ *Giuseppe Mazzini (1805–1872) gilt als geistiger Führer des Risorgimento, der italienischen Einigungsbewegung im 19. Jh.*

rale Teile der Lombardei, während Carlo Emanuele III. von Savoyen, wieder als Verbündetem, die Gebiete südlich des Po wie Oltrepò Pa-vese, die Lomellina mit Vigevano sowie das Ossola- und Sesia-Tal zugesprochen werden.

1796/97 Napoleons Truppen marschieren in Norditalien ein. Mit der Gründung der Ligurischen und der Cisalpinischen Republik, zu der u. a. die Lombardei (mit Mailand als Hauptstadt), Brescia, Bergamo und das Veltlin gehören, entstehen die ersten Satellitenstaaten des französischen Empire. Wenige Jahre später wird auch Piemont annektiert.

1805 Im Mailänder Dom setzt sich Napoleon die Eiserne Krone der Langobarden auf. Die Cisalpinische Republik, seit 1801/02 Italienische Republik genannt, wird zum Königreich Italien erklärt.

1814/15 Nach dem Sturz Napoleons schlägt der Wiener Kongress die Lombardei und Venetien erneut Österreich zu. Residenzen der österreichischen Vizekönige sind Mailand und Venedig.

1831 Das Risorgimento, die italienische Einigungsbewegung, gewinnt immer mehr Anhänger. Ihr republikanischer ›Kopf‹ ist der Genuese Giuseppe Mazzini, der im Juli den patriotischen Geheimbund ›Giovine Italia‹ gründet.

1840 Mit der sprachlich revidierten Fassung seines Romans ›I Promessi Sposi‹ (›Die Verlobten‹) entscheidet der Mailänder Schriftsteller Alessandro Manzoni die seit Jahrhunderten schwelende Frage, welches die italienische Hochsprache sein soll, zugunsten des Florentinischen.

1848/49 In Norditalien erhebt sich die Bevölkerung gegen die Restaurationspolitik der Österreicher. Im Aufstand der ›Cinque Giornate‹ (›Fünf Tage‹) am 18.–22. März 1848 gelingt es der mailändischen Bevölkerung für kurze Zeit die Österreicher zu vertreiben. An die Spitze des Unabhängigkeitskampfes stellt sich Carlo Alberto von Piemont, doch er erleidet in Custoza bei Verona (23. Juli 1848) und bei Novara (23. März 1849) verheerende Niederlagen.

1852 Im Königreich Piemont-Sardinien treibt Ministerpräsident Graf Benso Camillo di Cavour eine konsequente Modernisierung und Liberalisierung voran und macht es so zur Keimzelle des künftigen italienischen Nationalstaates.

1859 Durch ein Bündnis mit Frankreich militärisch gestärkt, erklärt Piemont-Sardinien Österreich den Krieg. Trotz Siegen bei Magenta und Solferino wird der Traum eines italienischen Einheitsstaates durch den Vorvertrag von Villafranca zwischen Frankreich und Österreich vorerst zunichte gemacht. Österreich tritt die Lombardei (ohne Mantua, das erst 1866 hinzukommt) an Frankreich ab, das die Region 1860 an Piemont-Sardinien gibt und dafür Savoyen und Nizza erhält.

1860 Bei einer Volksabstimmung sprechen sich die italienischen Gebiete – bis auf Venetien (erst 1866) und Latium/Kirchenstaat (erst 1870) – mit überwältigender Mehrheit für den Anschluss an Piemont-Sardinien aus.

1861 Vittorio Emanuele II. wird vom ersten frei gewählten Parlament zum Monarchen des neuen Königreichs Italien gewählt. Hauptstadt ist zunächst Turin, dann Florenz und ab 1870 Rom.

1899 Am Stadtrand von Turin weiht Giovanni Agnelli die erste Fabrik des Automobilwerkes FIAT ein.

1901 Eröffnung der Wertpapierbörse in Mailand, das zur wirtschaftlichen Hauptstadt Italiens aufsteigt.

1919 Benito Mussolini gründet in Mailand seinen ersten politischen Kampfverband, den ›Fascio di combattimento‹.

1921 Gründung des Partito Nazionale Fascista durch Mussolini.

1922 Von König Vittorio Emanuele III. mit außerordentlichen Vollmachten ausgestattet, gelingt es dem ›Duce‹ Mussolini, Italien in kürzester Zeit in einen totalitären faschistischen Einparteienstaat zu verwandeln.

1940 Italien tritt aufseiten Deutschlands in den Zweiten Weltkrieg ein.
1943/44 Nach seinem Sturz am 25. Juli, wenige Tage nach der Verkündigung des Waffenstillstands am 8. September gründet Mussolini mit deutscher Protektion in Salò am Gardasee die ›Italienische Soziale Republik‹. 1944 wird er beim Versuch in die Schweiz zu fliehen von Partisanen erschossen. Sein Leichnam wird in Mailand öffentlich aufgehängt. Im von Faschisten besetzten und schwer bombardierten Norditalien bildet sich eine Widerstandsbewegung.
1946 Die Italiener entscheiden sich in einer Volksabstimmung für eine Republik. Die königliche Familie wird aus Italien verbannt.
1948 Das Valle d'Aosta wird autonome Provinz.
1958 Der aus der Nähe von Bergamo stammende Bauernsohn Angelo Giuseppe Roncalli wird zum Papst gewählt. Er gibt sich den Namen Johannes XXIII. († 1963).
ab 1960 Mailand und Turin sind Zentren des italienischen Wirtschaftswunders. Mailand spielt weltweit eine führende Rolle im Industriedesign und in der Modebranche.
1968/69 Die Studentenbewegung erfasst auch Italien. Norditalienische Zentren sind Mailand und Turin. Beginn des ›heißen Herbstes‹ mit Bombenanschlägen in Mailand. Erst Jahre später stellt sich heraus, dass die Bombenattentate ein Werk faschistischer Gruppen waren, mit dem Ziel, den Staat zu destabilisieren.
1991 Durch die Gründung der Lega Nord entsteht eine Partei, die sich allein an den Interessen des wirtschaftlich starken Norditaliens orientiert. Mit ihrer Forderung nach größerer Unabhängigkeit von Rom erringt sie in Piemont und Lombardei große Wahlerfolge.
1992 Ermittlungen der Mailänder Staatsanwaltschaft unter dem Namen ›Mani Pulite‹ decken enorme Korruption in der italienischen Wirtschaft und Politik auf. Die Parteien Democrazia Cristiana und Partito Socialista Democratico, die die politische Nachkriegsordnung Italiens bestimmt hatten, gehen angesichts der Verstrickung ihres Führungspersonals in diese kriminellen Machenschaften unter. Damit endet die sog. 1. Republik.
1994 Der Mailänder Unternehmer Silvio Berlusconi gewinnt mit seiner neu gegründeten Partei Forza Italia die Parlamentswahlen. In den folgenden zwei Jahrzehnten bestimmt er mit der für ihn typischen Mischung aus Populismus, Medienmacht und Gerissenheit die italienische Politik.
2003 FIAT gerät in die schwerste Krise seiner Geschichte. Tausende Mitarbeiter werden entlassen und Werke geschlossen.
2005 Nach dem Tod Johannes Pauls II. wählt das Konklave den deutschen Kardinal Joseph Alois Ratzinger zum Papst. Er nennt sich fortan Benedikt XVI.
2006 In Turin, um Sestriere, Oulx und Bardonecchia finden die XX. Olympischen Winterspiele statt. – Fußballverein Juventus Turin muss nach einem Manipulationsskandal absteigen, ihm werden die Meistertitel 2005 sowie 2006 aberkannt.
2008 Unpopuläre Maßnahmen zur Sanierung des italienischen Staatshaushalts sowie die stagnierende Wirtschaftsentwicklung belasten die seit 2006 regierende Mitte-Links-Regierung unter Romano Prodi. Nach einer verlorenen Vertrauensabstimmung tritt er zurück, die anschließenden Neuwahlen gewinnt Silvio Berlusconis Gruppierung Casa della Libertà.
2015 Die Weltausstellung EXPO findet in Mailand statt.

Papst Johannes XXIII. (1881–1963) öffnet seine Kirche dem Dialog mit der Welt

◁ *Eiskunstlauf-EM 2005 in Turin. Die Stadt machte auch bei den Olympischen Winterspielen 2006 eine gute Figur.*

Besonders stimmungsvoll präsentiert sich die Piazza Ducale von Vigevano in der Abenddämmerung

Unterwegs

Mailand – die stolze Herrin der Lombardei und ihre Trabanten

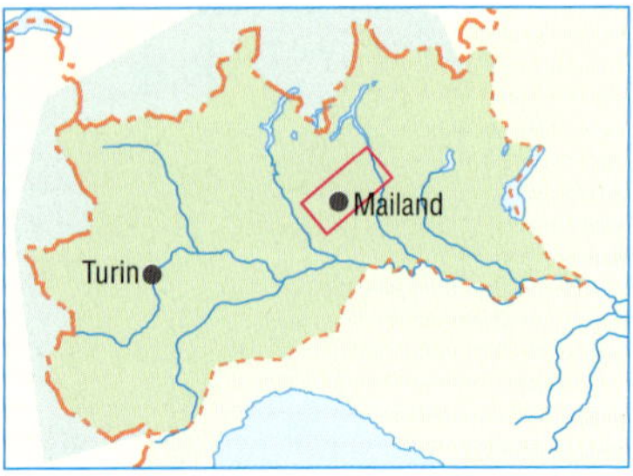

Die lombardische Metropole **Mailand** bezeichnet sich gern als ›heimliche Hauptstadt Italiens‹. Unbestritten ist das in der Poebene gelegene Mailand die wirtschaftliche Kapitale der gesamten Halbinsel, zugleich Dreh- und Angelpunkt der Medienlandschaft, Hochburg der **Mode** und des Wohndesigns, in der auch Kunst und Kultur nicht zu kurz kommen. Hochkarätigen Genuss versprechen z.B. die Opernaufführungen der legendären **Scala** und des **Piccolo Teatro** sowie die zahlreichen bedeutenden Kunstsammlungen, allen voran die Brera, und natürlich das weltberühmte **›Abendmahl‹** von Leonardo da Vinci, das im Kloster S. Maria delle Grazie zu bewundern ist. Und *Nachtschwärmer* schätzen die lebendige Szene in den Vierteln Brera, Ticinese und Navigli. Leider trifft man aber auch in Mailand auf die Schattenseiten einer modernen Großstadt wie Verkehrschaos, Dauersmog und triste, funktionale Architektur. Mailand ist eine Stadt der schneidenden *Kontraste*, wo Wolkenkratzer den mächtigen gotischen **Dom** überragen und Straßenbahnschienen neben römischen Säulen verlaufen. Andererseits trägt gerade diese Widersprüchlichkeit zu ihrem besonderen Reiz bei.

Nördlich von Mailand erstreckt sich zwischen den Flüssen Ticino und Adda die **Brianza** mit ihrem Zentrum **Monza**, Aufbewahrungsort der symbolträchtigen *Eisernen Krone* der Langobarden und Pilgerstätte aller Formel-1-Fans während des jährlichen ›Großen Preises von Italien‹. Noch bis vor 100 Jahren galt das sanft gewellte *Hügelland* als das Naherholungsgebiet der Mailänder. Mit der Industrialisierung geriet die Brianza allerdings in den Bann der Wirtschaftsmetropole und wurde entsprechend zersiedelt. Selbst in ehemals kleinen Dörfern entwickelte sich eine florierende Wirtschaft mit unzähligen Kleinstbetrieben, die vor allem der Textil- und Möbelindustrie zuarbeiten. Dem Musterbeispiel einer frühindustriellen *Arbeitersiedlung* begegnet man östlich von Monza in **Crespi d'Adda**, seit 1995 UNESCO-Weltkulturerbe.

1 Mailand

Plan hintere Umschlagklappe

»Jedesmal, wenn ich auf den weiten Platz vor dem Hauptbahnhof hinaustrete und die kühne und elegante Silhouette des Wolkenkratzers vor mir sehe, den die Architekten Ponti und Nervi für den Pirelli-Konzern erbauten, freue ich mich hier zu sein.«

Alice Vollenweider

Milano könnte zur Entdeckung werden. Natürlich reichen der grandiose Dom, die Showrooms der Modekonzerne, da Vinci und die Opernfeste völlig aus, um einen ausgedehnten Besuch zu rechtfertigen. Doch wer sich Zeit nimmt, wird eine Stadt kennen lernen, die hinter ihrer geschäftigen Fassade noch manch andere Juwelen verbirgt.

Geschichte Der geographisch günstigen Lage zwischen den südlichen Ausläufern der Alpen und dem Po verdankt die Stadt ihren römischen Namen: **Mediolanum** (= inmitten der Ebene). Bis heute ist Mailand Passage und Durchgang, Schnittpunkt vieler wichtiger Handels- und Verkehrswege.

Kaiser Augustus erhob den Ort 15 v.Chr. zur Hauptstadt der Provinz *Gallia Cisalpina* und Kaiser Diokletian 286 n.Chr. zu einer der vier Residenzstädte. Von Medio-

Kunst und Konsum lassen sich vorzüglich vereinen: Wer's nicht glaubt, muss nur einen Fuß in die berühmte Galleria Vittorio Emanuele II. in Mailand setzen

lanum aus verkündete Kaiser Konstantin das **Mailänder Edikt** (313), das den christlichen Glauben zur ›erlaubten‹ Religion erklärte. Bischof **Ambrosius** (339–397) stärkte die weltliche Macht der Kirche und war der Initiator zahlreicher Kirchenbauten, darunter S. Ambrogio und San Lorenzo.

Nach dem Untergang des Weströmischen Reiches 476 wechselten sich Ostgoten, Langobarden und Franken in der Herrschaft über Mailand ab. Als der römisch-deutsche *Kaiser Friedrich I. Barbarossa* einstige kaiserliche Rechte und Einkünfte in Oberitalien wieder herzustellen suchte, setzte sich die Kommune zur Wehr und wurde dafür vom Staufer 1162 zerstört. Doch ihr Widerstand war ungebrochen. Mit Unterstützung des Papstes gründete sie den Städtebund **Lombardische Liga** und besiegte Barbarossa 1176 in der *Schlacht von Legnano*. Die städtische Autonomie währte allerdings nur kurz. Ab dem 13. Jh. bestimmte die Familie der **Visconti** die Geschicke der Stadt. 1311 zu Reichsvikaren ernannt, gelang es ihnen einen Staat aufzubauen, der mit Mailand als Hauptstadt von der Lombardei bis nach Ligurien und in die Emilia reichte. Zum Prestigeobjekt *Gian Galeazzo Viscontis* avancierte der 1386 begonnene gotische Dom. Außerdem erwirkte er 1395 beim deutschen König Wenzel gegen eine erhebliche Summe seine Erhebung zum Herzog. Nach dem Tod des letzten männlichen Visconti Filippo Maria 1447 eroberte sein Schwiegersohn, der Söldnerführer Francesco Sforza, 1450 das Herzogtum und begründete ebenfalls eine Dynastie. Unter seinen Nachfolgern ragte **Ludovico Sforza, gen. il Moro** (reg. 1494–99) heraus, der Mailand zu einem glänzenden Zentrum der Renaissancekultur machte. So beauftragte er etwa den Architekten *Donato Bramante* mit zahlreichen Bauwerken und gewann das Universalgenie *Leonardo da Vinci* als Ingenieur und Organisator glanzvoller Hoffeste. Doch nach der Schlacht von *Pavia* (1525) verlor die Stadt ihre Selbstständigkeit und fiel für mehr als anderthalb Jahrhunderte an die **spanischen Habsburger**. Das kulturelle und geistige Leben dieser Zeit prägten Kardinal-Erzbischof *Carlo Borromeo* (1538–1584) und sein Neffe und Nachfolger *Federico Borromeo* (1564–1631), beide entschiedene Verfechter der Gegenreformation. Von 1713 bis 1859 unterstand die Stadt – abgesehen von einem kurzen Zwischenspiel unter **Napoleon Bonaparte** (1797–1815), der Mailand zur Hauptstadt der Cisalpinischen Republik (1797) und des Königreichs Italien (1805) machte – den **österreichischen Habsburgern**.

Während des **Risorgimento**, der italienischen Einigungsbewegung (1815–70), lehnte sich Mailand entschieden gegen die österreichische Fremdherrschaft auf. Doch erst im Zweiten Unabhängigkeitskrieg 1859 gelang es dank der Unterstützung des Königreichs Piemont-Sardinien und Frankreichs die Österreicher aus der Lombardei zu vertreiben. Nach der **Einigung Italiens** 1861 begann der rasante Aufstieg Mailands zur Wirtschaftsmetropole Italiens. Zwar wurde die Stadt während des **Zweiten Weltkrieges** stark zerstört, doch seit den 1960er-Jahren avancierte sie gemeinsam mit Turin und Genua zum Zentrum der italienischen **Großindustrie**, in dem derzeit mehr als 10% des italienischen Bruttosozialproduktes erwirtschaftet werden. Heute ist Mailand mit 1,3 Mio. Einwohnern (im Großraum ca. 3 Mio. Einw.) nach Rom die *zweitgrößte Stadt Italiens*. Zum ökonomischen Erfolg tragen auch Mode-, Verlags- und Printwesen, zeitgenössische Kunst und Wohndesign, Opern- und Theaterkultur, Messe- und Finanzdienstleister sowie Kommunikations- und Computerindustrie bei.

Als Sitz von Fininvest, der Beteiligungsgesellschaft Silvio Berlusconis, profitiert die Stadt überdies zumindest indirekt vom Einfluss des mächtigsten Mannes Italiens. Mit dem Berlusconi-Sender Mediaset hat auch der größte private Fernsehkonzern Italiens seinen Sitz in Mailand. Für 2015, wenn Mailand Schauplatz der **Weltausstellung** sein wird, haben die Stadtväter große Pläne. Mehrere neue Wolkenkratzer sollen dann die Skyline schmücken und ein Museum für Gegenwartskunst, entworfen von Daniel Libeskind, soll fertig gestellt sein.

Zur Orientierung: Wegen der allgegenwärtigen Verkehrsstaus empfiehlt es sich, bei der Anreise und in Mailand auf das Auto zu verzichten. Die Stadt ist mit der Bahn sehr gut zu erreichen und der Hauptbahnhof *Stazione Centrale* ist an die U-Bahn *Metropolitana* angeschlossen. Die Straßenbahnlinien 29 und 30 ermöglichen sogar eine kleine Stadtrundfahrt. Wer dennoch mit dem Wagen kommt, kann ihn in den gebührenpflichtigen Tiefgaragen Autosilo Diaz, Piazza Diaz 1, in der Autorimessa an der Via Bagutta 2 oder in der Garage Velasca Via Pantano 4 parken.

Der Dom und der Salon der Mailänder

Idealer Ausgangspunkt für eine Altstadtbesichtigung ist die weite *Piazza del Duomo*, der Treffpunkt der Mailänder.

TOP TIPP Wie Zuckerbäckerwerk wirkt der **Duomo S. Maria Nascente** 1 (tgl. 7–19 Uhr, www.duomomilano.it), auf dessen Vierungsturm in 108 m Höhe die vergoldete Marienstatue *La Madonnina* als Symbolfigur Mailands über das Wohl der Stadt wacht. Der Monumentalbau wurde 1386 unter dem ersten Herzog von Mailand, Gian Galeazzo Visconti, begonnen, im Jahre 1572 geweiht, aber erst Anfang des 19. Jh. auf Druck von Napoleon, der sich in der Kirche krönen ließ, mit der prächtigen, spitzgiebeligen Marmorfassade vollendet. Detailarbeiten zogen sich allerdings noch bis ins 20. Jh. hin. Bis Anfang des 16. Jh. war der Mailänder Dom die größte Kirche der Welt und noch heute beeindrucken seine Maße: 158 m Länge, 93 m Querschiffbreite, 66 m Langhausbreite, 45 m Mittelschiffhöhe und eine Grundfläche von 11700 m^2.

Über 3400 *Marmorstatuen* und 145 Fialen, unzählige Giebel und Wimperge schmücken die filigrane **Fassade**. Manche Statuen wurden noch in den 1930er-Jahren angebracht wie das kahlköpfige Porträt des exzentrischen Stardirigenten Toscanini an der Fassadeninnenseite des südlichen Querschiffes oder der Kopf von Papst Pius XI., der Mussolini mit den Lateranverträgen von 1929 internationales Prestige verschafft hatte. Bemerkenswert an der Baugeschichte ist, dass in Zeiten, als Renaissance bzw. Barock längst im Rest der Welt Einzug gehalten hatten, die italienischen, französischen und deutschen Architekten noch immer unverdrossen und stilgetreu an diesem *größten gotischen Bau Italiens* arbeiteten.

40 Strebebögen stützen die Außenwände der fünfschiffigen Basilika mit dreischiffigem Querhaus und polygonalem Chor, während im **Inneren** das Rippengewölbe auf 52 kolossalen Bündelpfeilern lastet. Ein diffuses, dämmriges Licht strömt durch die Kirchenfenster mit ihren Glasmalereien, von denen einige noch aus dem 15./16. Jh. stammen. Die Innenausstattung trägt den Stempel des manieristischen Künstlers *Pellegrino Tibaldi*, der Ende des 16. Jh. auch den Vierungsturm sowie den Hochaltar und die Krypta gestaltete. Hauptanziehungspunkte der Kirche sind der **Domschatz** (Mo–Fr 9.30–13 und 14–18, Sa 9.30–13.30

Gottes und Marien Lob in weißem Marmor – Prachtstück des Duomo S. Maria Nascente aus dem 14. Jh. ist die hoch emporstrebende Schaufassade, die erst im 20. Jh. vollendet wurde

und 14–16.40, So 13.30–15.10 Uhr) in der Krypta mit kostbaren Silber- und Goldarbeiten sowie Elfenbeinschnitzereien aus dem 4.–17. Jh. und der berühmte siebenarmige **Trivulzio-Kandelaber** im nördlichen Querschiff, ein 5 m hohes Bronzewerk der Romanik. Seitlich des Hauptportals führen Treppen hinab zu den **Scavi Archeologici Paleocristiani** (tgl. 9.30–17.15 Uhr) mit Resten der Vorgängerkirche *S. Tecla* (Mitte 4. Jh.) und des achteckigen Baptisteriums S. Giovanni alle Fonti, wo Bischof Ambrosius der Legende nach im Jahr 378 den späteren Kirchenvater Augustinus getauft haben soll.

Nicht versäumen sollte man einen Spaziergang auf den marmorverkleideten Dachterrassen, den **Terrazze** (Aufzug und Treppe an der linken Außenseite des Doms, März–Okt. tgl. 9–17.45 Uhr, sonst bis 16.15 Uhr). Über die Stadt hinweg reicht der Blick an klaren Tagen bis in die Poebene und zu den Alpen.

Eine schöne Aussicht auf die unzähligen Statuen, Fialen und Kreuzblumen des Doms genießt man von der Fensterfront des *Bistro Duomo* (Di–Sa 10–22 Uhr, So nur vormittags) im obersten Stockwerk des Kaufhauses **La Rinascente** 2 links vom Dom.

Als weltlicher Gegenpol zum Dom entstand an dessen Südostseite 1138 der *Broletto Vecchio* (Rathaus), der später als **Palazzo Reale** 3 Sitz der spanischen Gouverneure und der Österreicher war. Von Giuseppe Piermarini 1772 klassizistisch umgestaltet, beherbergt er Wechselausstellungen moderner Kunst sowie das *Museo del Duomo* (wg. Renovierung bis 2011 geschl.) mit einem riesigen Holzmodell des Doms im Maßstab 1:20. Im benachbarten **Palazzo Arcivescovile** 4 (13. Jh., 15.–18. Jh. verändert) logiert Mailands Erzbischof, Kardinal *Tettamanzi*, der ebenso Sympathien für das ultrakonservative Opus Dei wie für die Anliegen der Globalisierungskritiker hegt.

Ein Stück Mittelalter lebt noch auf der *Piazza Mercanti*, dem einstigen Marktplatz und Zentrum der Stadt. Den Platz beherrscht der lang gestreckte **Palazzo della Ragione** 5 (Broletto Nuovo, 1228–33), der aus einer offenen Pfeilerhalle und einer darüber liegenden großen Versammlungshalle mit romanischen Rundbogenfenstern besteht. Der Auftragge-

Die 1867 eröffnete Galleria Vittorio Emanuele II. besticht noch heute durch ihre erhaben kühne Glas-Eisen-Konstruktionen von Architekt Giuseppe Mengoni

ber und erste Podestà (Stadtoberhaupt) Mailands, Oldrado da Tresseno, ließ sich in einer Reiterskulptur an der Fassade verewigen. *Matteo Visconti* errichtete 1316 die schwarz-weiß gebänderte **Loggia degli Osil** 6 gegenüber. Die Erdgeschossarkaden schmücken die Wappen der Mailänder Stadtviertel und der Visconti mit dem *Biscione* (Viper), aus dessen Schlund eine Jünglingsfigur entspringt.

Mit der **Galleria Vittorio Emanuele II.** 7 wollte die Stadtregierung nach der endgültigen Vertreibung der Österreicher 1859 ein ›modernes‹ Zeichen setzen. Nach nur zweijähriger Bauzeit wurde die imposante Glas-Stahl-Konstruktion des Giuseppe Mengoni 1867 eingeweiht. Die kreuzförmige *Passage* mit der 47 m hohen Glaskuppel avancierte rasch zum Salon der Mailänder, zum politischen und gesellschaftlichen Treffpunkt. Auch wenn einige historische Bars und Cafés mittlerweile Fast-Food-Lokalen oder Konsumtempeln weichen mussten und fliegende Händler Dutzendware anbieten, ist die Galerie mit ihren glitzernden Vitrinen und Bistrotischchen in der ersten Reihe noch immer Laufsteg und Bühne zugleich. Zu den Traditionslokalen der *Milano Bene* (›Mailands bessere Gesellschaft‹) gehören das erlesene *Savini* und das legendäre Jugendstillokal *Zucca in Galeria*, wo sich bereits Puccini und Verdi zum Aperitif trafen.

La Scala und La Brera

Nach Norden mündet die Galleria in die *Piazza della Scala* mit dem Denkmal Leonardo da Vincis (1827). Hier prangt der mächtige **Palazzo Marino** 8, ein im 16. Jh. entworfener manieristischer Stadtpalast, heute als Municipio Sitz der Mailänder Stadtregierung. Gegenüber erhebt sich das weltberühmte und doch erstaunlich nüchterne **Teatro alla Scala** 9 (www.teatroallascalla.org, Ticket-Tel. 02 86 07 75), Tempel des italienischen *Belcanto*. Im Auftrag der österreichischen Gouverneure erbaute Giuseppe Piermarini 1775–78 das klassizistische Theater, ihm musste die Kirche S. Maria della Scala weichen. Auf der mit 780 m^2 größten Bühne Europas erlebten Giuseppe Verdis ›Otello‹ (1887) und ›Falstaff‹ (1893) sowie Puccinis ›Madama Butterfly‹ (1904) und ›Turandot‹ (1926) ihre Uraufführung, inszenierten Giorgio Strehler und Nobelpreisträger Dario Fo, dirigierten Arturo Toscanini, Claudio Abbado und Riccardo Muti, lieferten sich Maria Callas und Renata Tebaldi unvergleichliche Arienduelle. Anfang des Jahrtausends wurden die Räumlichkeiten der Scala aufwändig restauriert und die technische Ausstattung mmodernisiert. Seit der festlichen Wiedereröffnung mit Antonio Salieris Oper ›Europa riconosciuta‹, mit der das Opernhaus auch 1778 eingeweiht worden war, können die Besucher im hufeisenförmigen und mit rotem Damast ausgekleideten Zuschauersaal (2800 Plätze) mittels eines Bildschirms, der an den Rücklehnen der Stühle angebracht ist, die Opern in mehreren Sprachen verfolgen. Die Neubauten des Bühnenhauses und des postmodernen Nebentrakts tragen die Handschrift des bekannten Tessiner Architekten Mario Botta. Zum Pflichtprogramm passionierter Opernliebhaber gehört ein Besuch des **Museo Teatrale alla Scala** 10 (tgl. 9–12 und 13.30–17 Uhr) in einem Seitentrakt der Scala. Den Gang durch die Operngeschichte illustrieren Büsten berühmter Komponisten, Primadonnen und Startenöre, Bühnenentwürfe und Originalpartituren sowie zahlreiche ›Reliqui-

Hinter den klassizistischen Mauern des Teatro alla Scala verbergen sich ›heilige Hallen‹ der Opernkunst; wer auf dieser Bühne singt, hat es wahrhaftig geschafft

en‹ der Scala-Protagonisten, wie Verdis Spinett, der Taktstock Toscaninis oder ein Gipsabdruck der linken Hand Chopins.

Das schicke *Brera-Viertel* mit seinen modernen Kunstgalerien, edlen Boutiquen und Designergeschäften in der südlichen Altstadt bildet einen würdigen Rahmen für die **Pinacoteca di Brera** (11) (Di–So 8.30–19.15 Uhr, www.brera.beniculturali.it), ein Museum von Weltrang. Kaiserin Maria Theresia stiftete ›die Brera‹ als *Studiensammlung* für die 1776 gegründete Kunstakademie. Dank der Säkularisierung im 19. Jh. und den napoleonischen Beutezügen konnte sie ihre Bestände wesentlich erweitern und gehört heute zu den bedeutendsten Pinakotheken Italiens. Die über 2000 Gemälde des 13.–20. Jh. stammen von den großen Meistern der italienischen Malerei wie Raffael, Mantegna, Tizian, Tiepolo und Veronese. Zu den **Glanzpunkten** der Sammlung gehören: die äußerst realistische Komposition ›Der tote Christus‹ (um 1480) von *Andrea Mantegna*, die durch gewagte Verkürzungen und das fahle Licht besonders dramatisch wirkt; die ›Auffindung des Leichnams des hl. Markus‹ (1562) von *Tintoretto* in der für venezianische Malerei typischen verschwommenen *Sfumato-Technik*; die ›Pala di Federico da Montefeltro‹ (1472–74) von *Piero della Francesca*, das erste Renaissance-Porträt überhaupt; die berühmte ›Vermählung Mariä‹ von *Raffael* (1504) und *Caravaggios* Meisterwerk ›Abendmahl von Emmaus‹ (1606), dessen starke Hell-Dunkel-Kontraste in der damaligen Malerei ein absolutes Novum waren. Einen weiteren Schwerpunkt der Brera bildet die **niederländische Malerei** des 16./17. Jh. (Rembrandt, Rubens, Van Dyck). Die **Moderne** ist vor allem durch Werke der *Futuristen* mit ihrer Verherrlichung von Geschwindigkeit und Bewegung vertreten sowie durch die *Pittura metafisica*, eine Kunstrichtung, in deren Mittelpunkt die Verfremdung von Natur, Mensch und Architektur steht.

Raffaels ›Vermählung Mariens‹ (1504), eines der Meisterwerke in der Pinacoteca di Brera

Große Kunst und Kaufrausch

Von seinen Streifzügen bei Antiquitätenhändlern und von zahlreichen Reisen brachte der Edelmann *Gian Giacomo Pezzoli* (1822–1879) kostbare Teppiche und Textilien, Waffen und Goldschmiedearbeiten, Skulpturen und Gemälde mit, später kam eine ausgefallene Kollektion mechanischer Uhren hinzu. Die Sammlung ist in 24 stuckgeschwängerten Sälen seines eklektizistischen *Stadtpalais* (17. Jh.), des **Museo Poldi Pezzoli** (12) (Via Manzoni 12, Di–So 10–18 Uhr, www.museopoldipezzoli.it), zu sehen. Zu den Schmuckstücken unter den Gemälden gehören die berühmte ›Junge Dame‹ (1443) von *Piero del Pollaiolo* sowie die dramatische ›Beweinung Christi‹ (um 1495) von *Sandro Botticelli*.

Ein erlesenes Wohnmuseum im Stil der Renaissance ist das **Museo Bagatti Valsecchi** (13) (Via S. Spirito 10, Di–So 13–17.45 Uhr, www.museobagattivalsecchi.org) einige Straßen weiter. Die mit kostbaren Möbeln, Kunsthandwerk und Gemälden – z. B. ›S. Giustina de' Borromei‹ (1470/75) von *Giovanni Bellini* – überbordend ausgestatteten Räume geben dem Besucher einen Einblick in die Wohnkultur des Adels am Ende des 19. Jh.

Zeitgenössische Objekte der Begierde zeigen die Vitrinen der angrenzenden **Via Monte Napoleone** (14), der Via della Spiga und deren Nebenstraßen. Das ›*Goldene Karree der Mode*‹ ist die Topadresse der italienischen Designer und Modeschöpfer, in deren Showrooms vor allem im März und Oktober eine glanzvolle Präsentation die andere jagt. Zu einer stilgerechten Espressopause beim Einkaufsbummel lockt das *Caffè Cova* (Via Monte Napoleone 8, So geschl.).

Wer hingegen eher *erschwingliche Mode* sucht, kommt am nahen Corso Vittorio Emanuele, im Brera-Viertel, am

Einfallsreich und immer in – die Geschäftsauslagen der Via Monte Napoleone und ihrer Seitenstraßen bestätigen stets aufs Neue Mailands Ruf als ›Hauptstadt der Mode‹

nordöstlichen Corso Buenos Aires oder am Corso di Porta Ticinese im Süden auf seine Kosten.

Einen prächtigen Rahmen für das **Museo dell'Ottocento** 15 (Via Palestro 16, www.gam-milano.com, Di–So 9–13 und 14–17.30 Uhr) bietet die Ende des 18. Jh. vom Wiener Architekten Leopold Pollack erbaute neoklassizistische *Villa Belgiojoso Bonaparte* in den südöstlich gelegenen Gärten. Sie zeigt qualitätvolle Gemälde und Skulpturen vom Klassizismus über die Romantik bis zur Moderne, darunter eine Werkschau des toskanischen Bildhauers *Marino Marini* (1901–1980) und das Gemälde ›Quarto Stato‹ (1901) von *Pelizza da Volpedo*, das zu einem Symbolbild revolutionärer Bewegungen avancierte.

Von Kirchenmännern, Burgherren und Börsianern

Mit wenigen Schritten erreicht man vom Dom über die verkehrsreiche Via Torino die etwas eingezwängt stehende Basilika **S. Maria Presso San Satiro** 16 (Mo–Sa 7.30–11.30 und 15.30–19, So 15.30–18 Uhr), ein Juwel der Frührenaissance. *Donato Bramante* errichtete Ende des 15. Jh. im Auftrag von Ludovico il Moro über einem Vorgängerbau des 9. Jh. die dreischiffige Kirche mit Querhaus und großartiger Kassettenkuppel. Viel bewundertes Meisterstück ist die *gemalte Chorapsis*: Da für eine echte Chorerweiterung kein Platz war, wurde sie inklusive kassettiertem Tonnengewölbe mittels Flachreliefs und illusionistischer Architekturmalerei vorgetäuscht.

Weiter geht es über die Schlemmermeilen *Via Speronari* und *Via Spadari* mit ihrer opulenten Auswahl an Käse- und Schinkensorten, Wein und Süßwerk zum **Palazzo dell'Ambrosiana** 17. *Federico Borromeo*, der mächtige Kardinal von Mailand, gab den Palast 1603 für seine umfangreiche Bücher- und Handschriftensammlung in Auftrag. Sie bildete den Grundstock für eine der ersten öffentlichen Bibliotheken Italiens. Etwas später kam die wertvolle Kunstkollektion des Kirchenmannes hinzu. Unter den Archivschätzen der **Biblioteca Ambrosiana** (Mo–Fr 9.30–17 Uhr, www.ambrosiana.it), die heute mit über 750 000 Büchern und 35 000 Manuskripten zu den bedeutendsten Bibliotheken der Welt zählt, befindet sich der berühmte ›Codex Atlanticus‹ von *Leonardo da Vinci*. In den 24 Sälen der **Pinacoteca Ambrosiana** (Di–So 10–17.30 Uhr) werden herausragende Gemälde des 15. und 16. Jh. gezeigt, darunter Werke von Botticelli, Tizian und Jan Breughel. Zu den Höhepunkten der Sammlung gehören das ›Porträt eines Musikers‹ (um 1490) von *Leonardo da Vinci*, der einzig erhaltene Karton (um 1510) von *Raffaels* ›Schu-

Trendsetter – Mode made in Mailand

Alta Moda zu niedrigen Preisen

Mailand ist die **Modehauptstadt** Italiens. Alle großen Namen der ›Alta Moda‹, der exquisiten Designermode, sind hier vertreten: Armani, Dolce & Gabbana, Gucci, Moschino, Prada, Valentino, Versace, Ermenegildo Zegna, um nur einige zu nennen. Doch die teueren Stücke in den wie Kunsttempel ausstaffierten Vitrinen sind für die meisten Kunden unerschwinglich. Daher lohnt es sich auf die **Saldi** zu warten, den Ausverkauf im Januar/Februar und Juni/Juli. Und wer nicht unbedingt die brandneuesten Modelle benötigt, findet Designerstücke auch zu stark ermäßigten Preisen in folgenden Geschäften:

Il Salvagente, Via Fratelli Bronzetti 16. Das stets überlaufene Geschäft bietet Preisreduzierungen von 50–70 %.

Il Salvagente Bambini, Via Balzaretti 28. Kleidung für Kids von 0 bis 16 Jahren.

Intimo + Mare, Via Giovanni da Milano 4. Dessous und Bademode.

Vestistock, Via Ramazzini 11. Große Auswahl und bis zu 50 % Ermäßigung.

Daneben bieten viele Firmen auch **Direktverkauf**:

Dolce & Gabbana, Via Rossini 70, Legnano (bei Mailand). Dolce & Gabbana der letzten Saison und einige Stücke zweiter Wahl, 20–40 % herabgesetzt.

Spaccio Superga, Via Olgia 18, Segrate (bei Mailand). Freizeitbekleidung und -schuhe.

Timberland Factory Outlet, Via Piave 26, Pero (bei Mailand). Outdoor-Bekleidung, Schuhe und Taschen.

le von Athen‹ als Entwurf für die Stanzen des Vatikan und der ›Früchtekorb‹ (1596) von *Caravaggio*, der als Erfinder des realistischen Stilllebens gilt.

Einige Häuser weiter werden hinter der imposanten Fassade des **Palazzo Mezzanotte** 18 an der Piazza Affari 95 % der italienischen Wertpapiere gehandelt. Die *Mailänder Börse* ist mit Abstand der bedeutendste Börsenplatz des Landes und nimmt in Europa Platz vier ein. Die lange Tradition des lombardischen Geldhandels spiegelt sich auch in Begriffen wie Lombardkredit und -satz wider. Sie gehen auf hiesige Geldverleiher zurück, die seit dem 13. Jh. Geld gegen feste Sicherheiten verliehen.

Ein Stück Theatergeschichte schrieb das **Piccolo Teatro** 19 (Via Rovello 2 , www.piccoloteatro.org, bis Okt. 2009 wg. Restaurierung geschl.) im *Palazzo Carmagnola* (14. Jh.), das in der Nachkriegszeit die Bühne bewusst einem breiten Publikum öffnete, ohne deshalb volkstümlich zu sein. Neue Theatermaßstäbe setzte sein Begründer *Giorgio Strehler* (1921–1997) mit internationalem Repertoire und unkonventionellen Inszenierungen.

Mit inzwischen drei Spielstätten – neben dem Stammhaus das *Teatro Strehler* am Largo Greppi und die Experimentalbühne *Teatro Studio* in der Via Rivoli 6 – steht das ›Piccolo‹ unter der künstleri-

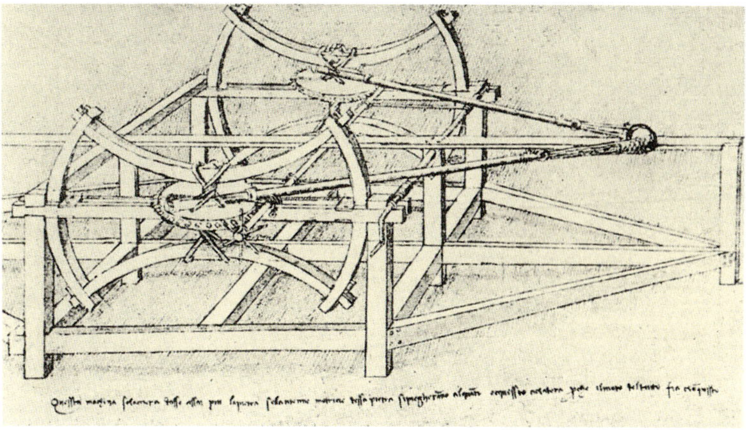

Die Biblioteca Ambrosiana besitzt u. a. kostbare Zeichnungen Leonardo da Vincis

schen Leitung von *Luca Ronconi* wieder an der Spitze innovativer italienischer Theater.

Die um die Wende zum 20. Jh. angelegte breite Prachtstraße *Via Dante* öffnet den Blick auf das turmbewehrte **Castello Sforzesco** 20 (www.milanocastello.it, Sommer tgl. 7–19, Winter 7–18 Uhr, Museen Di–So 9–17.30 Uhr). 1450 ließ *Francesco Sforza* die quadratische Trutzburg auf den Fundamenten einer Burg der Visconti als herzogliche Residenz erbauen. Ihre Blütezeit erlebte die Festung unter *Ludovico il Moro* und seiner Frau *Beatrice d'Este* ab 1494. An ihrem prunkvollen Hof verkehrten Intellektuelle, Astronomen und Musiker. *Donato Bramante* und *Leonardo da Vinci* wurden damals mit Ausbau und Bemalung der Innenräume beauftragt. Die Spanier erweiterten

Wuchtige Viereck- und Rundtürme bewachen das Castello Sforzesco (15. Jh), eine der größten Burgen Europas und heute Sitz interessanter Museen

schließlich Mitte des 16. Jh. das Castello um einen Mauerstern und sechs Bastionen. Es war damit eine der mächtigsten Burgen Europas, verfiel jedoch nach der Eroberung durch französische Truppen 1796 zusehends. Was sich heute als gewaltiges Zeugnis der Renaissance darbietet, wurde Ende des 19. Jh. im Sinne des Historismus restauriert.

Den beiden gigantischen Rundtürmen an der Stadtseite, die als Trinkwasserzisternen dienten, entsprechen an der Rückseite zwei riesige quadratische Wachtürme. Die **Torre del Filarete** (1452), der 70 m hohe, fünfte Turm am *Haupteingang*, waren Aufbewahrungsort für Schießpulver. Die gesamte Anlage wird von einem *Wassergraben* umschlossen. Ein zweiter Graben verlief einst durch den Innenhof und trennte den militärischen Bereich vom Wohntrakt ab, der nur über eine Zugbrücke zugänglich war.

Unter *Galeazzo Maria Sforza* entstand in diesem Wohnareal links der **Corte Ducale** (Herzogshof). In dessen Erdgeschoss befindet sich das *Skulpturenmuseum*. Publikumsmagneten sind das monumentale Grabmal des Bernabò Visconti (14. Jh.) mit einer Reiterstatue des gotischen Bildhauers Bonino da Campione und *Michelangelos* letztes Werk, die unvollendet gebliebene ›Pietà Rondanini‹ (1564). Ein Schmuckstück unter den Festsälen ist die von Leonardo da Vinci 1497/98 ausgemalte Sala delle Asse. Sie ist mit einer Art Blätterpergola überzogen, wobei durch die verflochtenen Äste eines Baumes der Himmel durchscheint und der Eindruck entsteht, man befinde sich im Freien. Der erste Stock des Corte Ducale präsentiert eine reiche *Möbel- und Designsammlung*, von besonderer Schönheit ist die kunstvoll bemalte *Truhe der drei Herzöge* im zweiten Raum des Rundgangs. Die **Pinacoteca del Castello Sforzesco**, eine der bedeutendsten Gemäldesammlungen der Stadt, prunkt mit hochrangigen Werken aus dem 13. bis 18. Jh., u.a. von Mantegna, Antonello da Messina und Canaletto. Überdies gibt es in diesem Stockwerk einen schönen *Freskenzyklus* (Ende 15. Jh.) mit der Griselda-Legende zu sehen.

Michelangelos ›Pietà Rondanini‹ nimmt in den Corte Ducale einen Ehrenplatz ein

TOP TIPP

Im Untergeschoss des Corte Ducale werden schließlich eine *prähistorische* sowie die *ägyptische Sammlung* Mailands präsentiert.

Beim rechten Teil des Wohnareals handelt es sich um die **Rocchetta**, einen eigens befestigten Zufluchtsort. Daneben ließ nach der Ermordung von Galeazzo im Jahr 1476 seine Witwe *Bona di Savoia* zur Sicherheit einen weiteren Wohnturm errichten. In der Rocchetta befindet sich das *Museo degli Strumenti Musicali*, mit seiner bedeutenden Sammlungen von Saiten-, Blas- und Tasteninstrumenten. Außerdem beherbergt sie eine Ausstellung angewandter Kunst.

Im Nordwesten des Castello schließt sich der weitläufige **Parco Sempione** 21 an, einst Jagdgebiet der Sforza, heute der Englische Garten Mailands. Napoleon hinterließ im Park die klassizistische *Arena*, die heute als Sportstätte dient, und den *Arco della Pace*, gekrönt von einer bronzenen Friedensgöttin mit ihrem Sechsergespann. In einem schönen Jugendstilgebäude neben der Arena befindet sich das der Meereswelt gewidmete *Acquario Civico* (www.acquariocivicomilano.eu, Di–So 9–13 und 14–17.30 Uhr).

Wer gut zu Fuß ist, sollte vorbei an der *Via Sarpi*, der ›Chinatown‹ Mailands, zum **Cimitero Monumentale** 22 (www.monumentale.net, Di–So 8–18 Uhr) spazieren. In der Friedhofsanlage aus dem späten 19. Jh. konkurrierte das aufstrebende Mailänder Bürgertum mit möglichst aufwendigem Skulpturenschmuck selbst noch im Tod miteinander. Über dem Familiengrab der Panettone-Hersteller *Motta* etwa erhebt sich ein granitener Gugelhupf, über der Ruhestätte von *Ferdinando Bocconi*, Gründer der gleichnamigen Mailänder Wirtschaftsuniversität, ein 20 m hoher marmorner Baldachin. Im *Famedio*, dem sog. Ruhmestempel am Eingang des Friedhofes, liegen der Dichter *Alessandro Manzoni*, der Nobelpreisträger *Salvatore Quasimodo* und *Carlo Cattaneo*, Anführer des Fünf-Tage-Aufstandes von 1848, begraben.

Kirchen, Heilige und ein Genie

»Das ›Abendmahl‹ ist Mailand und Mailand das ›Abendmahl‹«, verkündete Roberto Formigoni, Präsident der Region Lombardei, im Mai 1999 nach Abschluss der über 20 Jahre andauernden Restaurierungsarbeiten am wohl berühmtesten Werk von *Leonardo da Vinci*. Das Wandbild im Dominikanerkloster **S. Maria delle Grazie** 23 (TOP TIPP), beide gehören zum UNESCO-Weltkulturerbe, zählt zu den bedeutendsten Sehenswürdigkeiten Mailands. Die dreischiffige *Klosterkirche* (Mo–Sa 7–12 und 15–19, So 7.30–12.15 und 15.30–21 Uhr) am verkehrsumtosten *Corso Magenta* wurde 1466–90 von dem damals führenden Baumeister Guiniforte Solari im gotischen Stil begonnen. Ludovico il Moro, der sich die Kirche als Grablege auserwählt hatte, beauftragte 1492 *Donato Bramante* mit dem Umbau. Dieser fügte den stimmungsvollen *Kreuzgang* und den mächtigen überkuppelten *Vierungsturm* hinzu, der mit seinem durch Säulen und Fenster rhythmisierten und reich verzierten Baukörper zum Vorbild für zahlreiche Zentralbauten in der Lombardei avancierte.

Drei Jahre später wurde bei Leonardo da Vinci als Wandgemälde für das *Refektorium* des Klosters ein **›Abendmahl‹** (›Cenacolo Vinciano‹, Eingang links der Kirche, Di–So 8–19.30 Uhr, Anmeldung obligatorisch: Tel. 02 89 42 11 46, www.cenacolovinciano.org) in Auftrag gegeben. Von den verheerenden britischen Bombardements 1943 blieb das Meisterwerk wie durch ein Wunder verschont. Es hatte allerdings schon kurz nach seiner Vollendung 1498 erste *Schäden* gezeigt. Schuld daran war Leonardos neuartige *Maltechnik*. Statt wie in der Freskenmalerei die Farben auf den noch feuchten Putz aufzutragen, hatte der experimentierfreu-

Gewaltige Grabmäler birgt der Cimitero Monumentale, hier das der Morgagni

dige Meister mit Tempera auf Trockenputz gemalt. Doch an der chronisch feuchten Wand verblassten die Farben schnell. Während für seine Malerkollegen und die Kunstgeschichte das Bild bald zur *Ikone* wurde, wollte Leonardo selbst sein Werk wegen des schlechten Zustands jahrelang nicht mehr sehen.

Neben der meisterhaften *Komposition* der Szene – der dargestellte Raum scheint den realen Raum zu erweitern und die Lichtführung im Bild folgt dem natürlichen Lichteinfall im Refektorium – fasziniert vor allem die *Psychologisierung* der Bildaussage. Dargestellt ist der Moment, nachdem Christus enthüllt: »Einer von euch wird mich verraten«. Der Betrachter spürt die *Betroffenheit* unter den Jüngern, die in Dreiergruppen arrangiert sind und lebhaft diskutieren. Nur »Judas, der Verräter, sitzt wie erstarrt in der Runde. In der Mitte: Jesus, unendlich traurig, als ob er über seine beschissene Lage nachdächte.« (*Dario Fo*). Ganz im Schatten des überwältigenden ›Abendmahls‹ steht das gut erhaltene Fresko gegenüber, die ›Kreuzigung‹ von Giovanni Donato Montorfano (1495).

Den Einfluss Leonardos zeigen die *Freskenzyklen* mit Heiligendarstellungen im vollständig ausgemalten Innenraum der Renaissancekirche **S. Maurizio** 24 (Corso Magenta 15, Di–So 9–12.45 und 14.30–17.30 Uhr). Besonders einprägsam sind im Nonnenchor die Wandmalereien

In den Jahren 1495–97 malte Leonardo da Vinci sein Meisterwerk das ›Abendmahl‹ an eine Wand im Refektorium des Mailänder Klosters S. Maria delle Grazie

zur Passion Christi (1522–29) von da-Vinci-Schüler *Bernardino Luini*.

Das nahe gelegene Technikmuseum **Museo della Scienza e della Tecnologia Leonardo da Vinci** 25 (Via San Vittorio 21, Di–Fr 9.30–17, Sa/So bis 18.30 Uhr) bietet u. a. eine Galerie mit Entwürfen und 30 *Modellen* zu Baukunst und technischen Erfindungen Leonardos. Daneben beeindrucken vor allem die umfangreichen Sammlungen zu Schiff- und Luftfahrt, Eisenbahn- und Motorwesen sowie Telekommunikation und Informatik, darunter ein rekonstruierter *Jugendstilbahnhof* mit Dampfloks, ein 51 m langes Segelschiff sowie die begehbare Kommandobrücke eines alten Atlantikkreuzers.

Wenige Schritte weiter erhebt sich auf der gleichnamigen Piazza die Kirche **S. Ambrogio** 26 (tgl. 9–11.45 und 14.30–18 Uhr). Sie geht auf eine Stiftung des Stadtpatrons *Ambrosius* zurück, der am 7. Dezember 374 zum Mailänder Bischof gewählt wurde. Er besaß großen Einfluss bei den weltlichen Herrschern und festigte die Position der Kirche. Die *ambrosianische Liturgie* und der ebenfalls von Ambrosius eingeführte kirchliche *Hymnengesang* bestimmen noch heute die Messen in den Mailänder Kirchen. Sein Gepräge erhielt das Gotteshaus im 11. und 12. Jh. Ein von hohen Pfeilerarkaden eingefasstes *Atrium* führt zu der von zwei Campanili flankierten und von Rundbögen gegliederten **Schirmfassade** mit Vorhalle. Aus der frühchristlichen Säulenbasilika mit offenem Dachstuhl (379–387) war in der Romanik diese *Emporenbasilika* mit Stützenwechsel und Tambourkuppel über dem Mittelschiff entstanden. In den Seitenschiffen wurde ein Kreuzgratgewölbe eingezogen, das Rippengewölbe im Mittelschiff wurde vorbildlich für den lombardischen Wölbungsbau. Blickpunkt im dämmrigen **Inneren** sind das *Ziborium* (um 900), der von römischen Porphyrsäulen getragene Altarbaldachin, und der mit Edelsteinen besetzte *Altare d'Oro* des Meisters Volvinius (835), ein Kleinod karolingischer Kunst. Seine aus vergoldetem Silberblech getriebenen Reliefs zeigen Szenen aus dem Leben Christi und des hl. Ambrosius. Aus dem 12. Jh. stammt die *Marmorkanzel* im Mittelschiff, die sich über einem Ehegatten-Sarkophag aus dem 4. Jh. erhebt. Vom rechten Seitenschiff aus erreicht man die überkuppelte Grabkapelle *S. Vittore in Ciel d'Oro* mit Mosaiken aus dem 5. Jh. Sie zeigen die hll. Ambrosius, Gervasius und Protasius, deren Gebeine in der *Krypta* beigesetzt sind.

An die römische Glanzzeit Mailands erinnert die Ende des 4. Jh. gegründete Kirche **San Lorenzo Maggiore** 27 (tgl. 8.30–12.30 und 14.30–18 Uhr) weiter südöstlich am Corso di Porta Ticinese. Die 16 korinthischen *Säulen* auf dem Vorplatz stammen von einem antiken Tempel der Stadt. San Lorenzo ist der früheste christliche *Zentralbau* überhaupt, wurde Vorbild für die byzantinische Kirchenarchitektur (z.B. San Vitale in Ravenna) und beeinflusste noch Renaissancebaumeister wie Bramante und da Vinci. Trotz einiger Umbauten und Restaurierungen – die Vorhalle und die klassizistische Fassade z.B. entstanden Ende des 19. Jh. – hat die Kirche nichts von ihrem überwältigenden Raumeindruck eingebüßt.

Der heutige Bau erhebt sich über quadratischem Grundriss mit vier romanischen Ecktürmen, zwischen denen sich zweigeschossige Exedren mit Halbkuppeln auswölben. Den **Innenraum** gliedern ein Umgang und Emporen, die einst den Frauen vorbehalten waren. Das ursprüngliche Kreuzgewölbe wurde in der Spätrenaissance durch eine oktogonale *Kuppel* ersetzt, die größte in Mailand. Im Süden gelangt man durch ein Atrium zur ebenfalls achteckigen Taufkapelle *Cappella S. Aquilino*, die mit Mosaiken aus dem 4. Jh. geschmückt ist.

Auch die romanische Backsteinkirche **S. Eustorgio** 28 (tgl. 7.30–12 und 15.30–18.30 Uhr) geht auf einen Vorgängerbau des 4. Jh. zurück. Der Legende nach brachte der später heilig gesprochene Eustorgius, Bischof von Mailand (343–355), die *Reliquien der Heiligen Drei Könige* hierher, wo sie in einem römischen Sarkophag aufbewahrt wurden. Die Reliquien kamen nach der Eroberung und Zerstörung Mailands durch Barbarossa 1164 nach Köln, doch 1903 wurde ein Teil der Gebeine zurückgegeben, sie ruhen seitdem an ihrem alten Platz im südlichen Querhaus. Nach Barbarossas Wüten bauten die Dominikaner die dreischiffige Basilika mit nur einem Querschiffarm und dem mit 75 m höchsten *Glockenturm* Mailands wieder auf und bald avancierte sie zu einer bevorzugten Grablege des Mailänder Patriziats. Ein Meisterwerk der Renaissance ist die *Cappella Portinari* hinter dem Chor. Nach dem Willen des Florentiner Bevollmächtigten der Medici-Bank in Mailand, Pigello Portinari, sollte sie ihm als Grablege dienen, aber auch als Gedenkstätte für den 1252 ermordeten und ein Jahr später als Petrus Martyr heilig gesprochenen Inquisitor und Prior von S. Eustorgio, Pietro da Verona. Ringsum erzählen *Fresken* (1468) von Leben und Sterben des Heiligen. Das monumentale von Karyatiden gestützte Marmorgrab schuf der toskanische Bildhauer *Giovanni di Balducci* (1339).

Von S. Eustorgio sind es nur wenige Schritte zur sichelförmigen **Darsena** 29, einst drittgrößter Binnenhafen Italiens, heute teilweise überbaut, und den zwei verbliebenen *Navigli*. Unzählige dieser Kanäle durchzogen im ausgehenden Mittelalter ganz Mailand, das damals

Aus römischer Zeit stammen die 16 korinthischen Säulen vor San Lorenzo Maggiore, die heute den Blick auf die klassizistische Westfassade des Gotteshauses so stilvoll rahmen

durch die Flüsse Adda und Ticino mit den Oberitalienischen Seen und über die Navigli mit dem Adriatischen Meer verbunden war. Das malerische Viertel **Navigli** 30 mit seinen verwinkelten Sträßchen und stimmungsvollen Hinterhöfen, lange Zeit Heimat der ›kleinen Leute‹, ist heute begehrtes Wohngebiet der Designer, Künstler und Architekten. Ausgefallene Geschäfte, trendige Lokale und Musikbars säumen jetzt die Kanäle. Am letzten Sonntag jeden Monats (außer Juli) findet am Naviglio Grande der stimmungsvolle, aber recht exklusive *Antiquitätenmarkt* statt. Ein Publikumsmagnet ist auch die **Festa dei Navigli** im Juni, ein äußerst unterhaltsames Fest mit gastronomischen Ständen, Musik, Tanz und dem Flossenschwimm-Wettbewerb [s. S. 130].

TOP TIPP

Für Architekturliebhaber lohnt ein Abstecher zur bombastischen **Stazione Centrale** 31 nordöstlich des Zentrums, einem der größten Kopfbahnhöfe Europas, der als kühne Eisen- und Glaskonstruktion 1912 im Jugendstil begonnen, aber erst 1931 als neoklassizistische ›Kathedrale des Fortschritts‹ vollendet wurde. Das Mailand der Nachkriegszeit versinnbildlichen die imposanten *Wolkenkratzer* ringsum. Zu den interessantesten zählen die 1956–58 erbaute **Torre Velasca** 32 mit ihrem pilzartigen Abschluss an der Via Larga und der 1955–60 von Giò Ponti und Nervi entworfene, 127 m hohe **Grattacielo Pirelli** 33 mit eleganter Silhouette gegenüber der Stazione Centrale.

Seine volkstümliche Seite zeigt Mailand entlang der Kanäle im Viertel Navigli

Praktische Hinweise

Information

Milano Tourist – IAT, Piazza Duomo, 19/A im UG, Tel. 02 77 40 43 43, Fax 02 77 40 43 33, www.visitamilano.it, Mo–Sa 8.45–13 und 14–18 Uhr, So/Fei 9–13 und 14–17 Uhr

Stazione Centrale / Hauptbahnhof, Piazza Duca 'Aosta 4, Tel. 02 77 40 43 18, Mo–Sa 9–18, So 9–13 und 14–17 Uhr

Infos zu Veranstaltungen, In-Lokalen und Nachtleben in den Donnerstagsbeilagen von ›La Repubblica‹ und ›Corriere della Sera‹.

Öffentliche Verkehrsmittel

Die drei Metrolinien, Busse und Trambahnen verkehren tgl. 6–0.30 Uhr. Fahrscheine erhält man in Metrostationen, an Zeitungskiosken, in Bars. Sie gelten 75 Min. für eine Metrofahrt und für beliebig viele Fahrten mit Bus und Tram; www.atm-mi.it.

Flughäfen

Mailand-Linate, 10 km östlich der Stadt, bzw. **Mailand-Malpensa**, 46 km nordwestlich. *Auskunft* für beide: Tel. 02 74 85 22 00, www.sea-aeroporti milano.it. Von Malpensa verkehrt alle 30 Min. ein Zug, der Malpensa Express, zum Bahnhof Cadorna. Außerdem gibt es den Malpensa Bus Express und den Malpensa Shuttle Bus (5.30–0.15 Uhr alle 20 Min.) zur Stazione Centrale (Hauptbahnhof). Von Linate fährt der Linienbus Nr. 73 nach San Babila. Daneben gibt es auch Shuttle-Busse zum Hauptbahnhof sowie zwischen den beiden Flughäfen.

Nachtleben

Atlantique, Viale Umbria 42, Mailand, Tel. 02 55 19 39 06. Trendige Glamour-Disco der Modeszene mit Hightech-Ausstattung und Minimal-Chic-Atmosphäre. Auf dem Programm stehen House, Hip-Hop, Rhythm & Blues (Mi–So bis 4 Uhr).

Hollywood Rytmoteque, Corso Como 15, Mailand, Tel. 02 65 98 99 96. Lieblingsdisco von Models und Fernsehgrößen (ab 23 Uhr, Mo geschl.).

Divina, Via Molino delle Armi 18, Mailand, Tel. 02 58 43 18 23. Originelle Disco als klassische Kunstgalerie verkleidet mit Monumentalfassungen von Gemälden wie ›Große Odaliske‹ von Ingres oder ›Venus‹ von Giorgione. Gespielt werden

Im imposanten Mailänder Hauptbahnhof, der Stazione Centrale, gibt es für Bahnreisende stets viel zu entdecken – selbst wenn ihr Zug einmal Verspätung haben sollte

House und Commercial-Musik (Do–Sa 23–4 Uhr).

Scimmie, Via Ascanio Sforza, 49, Mailand, Tel. 02 89 40 28 74. Livemusik in Navigli-Lokal mit viel Jazz sowie Soul und Funky-Musik. Auch Restaurant.

Hotels

*******Four Seasons Hotel**, Via Gesù 8, Mailand, Tel. 02 77 08 8, Fax 02 77 08 50 00, www.fourseasons.com. Luxusherberge in einem früheren Kloster mit freskengeschmückten Innenhof mitten im ›Goldenen Karree der Mode‹.

******Diana Majestic**, Viale Piave 42, Mailand, Tel. 02 20 58 1, Fax 02 20 58 20 58, www.starwoodhotels.com/sheraton. Jugendstiljuwel mit elegant eingerichteten Zimmern und hübschem Garten, wo man inmitten von Magnolien und Glyzinien frühstücken kann.

******Mini Hotel Tiziano**, Via Tiziano 6, Mailand, Tel. 02 46 99 03 5, Fax 02 48 12 15 3, www.minihotel.it. Ruhiges, gut angebundenes Hotel in der Nähe des Messegeländes mit großem Garten.

*****Antica Locanda Leonardo**, Corso Magenta 78, Mailand, Tel. 02 48 01 41 97, Fax 02 48 01 90 12, www.anticalocandaleonardo.com. Stilvolle Zimmer mit Blick auf einen ruhigen Garten direkt neben Leonardos ›Abendmahl‹.

*****Ariston**, Largo Carrobbio 2, Mailand, Tel. 02 72 00 05 56, Fax 02 72 00 09 14, www.aristonhotel.com. Nach ökologischen Prinzipien geführtes Hotel, z. B. Frühstück mit Bioprodukten. Die Zimmer sind mit hellen, umweltverträglich behandelten Möbeln ausgestattet. Fahrräder stehen zur Verfügung.

TOP TIPP ****Antica Locanda Solferino**, Via Castelfidario 2, Mailand, Tel. 02 65 70 12 9, Fax 02 65 71 36 1, www.anticalocandasolferino.it. Charmante Herberge mit elf Zimmern und 4 Appartements im schicken Brera-Viertel. Frühe Reservierung empfehlenswert.

****London**, Via Rovello 3, Mailand, Tel. 02 72 02 01 66, Fax 02 80 57 03 7, www.albergo-hotel-london-milano.it. Kleines, familiäres Hotel in ruhiger Seitenstraße neben dem Piccolo Teatro.

Ostello della Gioventù, AIG Piero Rotta, Viale Salmoiraghi 1, Mailand, Tel. 02 39 26 70 95, Fax 02 33 00 01 91, www.ostellionline.org. Jugendherberge mit 380 Betten. 300 m von einer U-Bahn Station.

Restaurants

De Santis, Corso Magenta 9, Mailand, Tel. 02 87 59 68. Mailändische Antwort auf Fast Food: *Panini* in 160 Variationen – seit gut 40 Jahren, für viele die besten der Stadt (So geschl.).

10 Corso Como Caffè, Corso Como 10, Mailand, Tel. 02 29 01 35 81. Modisches Happy-Hour-Lokal mit ausgewählten Häppchen in einem Palazzo, in dem nebenbei auch trendige Mode, Wohndesign und Musik verkauft werden (Mo Mittag geschl.).

Grand Hôtel Pub, Via Asciano Sforza 75, Mailand, Tel. 02 89 51 15 86. Hier lebt ein Stück der alten Navigli-Atmosphäre fort, mit bodenständigen Gerichten und Boccia-Bahnen im Hof (Di–So Mittag, Mo und Aug. geschl.).

Il Luogo di Aimo e Nadia, Via Montecuccoli 6, Mailand, Tel. 02 41 68 86. Eine *der* Gourmetadressen Italiens: Mit *Stracchino* (Frischkäse) gefüllte Tortelli, dazu Ricotta aus Sizilien, Kartoffeln und Paprika in Kürbiscreme und Parmigiano mit Aceto balsamico abgeschmeckt oder Risotto mit Kürbisblüten und einem Hauch weißer Trüffeln gefällig? (Sa Mittag, So und Aug. geschl.).

Osteria del Treno, Via San Gregorio 46–48, Mailand, Tel. 02 67 00 04 79. Eisenbahner-Klubhaus mit lombardischen Spezialitäten und ausgezeichneter Käseauswahl (Mitte Aug. geschl.).

Premiata Pizzeria, Via de Amicis 22, Mailand, Tel. 02 89 40 60 75. Gute Pizza, hauchdünn – wie es die Mailänder lieben, direkt an den Navigli.

TOP TIPP **Trattoria Milanese**, Via Santa Marta 11, Mailand, Tel. 02 86 45 19 91. Beste Cucina alla milanese. Probieren sollte man *Risotto alla milanese* und *Ossobuco* (Sa/So geschl.).

2 Monza

Eiserne Krone und dröhnende Boliden.

Zwei gegensätzliche Dinge verbindet man mit dem **Industriestädtchen** Monza, 15 km nordöstlich von Mailand: die Eiserne Krone der Langobarden und den Formel-1-Grand Prix.

Ende des 6. Jh. wählte die katholische *Langobardenkönigin Theodolinde* die einstige römische Veteranensiedlung Monza zu ihrer Sommerresidenz und ließ hier den Dom erbauen. Unter Otto III. (980–1002) war der Ort sogar zeitweise *Hauptstadt* der Lombardei, fiel jedoch nach einem kurzen Zwischenspiel kommunaler Unabhängigkeit 1324 unter die Herrschaft der *Visconti*. Seit 2004 ist Monza die Hauptstadt der neuen italienischen Provinz *Monza und Brianza*. Provinzpräsident und -versammlung werden 2009 erstmals gewählt.

Zeugnis einer mittelalterlichen Blütezeit ist der **Duomo S. Giovanni Battista** (www.duomomonza.it). Im 13./14. Jh. wurde die langobardische Vorgängerkirche (6. Jh.) durch einen gotischen Bau ersetzt und im 16. Jh. um den heutigen *Campanile* erweitert. Die grün-weiß gebänderte *Fassade* (1370–96) mit der prächtigen Fensterrose stammt wie die Vorhalle mit den säulentragenden Löwen von Matteo Campione. Im **Innenraum** bestechen die *Fresken* (1444) in der Theodolinde-Kapelle rechts vom Presbyterium, die im so genannten Weichen Stil der Spätgotik das Leben der königlichen Kirchenstifterin schildern. In einem Tabernakel über dem Altar der Kapelle wird auch die *Eiserne Krone* (Corona ferrea, Di–So 9–13 und 14–18 Uhr) aufbewahrt. Mit dieser Krone ließen sich die langobardischen Könige und die Herrscher des Heiligen Römischen Reiches Deutscher Nation krönen, später sogar Napoleon. Schließlich soll das schmale Eisenband (5.–9. Jh.), um das später eine mit Edelsteinen besetzte Goldplatte gelegt wurde, aus einem Nagel des Kreuzes Christi geschmiedet worden sein.

Sehenswert ist auch das angrenzende **Museo e Tesoro del Duomo di Monza** (www.museoduomomonza.it, Di–So 9–13 und 14–18 Uhr) mit wertvollen Gold-

Filigran ist die Marmorfassade des Duomo San Giovanni Battista (14. Jh.) in Monza

schmiedearbeiten aus langobardischer Zeit, darunter die ›Henne mit sieben Küken‹ (6./7. Jh.). Kommunales Zentrum des mittelalterlichen Monza war der **Arengario** (13. Jh.) nördlich des Doms, wie viele Rathäuser Norditaliens mit offener Säulenhalle und Ratssaal darüber.

Beliebtes Ziel sonntäglicher Spaziergänge ist der weitläufige **Parco di Monza** im Süden der Stadt. Mit 7,3 km² ist er eine der größten öffentlichen Grünanlagen Europas. Der Park wurde von Napoleons Stiefsohn und Vizekönig Eugen Beauharnais um die **Villa Reale** (wg. Renovierung bis Mitte 2009 geschl.) angelegt. Das dreiflügelige Gebäude (1777–80) schuf Giuseppe Piermarini als Sommerresidenz für die österreichischen Erzherzöge. Zuletzt wurde sie vom italienischen König Umberto I. bewohnt, der 1900 in Monza von einem Anarchisten ermordet wurde.

Neben einer Reitschule, einem Tennis- und zwei Golfplätzen mit 9 und 18 Löchern sowie einem Fahrradverleih beherbergt der Park das **Autodromo Nazionale Monza** (tgl. 8–19 Uhr), die berühmte 5,793 km lange Formel-1-Rennstrecke. Seit 1922 dröhnen die Boliden hier jedes Jahr am zweiten Sonntag im September um die Wette, wenn der ›Große Preis von Italien‹ ausgetragen wird. (Dez.–Febr. dürfen Privatpersonen nach Voranmeldung auf die Piste, Tel. 03 92 48 22 34, www.monzanet.it).

i Praktische Hinweise

Information

APT, Piazza Carducci, Monza, Tel./Fax 039 32 32 22, www.comune.monza.mi.it

Hotels

****__De La Ville__, Viale Regina Margherita 15, Monza, Tel. 039 38 25 81, Fax 039 36 76 47, www.hoteldelaville.com. Zimmer mit Marmorbäderen in herrschaftlichem Palazzo gegenüber der Villa Reale.

****__Royal Falcone__, Corso Milano 5, Monza, Tel. 03 92 30 01 87, Fax 03 92 30 01 29, www.royalfalcone.com. Komfortable Zimmer in Bahnhofsnähe.

Restaurant

Saint Georges Premier, Via Vedano 7, Monza, Tel. 039 32 06 00. Fürstlich speisen kann man im ehem. Jagdschlösschen des Königs direkt im Park (Di geschl.).

Industriedenkmal mit Anspruch – Fabrik und Arbeitersiedlung von Crespi d'Adda

3 Crespi d'Adda

Backsteinfarbene Idealstadt eines Textilfabrikanten.

Ein Juwel der Industriegeschichte ist die gut erhaltene **Arbeitersiedlung** von Crespi d'Adda (A4 Monza–Bergamo, Ausfahrt Capriate San Gervasio, www.villaggiocrespi.it), die 1995 zum UNESCO-Weltkulturerbe erklärt wurde. Das Städtchen am Mittellauf des Flusses Adda gilt als Wiege der lombardischen Industrialisierung, denn hier versorgten bereits im 19. Jh. Wasserkraftwerke die benachbarten Textilbetriebe mit Strom, etwa die 1875 gegründete **Baumwollspinnerei** der Unternehmerfamilie Crespi. Die von England ausgehenden Bemühungen um Verbesserungen der Wohn- und Arbeitsverhältnisse für Arbeiter griff *Cristoforo B. Crespi* auf und baute hier nach dem Vorbild britischer Arbeitersiedlungen aus Backstein seine ›Company town‹. Eine weite Allee trennt die burgähnliche *Fabrikanten-Residenz* und das Fabrikgelände von dem schachbrettartig angelegten Ort (damals 3200, heute 700 Einw.). Dieser besteht aus geräumigen Zweifamilienhäuschen mit Nutzgärten sowie Mehrfamilienhäusern, Begegnungszentren, Theater, Sportplatz und Krankenstation. Die letzten der meist neogotischen Bauten entstanden 1925. In der Fabrik wurden bis 2004 Textilien produziert, zuletzt allerdings nicht wie früher Damast oder Satin, sondern Jeansstoffe.

Die lombardische Tiefebene – berühmte Kunststädte und bildschöne Seen

In der fruchtbaren lombardischen Tiefebene reihen sich am Fuße der gewaltigen Alpenkette und längs des Po stolze Zeugnisse der italienischen Stadtkultur. Aus den meist römischen Gründungen entwickelten sich ab Ende des 11. Jh. reiche selbstbewusste Handelsstädte, die noch heute das Wirtschaftsleben Italiens bestimmen, und zugleich dank ihrer Architekturdenkmäler und Kunstschätze den Reisenden immer wieder faszinieren. In **Bergamo** führen gewundene Straßen durch einen wunderbar erhaltenen mittelalterlichen Stadtkern, **Brescia** rühmt sich der bedeutendsten römischen Ausgrabungsstätte der Lombardei, ›Klein-Venedig‹ nennt man das am Mincio gelegene **Mantua**, den glanzvollen Fürstenhof der Gonzaga, und in **Cremona**, der Wiege der Geigenbaukunst, kann man dem Geheimnis der weltberühmten Stradivari nachspüren. Der **Lago d'Iseo** und der **Gardasee** schließlich locken mit anmutiger Landschaft und einer überwältigenden mediterranen Vegetation.

4 Bergamo

Plan Seite 38 und Seite 41

TOP TIPP *Mittelalterliches Flair und prachtvolle Renaissancekapelle in der Oberstadt, sehenswerte Gemäldegalerie in der Unterstadt.*

Das 117 000 Einwohner zählende Bergamo gibt es gleich doppelt. Auf einem 350 m hohen Hügel mit weitem Blick über die fruchtbare Poebene thront die schöne *Città Alta*, eines der am besten erhaltenen mittelalterlichen Architekturensembles in ganz Italien. Zu ihren Füßen erstreckt sich die moderne, geschäftstüchtige *Città Bassa*.

Geschichte Seinen Namen verdankt Bergamo den Kelten, die ihre Ortsgründung auf dem Hügel *Berghem* nannten. Unter den Römern entwickelte sich das 196 v. Chr. eroberte *Bergonum* zu einem blühenden Municipium mit 10 000 Einwohnern. In der Folgezeit war der Ort langobardischer Herzogsitz, fränkische Grafschaft und schließlich Bischofsstadt unter kaiserlichem Schutz. Ab 1167 nahm die freie Stadtrepublik als Mitglied der Lombardischen Liga am Kampf gegen *Kaiser Friedrich I. Barbarossa* teil. Ungeachtet der auch in Bergamo ausgetragenen Parteienkämpfe zwischen papsttreuen Guelfen und kaisertreuen Ghibellinen entstanden damals bedeutende Bauten, die fortan das Stadtbild der Città Alta prägten. Im Kampf zwischen Mailand und Venedig um die Vormachtstellung in Oberitalien fiel Bergamo 1437 an die Dogenrepublik *Venedig* und erlebte während der 350 Jahre andauernden Herrschaft der Serenissima eine Blütezeit als Handelsplatz. Ende des 18. Jh. wurde es schließlich Teil der Cisalpinischen Republik Napoleons, 1861 Teil des vereinten Italien.

Besonders stolz ist Bergamo auf seine drei berühmten Söhne, den Opernkomponisten *Gaetano Donizetti* (1797–1848), *Papst Johannes XXIII.* (reg. 1958–63) und die Charakterfigur *Arlecchino*, den listigen Diener der *Commedia dell'Arte*.

Besichtigung Die schöne **Città Alta**, hat sich zu einem beliebten Reiseziel entwickelt, vor allem am Wochenende, denn dann ist sie für den Verkehr gesperrt. Wochentags (außer Mai–Okt. Fr/Sa

◁ **Oben:** *Krönung eines lombardischen Hügels ist die Città Alta von Bergamo ...*
Unten: *... deren Basilika S. Maria Maggiore u. a. feinste Wandteppiche schmücken*

abends) kann man mit dem Auto an die Città Alta heranfahren (Parkplätze: Piazza Mercato del Fieno oder Porta S. Alessandro). Ansonsten erreicht man sie mit der Standseilbahn, *Funicolare*, ab Viale Vittorio Emanuele II. bis Piazza Mercato delle Scarpe oder mit dem Bus 1/A ab Porta Nuova bzw. ab Hauptbahnhof.

Schon allein durch den vollständig erhaltenen venezianischen **Mauerring** aus dem 16. Jh. mit seinen Bastionen und Toren beeindruckt die Città Alta. Von der Piazza Mercato delle Scarpe sollte man zunächst zur südlich gelegenen **Rocca** 1 (Di–So 9.30–13 und 14–17.30 Uhr) gehen, einer Burg der Visconti aus dem 14. Jh., die im 16. Jh. von den Venezianern ausgebaut wurde, und den schönen Blick auf Ober- und Unterstadt genießen. Das kleine *Museum* im Inneren lässt die Geschichte der Stadt von der Ankunft Napoleons bis zum Risorgimento Revue passieren.

Wieder zurück an der Piazza spaziert man nun über die gewundene Flaniermeile Via Gómbito zur **Piazza Vecchia** 2. Von Straßencafés und Restaurants gesäumt, bildet sie das Herz der Stadt. Den Platz beherrscht der strenge, durch zierliche Maßwerkfenster aufgelockerte **Palazzo della Ragione** 3. Das Rathaus wurde bereits 1199 errichtet, sein heutiges Aussehen verdankt es den Venezianern, wie der Markuslöwe über der Loggia bezeugt. Auch der *Brunnen* (1780) in der Mitte des Platzes mit seinen stolzen Löwen ist ein Geschenk des venezianischen Dogen. Ein überdachter Treppenlauf führt zum Eingang der fast 53 m hohen **Torre Civica** 4 (März–Okt. Di–Fr 9.30–19, Sa/Fei 9.30–21.30 Uhr, sonst Sa/Fei 9.30–16.30 Uhr), auch *Campanone* genannt, dem einstigen Geschlechterturm der ghibellinischen Suardi. Von der Turmspitze hat man einen fantastischen Blick auf Stadt und Umgebung. Im angrenzenden **Palazzo del Podestà** 5, dem mittelalterlichen Sitz des Stadtherrn, büffeln heute Studenten der Universität von Bergamo Fremdsprachen.

Jenseits der Via Gómbito steht der **Palazzo Nuovo** 6 (17. Jh.) von Vincenzo Scamozzi, seit 150 Jahren Sitz der Stadtbibliothek. Eine stille Schönheit ist die angrenzende *Piazza del Duomo* mit dem **Duomo San Vincenzo** 7. Die romanische Basilika (1207) hatte einen Vorgänger aus langobardischer Zeit, wurde ab dem 15. Jh. mehrfach umgebaut und erst Ende des 19. Jh. mit der klassizistischen Fassade vollendet. Bemerkenswert sind im kreuzförmigen *Innenraum* das Chorgestühl (1695) sowie ›Das Martyrium des Bischofs San Giovanni‹ des Barockmalers *Giovanni Battista Tiepolo* in der Apsis. Ein kleines Museum nebenan soll ab 2010 Kostbarkeiten aus der Geschichte des Doms zeigen.

Die etwas eingezwängt am Domplatz stehende **Kirche S. Maria Maggiore** 8 (April–Okt. tgl. 9–12.30 und 14.30–18, sonst Mo–Fr 9–12.30 und 14.30–17, Sa 9–12.30 und 14.30–18, So 9–12.45 und 15–18 Uhr) stammt aus dem 12. Jh. und wurde bereits 1350 von *Giovanni da Campione* an der

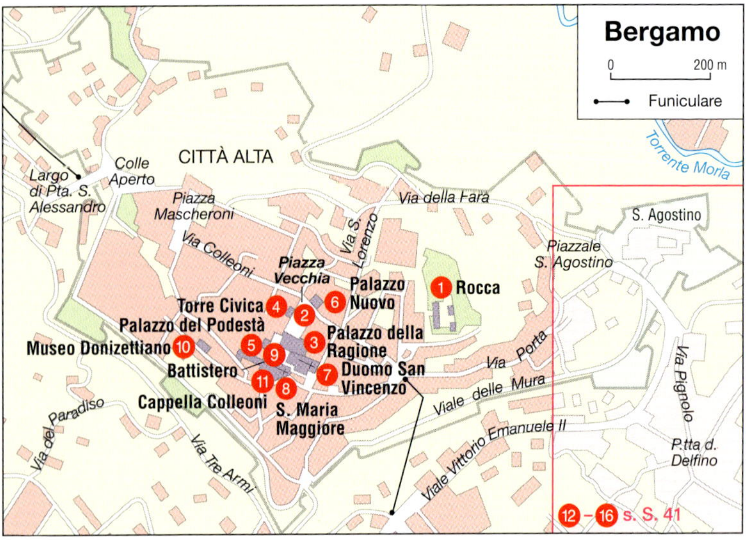

Die wuchtige Torre Civica, einst wehrhafter Geschlechterturm der Familie Suardi, überragt noch heute die zentrale, von historischen Palazzi umgebene Piazza Vecchia

Nord- und Südseite durch gotische Vorhallen mit säulentragenden Löwen erweitert. Von demselben Architekten stammt auch das achteckige **Battistero** 9 (1340), das bis zum 17. Jh. Teil der Kirche war, dann abgerissen und Ende des 19. Jh. unter Verwendung der Originalteile rechts des Gotteshauses frei stehend rekonstruiert wurde. Das **Innere** der monumentalen dreischiffigen Emporenbasilika wurde mit Marmor, Stuck und überschwänglichen Fresken weitgehend barockisiert. Von der ursprünglichen Dekoration blieb lediglich im rechten Quer-

Blickfang der Piazza del Duomo ist nicht etwa der Dom, sondern die prachtvolle Renaissancefassade der Cappella Colleoni aus schwarzem, weißem und rotem Marmor

Reich verzierte Marmorsarkophage des Bartolomeo Colleoni (unten) und seiner Frau (Mitte), darüber die goldene Reiterstatue (1501) des Condottiere in der Cappella Colleoni

schiffarm ein *Fresko* im Stile Giottos mit dem ›Lebensbaum‹ (1347) erhalten. Zu den Höhepunkten der Ausstattung gehören die neun prächtigen *Wandteppiche* (1583–86) mit Szenen aus dem Leben Mariens, die in Florenz nach Entwürfen von *Alessandro Allori* geschaffen wurden, sowie eine *Tapisserie* (1696–98) flämischer Herkunft mit einer beeindruckenden Kreuzigungsszene. Das *Chorgestühl* schmücken wunderschöne Intarsien mit Szenen aus dem Alten Testament. Die Kirche ist auch Pilgerstätte für Opernfans. *Gaetano Donizetti* (1797–1848), Komponist von 71 Opern und Meister des *Belcanto*, fand hier seine letzte Ruhestätte.

Das nahe **Museo Donizettiano** 10 (Via Arena 9, Juni–Sept. Di–So 9.30–13 und 14–17.30 Uhr, sonst Di–So 9.30–13 und Sa/So zusätzl. 14–17.30 Uhr, http://fondazione.bergamoestoria.it) zeigt Donizettis Originalpartituren und Möbel sowie zeitgenössische Tasten- und Streichinstrumenten aus seinem Besitz.

Das Schmuckstück der Piazza del Duomo ist die seitlich an S. Maria Maggiore angebaute **Cappella Colleoni** 11 (März–Okt. tgl. 9–12.30 und 14–18.30, sonst Di–So 9–12.30 und 14–16.30 Uhr). Der aus Bergamo stammende venezianische Condottiere, Generalkapitän der Landstreitkräfte, *Bartolomeo Colleoni* (1400–1475), ließ sich ab 1472 die prunkvolle Kapelle als Mausoleum errichten. Der junge Baumeister *Giovanni Antonio Amadeo* stellte mit seinem hohen kuppelbekrönten Bau, dem die Sakristei der Kirche weichen musste, auch deren Vorhalle in den Schatten und machte so der Basilika selbst Konkurrenz. Die im üppigen Stil der lombardischen Renaissance gestaltete *Kapellenfassade* prunkt mit verschiedenfarbigem Marmor und detailreicher Dekoration. Die Sockelreliefs mit den ›Taten des Herakles‹ spielen auf die Heldenstücke des Condottiere an. Von Amadeo stammen auch die beiden Grabstätten im *Innenraum*, das von einer vergoldeten Reiterstatue bekrönte

Großer Komponist – Donizettis Porträt von Giuseppe Rillosi im Museo Donizettiano

Grabmal des Bartolomeo Colleoni und seiner Gattin Tisbe Martinengo sowie das seiner 1470 im Alter von zwölf Jahren verstorbenen Lieblingstocher Medea. Die Lünetten und Zwickel der Kapelle schmücken Fresken (1733) von *Tiepolo* aus dem Leben des Johannes d. T.

Nicht versäumen sollte man einen Besuch der **Città Bassa**, allein schon wegen der berühmten **Pinacoteca dell' Accademia Carrara** ⓬ (Piazza Carrara 82 a, bis 2010 geschl., www.accademiacarrara.bergamo.it), die man von der Altstadt aus über die Via Noca erreicht. Mit über 1700 Gemälden ist sie eine der umfangreichsten Sammlungen des Landes, mit Werken italienischer und europäischer Maler des 15.–18. Jh., darunter Giovanni und Gentile Bellini, Andrea Mantegna und Antonello da Messina, Tizian und Tintoretto, Dürer und Breughel. Zu den Höhepunkten der Sammlung gehören die berühmten Porträts des Giuliano de' Medici von *Botticelli* und des Lionello d'Este von *Pisanello*.

Außerdem stößt man in der Unterstadt längs der kurvigen **Via Pignolo** ⓭ auf schöne Renaissance-Palazzi. Werken des Renaissance-Malers *Lorenzo Lotto* begegnet man in den sehenswerten Kirchen **San Bernardino in Pignolo** ⓮ an dieser Straße (›Thronende Madonna mit Heiligen‹, 1521) und an der Via Torquato Tasso in der Kirche **San Bartolomeo** ⓯ (›Thronende Madonna mit Heiligen und Engeln‹, 1516). Zum Flanieren lädt die von Geschäften und Cafés gesäumte Allee **Sentierone** ⓰ vor dem *Teatro Donizetti*.

Praktische Hinweise

Information

IAT Città Alta, Via Gombito 13, Bergamo, Tel. 035 24 22 26, Fax 035 24 29 94, www.provincia.bergamo.it/turismo

IAT Città Bassa, Piazzale Marconi, Bergamo, Tel. 035 21 02 04, Fax 035 23 01 84

Hotels

******San Lorenzo**, Piazza Mascheroni 9 a, Bergamo, Tel. 035 23 73 83, Fax 035 23 79 58, www.hotelsanlorenzobg.it. Hotel mit hellen, komfortablen Zimmern und einem Privatparkplatz.

****Agnello d'Oro**, Via Gombito 22, Bergamo, Tel. 035 24 98 83, Fax 035 23 56 12, www.agnellodoro.it. Gepflegtes Hotel mit Restaurant in einem Gebäude aus dem 17. Jh.

Restaurants

Al Donizetti, Via Gombito 17 a, Bergamo, Tel. 035 24 26 61. Enoteca mit verlockenden Häppchen wie *Crostini al Gorgonzola* oder *Toma d'Alba* mit Senf.

La Colombina, Via Borgo Canale 12, Bergamo, Tel. 035 26 14 02. Lokal in Jugendstilambiente mit Ricotta- und Polenta-Spezialitäten (Mo/Di geschl.).

5 Brescia

Herbe Schönheit hinter Industrie-Fassade.

Ein italienischer Historiker des 19. Jh. beschrieb Brescia, 30 km westlich des Gardasees inmitten von Hügeln gelegen, als bevölkerungsreich, wohlhabend und geschäftig. Daran hat sich bis heute wenig geändert. Zugleich bietet die zweitgrößte Stadt der Lombardei (190 000 Einw.) dem Besucher im Zentrum ein gut erhaltenes Gebäudeensemble, das einen Spaziergang durch die Architekturgeschichte erlaubt.

Geschichte Bereits ab 1200 v. Chr. von Ligurern besiedelt, wurde der Ort 89 v. Chr. römische Kolonie und ein Zentrum der Metallverarbeitung und Bronzeherstellung. Unter Kaiser Augustus stieg **Brixia** 27 v. Chr. zur *Colonia civica augusta* auf und bald zierten prächtige Straßenzüge, Tempel und Theater die blühende Handelsstadt. Unter den Langobarden Herzogsitz und Bischofsstadt, erlangte Brescia 1120 den Status einer freien **Stadtrepublik**. Als Mitglied der Lombardischen Liga nahm sie erfolgreich an den Kämpfen gegen Barbarossa und Friedrich II. teil. Doch die internen *Parteienkämpfe* zwischen Guelfen und Ghibellinen mündeten ab 1331 in wechselnde Herrschaft auswärtiger Geschlechter wie der Scaliger aus Verona, der Mailänder Visconti oder der Malatesta aus Rimini. Ab 1428 gehörte die Stadt rund 350 Jahre zum Machtkreis **Venedigs**. Während dieser Zeit erlebte das auf Waffenherstellung und Wollhandel spezialisierte Brescia eine Phase wirtschaftlicher und kultureller Blüte. Unter dem Einfluss venezianischer Maler formierte sich im 15./16. Jh. die **Schule von Brescia**, im Stil der Renaissance wurden neue Bauten errichtet und Plätze gestaltet. Die kurze *napoleonische Herrschaft* (1797–1814) hinterließ eine Vorliebe für neoklassizistische Architektur. Nach der Einigung Italiens 1861 avancierte Brescia zum zweitwichtigsten **Industriestandort** der Lombardei nach

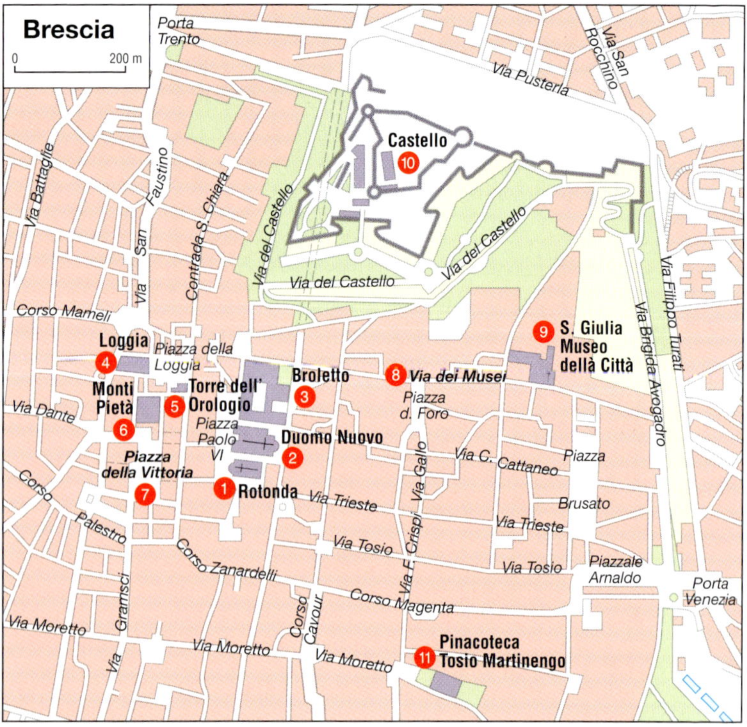

Hinter dem gedrungenen Rundbau des Duomo Vecchio, des alten Domes von Brescia, erhebt sich der im 17./18. Jh. entstandene kuppelbekrönte ›Neubau‹ des Duomo Nuovo

Mailand, u. a. dank der hier traditionellen Produktion von *Handfeuerwaffen* (Beretta, Breda), die fast eine nationale Monopolstellung besitzt. Inzwischen gewinnt der terziäre Sektor an Wichtigkeit wie die großen Bürotürme von **Brescia 2** vor Augen führen. Heute macht die Provinzhauptstadt auch mit ihrer vorbildlich restaurierten **Altstadt**, mit spektakulären Ausstellungen und ausgefallenen *Festivals* wie dem Internationalen Zirkusfest von sich reden.

Besichtigung Bis ins 15. Jh. bildete der Domplatz, die heutige Piazza Paolo VI., das Zentrum der Stadt. Als ältestes Bauwerk steht hier der **Rotonda** 1 (April–Okt. Di–So 9–12 und 15–19, Nov.–März Di–So 10–12 und 15–18 Uhr) genannte *Duomo Vecchio*, eine der beeindruckendsten romanischen Kirchen der Lombardei. Über einer Vorgängerkirche (6. Jh.) entstand Ende des 11. Jh. dieser überkuppelte Rundbau, der im 15./16. Jh. um einen lang gestreckten Chor mit ebenfalls überkuppelten Querarmen erweitert wurde. Dank umfassender Restaurierung im 19. Jh. präsentiert sich das grandiose *Innere* heute wieder im schlichten Originalzustand. Vom Ursprungsbau zeugen noch Reste des Mosaikbodens in der Mitte des Querhauses und in der Rotunde sowie die teils spätantiken, teils langobardischen Kapitelle in der fünfschiffigen *Krypta*. Interessant ist auch das Gemälde von *Francesco Maffei* mit der ›Überführung der Gebeine von vier Brescianer Heiligen‹ im linken Querhausarm, das den Domplatz im Zustand des 17. Jh. zeigt.

Stolz ragt die monumentale Fassade des benachbarten **Duomo Nuovo** 2 (Mo–Sa 7.30–12 und 16–19, So 8–13 und 16–19 Uhr) auf. Mit ihrem Stilgemisch und ihrer Massigkeit kann die 1604 begonnene, komplett aus strahlend weißem Botticino-Marmor gestaltete Kirche letztlich wenig überzeugen. Die Bauarbeiten zogen sich quasi endlos hin und erst 1825 wurde die riesige Kuppel aufgesetzt, mit einem Durchmesser von 20 m und einer Höhe von 78 m eine der größten Italiens.

Links vom Duomo Nuovo erhebt sich das kommunale Zentrum, der romanisch-gotische **Broletto** 3 (1223–98) mit der mächtigen *Torre del Pégol* (11. Jh.), von der früher zu Beginn jeder Gemeinderatssitzung 180 Glockenschläge ertönten. Die Arkaden des *Innenhofes* stützen Säulen mit fein gearbeiteten figürlichen Kapitellen aus der Antelami-Schule (13. Jh.).

Die Schönste am Platze ist im Falle der Piazza della Loggia von Brescia zweifellos die namengebende Loggia, ein prächtiger arkadengeschmückter Renaissancebau

Wenige Schritte weiter öffnet sich die grandiose *Piazza della Loggia* im venezianischen Stil. Ihr Schmuckstück, die **Loggia** 4 (15./16. Jh.), war einst Sitzungssaal der städtischen Aristokratie und ist noch heute *Palazzo del Comune* (Rathaus). Das Untergeschoss (1492) des Renaissancebaus mit seinen triumphbogenartigen Arkaden stammt von *Tommaso Formentone*, das 50 Jahre jüngere Obergeschoss geht auf Pläne des Venezianers *Jacopo Sansovino* zurück und wird durch monumentale, gebälkbekrönte Fenster, reich ornamentierte Pilaster und einen figurengeschmückten Fries rhythmisiert. Das markante *Kuppeldach* wurde erst 1914 aufgesetzt. In die gegenüber liegende Gebäudezeile ist der Uhrturm, **Torre dell'Orologio** 5 (1540–50), mit Glocke und hammerschwingenden Figuren auf dem Dach eingepasst. Den Platz schließen an der Südseite die lang gestreckten Bauten der **Monti Pietà** 6 ab, des *Alten Pfandhauses* (1484–89) mit Renaissanceloggia und des *Neuen Pfandhauses* (1597–1600).

Dank der Torre dell'Orologio weiß man in Brescia immer, was es geschlagen hat

Ein ganz anderer Geist weht auf der rechteckigen **Piazza della Vittoria** 7 mit ihren Monumentalbauten (1926–32) im Stil des Faschismus. Über die *Via X Giornate*, die mit dem *Corso Zanardelli* Brescias Einkaufs- und Flaniermeile bildet, erreicht man das antike Zentrum der Stadt und gleichzeitig die bedeutendste römische *Ausgrabungsstätte* (Öffnungszeiten variieren) der Lombardei. Sie liegt in der **Via dei Musei** 8, die dem Verlauf des antiken Decumanus folgt. An dessen Kreuzung mit dem Cardo befand sich das *Forum* (Piazza del Foro). Vom gewaltigen Podiumstempel *Tempio Capitolino* (73 n. Chr., Di–So 11–16 Uhr) zu Ehren von Jupiter, Juno und Minerva sind Teile der

Säulenvorhalle und des dreigeteilten, im 19. Jh. rekonstruierten Kultraumes erhalten. Im benachbarten *Teatro Romano* (1. Jh.) konnten bis zu 15 000 Menschen den Aufführungen von Tragödien und Komödien beiwohnen.

Dahinter erstreckt sich der riesige Klosterkomplex des 1798 aufgelösten *Monastero di San Salvatore e S. Giulia.* Die Anlage, bestehend aus drei Kirchen – San Salvatore (8./9. Jh.), S. Maria in Solario (12. Jh.), S. Giulia (15. Jh.) – und drei Kreuzgängen, wurde bereits 753 von Ansa, der Gattin des letzten Langobardenkönigs Desiderius, gegründet. Neben interessanten Wechselausstellungen beherbergen die Klosterräume und die mit schönen *Renaissance-Freskenzyklen* geschmückten Kirchen heute die Sammlungen des **S. Giulia Museo della Città** 9 (www.bresciamusei.com, Juni–Sept. Di–So 10–18, Okt.–Mai Di–So 9.30–17.30 Uhr) mit Funden von der Bronzezeit bis ins 18. Jh. Die ›Stars‹ des Museums sind die Aphrodite, eine griechische Bronzestatue (um 250 v. Chr.), die später durch Hinzufügung von Flügeln in eine römische Viktoria verwandelt wurde, ferner die *Bronzebüsten* römischer Kaiser, die *Lipsanothek*, ein reliefgeschmückter Reliquienschrein (4. Jh.) aus Elfenbein, sowie das mit Edelmetallen und kostbaren Gemmen geschmückte langobardische *Desideriuskreuz*, ein großes Vortragekreuz aus dem 8. Jh. Weitere Attraktion des Museums sind die Reste zweier römischer Wohnungen *Domus dell'Ortaglia* (1. Jh.) mit schönen Fußbodenmosaiken und Wandmalereien.

Einen schönen Blick auf Brescia genießt man vom nördlich gelegenen *Cidneo-Hügel*. Seine Kuppe beherrscht das mächtige **Castello** 10 (tgl. 8–20 Uhr, Museen Juni–Sept. Di–So 10.30–18 Uhr, Okt.–Mai Di–So 9.30–17 Uhr) mit Zugbrücke und Bastionen, an dem erstmals die Römer, später auch Visconti und Venezianer bauten. Das *Museo delle Armi* im Inneren dokumentiert die Kunst der lokalen Waffenschmiede, die seit dem Mittelalter in Brescia ihrem Handwerk nachgehen. Der Große Getreidespeicher beherbergt das den Befreiungskämpfen im 19. Jh. gewidmete *Museo del Risorgimento*.

Als bedeutende Sehenswürdigkeit gilt auch die **Pinacoteca Tosio Martinengo** 11 (Juni–Sept. Di–So 1030–18 Uhr, sonst Di–So 9.30–17 Uhr) an der Piazza Moretto im Südosten des Zentrums. Schwerpunkte dieser Gemälde-sammlung mit Werken des 14.–16. Jh. sind die venezia-

Matrone, frisch vom Friseur – römische Bronzebüste im S. Giulia Museo della Città

nische Renaissance sowie die *Schule von Brescia*, zu deren wichtigsten Vertretern im 15. Jh. Vincenzo Foppa und im 16. Jh. Moretto da Brescia und Romanino gehörten.

i Praktische Hinweise

Information

Ufficio informazioni turistiche, Piazza della Loggia 30 b, Brescia, Tel. 03 02 40 03 57, Fax 03 03 77 37 73, www.bresciatourism.it

IAT, Via Musei 32, Brescia, Tel. 03 03 74 99 16, Fax 03 03 74 94 38, www.provincia.brescia.it

Hotels

*******Vittoria**, Via X Giornate 20, Brescia, Tel. 030 28 00 61, Fax 030 28 00 65, www.hotelvittoria.com. Nobelherberge mit Jugendstilambiente im Herzen der Altstadt.

******Master**, Via Apollonio 72, Brescia, Tel. 030 39 90 37, Fax 03 03 70 13 31, www.hotelmaster.net. Modernes Hotel mit komfortablen Zimmern in der Nähe des Castello.

Restaurants

Al Frate, Via dei Musei 25, Brescia, Tel. 03 03 75 14 69. Beliebte Trattoria im Zentrum mit typischen Antipasti und klassischen Gerichten wie *Tortelli* mit

Kürbisfüllung oder *Ossobuco* mit einer Farce aus Salbei, Rosmarin, Sardellen und Zitrone (Mo geschl.).

La Sosta, Via San Martino della Battaglia 20, Brescia, Tel. 030 29 56 03. Gourmetrestaurant mit Kamin in den früheren Pferdeställen des Palazzo Tosio Martinengo (So Abend und Mo geschl.).

Osteria al Bianchi, Via Gasparo da Salò 32, Brescia, Tel. 030 29 23 28. Alteingesessenes, sehr beliebtes Lokal im Zentrum der Altstadt (Mi/Do geschl.).

6 Lago d'Iseo

Prickelnde Weine, malerische Seeufer und uralte Zeugnisse der Menschheit.

Auf dem Weg von Brescia zum Lago d'Iseo durchfährt man das Weinanbaugebiet der **Franciacorta**, bereits im 16. Jh eine beliebte Sommerfrische des Brescianer Adels. Heute genießt die Region einen guten Ruf als ›Champagne Italiens‹. Als erste unter den italienischen Schaumweinen erhielten die in Flaschengärung gezogenen *Spumanti* der Franciacorta 1995 das DOCG-Prädikat. Viele der hiesigen *Weingüter* bieten Degustationen und Direktverkauf an.

Eine kurvige und aussichtsreiche, aber teils Schwindel erregende Küstenstraße führt rund um den tiefblauen Lago d'Iseo, mit 61 km² Wasserfläche der siebtgrößte der italienischen Seen. Gute Bademöglichkeiten und touristische Infrastruktur findet man vor allem am Südufer, um den hübschen Hauptort **Iseo** und das weiter westlich gelegene Urlaubszentrum **Sarnico**. Zu ausgedehnten Spaziergängen lädt nahe Iseo das Naturschutzgebiet **Riserva Naturale Torbiere Sebine** ein (Zugänge bei Provaglio d'Iseo am Kloster S. Pietro in Lamosa, Corte Franca bei Timoline oder Iseo gegenüber dem Sportplatz, wwww.torbiere.it). Stege führen durch das Feuchtgebiet und Torfmoor, in dem zahlreiche Fischarten, Wasservögel und seltene Pflanzen heimisch sind.

Im Norden und Westen des Sees bricht das Kalksteinufer oft dramatisch steil ab, wie das fotogene *Bögn* (= Schlucht) mit seinem handtuchgroßen Strand bei der malerischen **Riva di Solto** am Nordwestufer. Am nördlichen Scheitelpunkt des Iseo-Sees liegt das geschäftige Städtchen **Lovere** mit seiner attraktiven Uferpromenade. Vom Ostufer bei **Marone** schließlich führt eine Straße landeinwärts nach

Wind und Wetter schufen die Erdkegel in der Riserva Naturale Piramidi di Zone

Cislano. Von dort verläuft ein gut ausgeschilderter Rundwanderweg (ca. 1,5 Stunden) zu den bizarren Erdpyramiden der **Riserva Naturale Piramidi di Zone**, die durch jahrtausendelange Erosion entstanden sind.

Besuchermagnet ist die etwas weiter südlich gelegene, autofreie Insel **Monte Isola** (häufigste Schiffsverbindung ab Sulzano am Südostufer). Auf der größten Binneninsel Europas locken malerische Fischerdörfchen, verträumte Trattorien und schöne Wandermöglichkeiten. Reizvoll ist auch eine Rundfahrt mit dem Rad (ca. 9 km, Verleih in Peschiera Maraglio). Ein grandioser Panoramablick bietet sich von der hiesigen Wallfahrtskirche *Santuario di Madonna della Ceriola* auf 600 m Höhe, die man zu Fuß (knapp 1 Std.) oder mit dem Bus erreicht.

TOP TIPP

Ausflug

Keinesfalls versäumen sollte man einen Tagesausflug ins Tal **Valcamonica** nördlich des Iseo-Sees mit dem spektakulären **Parco Nazionale delle Incisioni Rupestri di Naquane** (Tel. 036 44 20 80; März–Mitte Okt. Di–So 8.30–19 Uhr, sonst Di–So 8.30–16 Uhr) bei Capo di Ponte. In dem 7,5 ha großen Park finden sich zahllose Felsgravierungen des keltisch-alpinen Stamms der *Camunen*, nach denen das 80 km lange Tal benannt wurde. Die 1908 entdeckten Kunstwerke entstanden zwischen dem 4. und 1. Jt. v. Chr. und wurden als erste Kulturstätte Italiens von der UNESCO 1979 in die Welterbe-Liste aufgenommen. In den wundervoll feinen *Ritzzeichnungen* spiegeln sich Alltagsleben und Kulte der Camunen wider. Sie reichen von einzelnen Darstellungen der Arbeit auf dem Feld, der Hirschjagd, des Kampfes und religiöser Handlungen bis hin zu epischen, vielfigurigen Bilderzählungen von Tänzen, Begräbniszeremonien oder Ahnenkulten. Von den mehr als 100 nummerierten Felsen (Führer unentbehrlich!) bestechen vor allem die riesige und stets umlagerte *Roccia Grande* (Nr. 1), die *Massi di Cemmo* (Nr. 3/4), der Fels Nr. 47 mit der einzigartigen Darstellung eines von Tieren gezogenen Wagens (!) sowie der etwas abschüssig gelegene Fels Nr. 60 mit der *Rosa Camuna*, einem Sonnensymbol, das sich die Provinz Lombardei zu ihrem Emblem erkor.

i Praktische Hinweise

Information

IAT, Lungolago Marconi 2, Iseo, Tel. 030 98 02 09, Fax 030 98 13 61, www.lagodiseo.org

Weinkeller

Associazione Strada del Vino Franciacorta, Via G. Verdi 53, Erbusco, Tel. 03 07 76 08 70, Fax 03 07 76 85 39, www.stradadelfranciacorta.it. Bieten Degustationen sowie Ausflugspakete mit Übernachtung auf Weingütern an.

Azienda Agricola Boschi, Via Iseo 76, Erbusco, Tel. 03 07 72 45, Fax 03 07 70 30 97, www.agricolaboschi.it

Hotels

******Araba Fenice**, Via Fenice 4, Iseo, Tel. 03 09 82 20 04, Fax 03 09 86 85 36, www.arabafenicehotel.it. Strahlend weißes Hotel unmittelbar am Seeufer.

******I due Roccoli**, Via Bonomelli, Iseo, Tel. 03 09 82 29 77, Fax 03 09 82 29 80, www.idueroccoli.com. Haus oberhalb des Ortes mit schönem Blick, Zimmer mit Balkon.

****Albergo Piramidi**, Via Sebino 28, Zone, Tel. 03 09 87 09 32, Fax 03 09 87 09 11, www.albergopiramidi.com. Schlichtes, kleines Berghotel mit Blick auf den See und die Piramidi.

Restaurants

Al Porto, Via Porto dei pescatori, Clusane, Tel. 030 98 90 14. Osteria mit vorzüglicher Fischküche und besten Weinen aus der Franciacorta (Mi geschl.)

TOP TIPP **L'Albereta**, Via Vittorio Emanuele II 23, Erbusco, 15 km südl. von Iseo, Tel. 03 07 76 05 62. Toprestaurant des Starkochs Gualtiero Marchesi in einer eleganten Villa aus dem 19. Jh. mit angeschlossenem Relais & Chateaux-Hotel. Spezialität: Risotto mit hauchdünnen Goldplättchen. Man gönnt sich ja sonst nichts! (So abend/Mo geschl.)

Ristorante Milano, Peschiera Maraglio, Monte Isola, Tel. 03 09 88 61 34. Die köstliche Spezialität der Insel: *Sarde alla griglia*, verschiedene Fischsorten, die in der Sonne getrocknet, in Öl eingelegt und dann gegrillt werden (Mo geschl.).

7 Gardasee

Malerische Dörfer am See inmitten üppiger Vegetation vor prächtiger Bergkulisse.

Eine Stippvisite führt ans lombardische Ufer des **Lago di Garda** (den der ADAC Reiseführer ›Gardasee‹ ausführlich beschreibt). Zu Füßen der Alpen öffnet sich der größte italienische See (370 km2) fjordartig zwischen den eindrucksvollen Bergflanken des Monte Baldo und der Brescianer Alpen, um im Süden ein von sanft gewelltem Hügelland umgebenes Meer zu bilden. In der Antike nannte man ihn *Lacus Benacus*, gesegneter See. Kein Wunder angesichts der vom milden Klima begünstigten *überwältigenden Vege-*

Engstelle – im Westen des Gardasees rücken die Alpen ganz nah ans Ufers heran

tation an seinen Ufern. Da gedeihen rosafarbener Oleander, gelb blühende Mimosen, silbern schimmernde Olivenhaine, Weingärten und Zitrusbäume. An den Hängen liegen malerische, oft burgbewehrte Dörfer, die trotz des Touristenansturms ihren Charakter bis heute bewahren konnten.

Zwei – im Sommer allerdings stark befahrene – Uferstraßen erschließen seit den 1930er-Jahren den See. Besonders reizvoll ist die **Gardesana Occidentale** am lombardischen Westufer längs der Brescianer Riviera, die ab Gargnano über Schwindel erregend steile Felsen führt. Natürlich kann man alle Küstenorte auch auf dem Wasserweg erreichen. Ein wichtiger Fährhafen ist das lebhafte **Desenzano del Garda** im Süden. Schnäppchenjäger strömen jeden ersten Sonntag des Monats hierher, wenn auf der *Piazza Malvezzi* der traditionelle Antiquitätenmarkt (ganztags) stattfindet.

Beliebtes Ausflugsziel ist die nordöstlich auf einer Halbinsel gelegene Postkartenschönheit **Sirmione**. Bereits der römische Dichter Catull besang den Ort als ›Perle aller Inseln und Halbinseln‹. Wahrzeichen des pittoresken Städtchens mit seinem autofreien mittelalterlichen Kern ist die im 13. Jh. errichtete, wunderschön gelegene Wasserburg *Rocca Scaligera* (März–Okt. Di–So 8.30–19, Nov.–Febr. Di–So 8.30–17 Uhr). Von ihren Wehrmauern genießt man einen herrlichen Blick auf

Ritterburg par excellence – die Rocca Scaligera wacht über den Hafen von Sirmione

den See und die Landzunge. An deren Südzipfel liegen die von Olivenhainen umgebenen *Grotte di Catullo* (März–Okt. Di–So 8.30–19 Uhr, Nov.–Febr. Di–Sa 8.30 –17, So 9–12.30 Uhr), Ruinen eines weitläufigen Palastes aus der römischen Kaiserzeit (1./2. Jh.). Die dazugehörigen Thermen wurden aus Thermalquellen gespeist, deren 70 °C heiße Wasser aus 18 m Tiefe die Thermalanlagen Catullo und Virgilio speisen (www.termedisirmione.com).

Berühmtheit erlangt hat das noble **Gardone Riviera** am Westufer, seit Ende des 19. Jh. trendige Sommerfrische. Prachtvolle Villen und Gärten umgeben den alten Ortskern mit seinen eleganten Geschäften und Cafés. Richtung Gardone di Sopra lädt der *Giardino Botanico André Heller* (März–Okt. tgl. 9–19 Uhr, www.hellergarden.com) zwischen Felskulissen und künstlichen Bächen zu einer Reise durch die alpine, tropische und subtropische Pflanzenwelt ein. Der Wiener Künstler André Heller verwandelte den Park mit Werken von Keith Harings, Mimmo Paladino und Roy Lichtenstein in ein Open-Air-Museum für moderne Kunst.

Ein Kuriosum sind der Landsitz und das pompöse Mausoleum des Fin-de-Siècle-Dichters und Salonlöwen *Gabriele d'Annunzio* (1863–1938): das **Vittoriale degli Italiani** (April–Sept. tgl. 8.30–20, Okt.–März tgl. 9–17 Uhr, www.vittoriale.it). Das schwülstige Pathos seiner Schriften spiegelt sich in seinem Haus, der **Prioria** (April–Sept. Di–So 9.30–19, sonst 9–13 und 14–17 Uhr) wider, in der Kitsch neben erlesenen Antiquitäten steht. Im Garten erinnert das Kriegsschiff ›Puglia‹ an den überzeugten Militaristen d'Annunzio, der 1919 vergeblich versuchte, im Alleingang Dalmatien für Italien zu gewinnen.

i Praktische Hinweise

Information

IAT, Via Porto Vecchio 34, Desenzano del Garda, Tel. 03 09 14 15 10, Fax 03 09 14 42 09, www.provincia.brescia.it

IAT, Viale Marconi 2, Sirmione, Tel. 030 91 61 14, Fax 030 91 62 22

IAT, Corso Repubblica 8, Gardone Riviera, Tel./Fax 036 52 03 47

Einkaufen

Gallo Outlet, Viale Motta 125, Desenzano del Garda. Preisgünstiger Direktverkauf von Kaschmir-Pullovern, Strümpfen aus Naturfasern, Dessous und Bademoden.

Wappensteine und geflügelte Löwen zieren das Haus d'Annunzios in Gardone Riviera

Hotels

TOP TIPP *******Villa del Sogno**, Via Zanardelli 107, Gardone Riviera, Tel. 03 65 29 01 81, Fax 03 65 29 02 30, www.villadelsogno.it. Romantisches Fin-de-Siècle-Gebäude über dem See mit stilvoll eingerichteten Zimmern, großer Terrasse, Schwimmbad und Tennisplatz.

*****Enrichetta**, Via Agello 12, Rivoltella del Garda (3 km östl. von Desenzano), Tel. 03 09 11 92 31, Fax 03 09 90 11 32, www.hotelenrichetta.com. Nette Zimmer und naher Kiessstrand.

Restaurants

La Contrada, Via Baratta 10–12, Desenzano del Garda, Tel. 03 09 14 25 14. Produkte aus dem Hinterland des Gardasees, dazu frischer Seefisch. Nur wenige Schritte vom Hafen entfernt.

La Stalla, Via dei Colli 14, Gardone Riviera, Tel. 036 52 10 38. Verwunschenes Lokal mit Garten, in dem frischer Fisch die Hauptrolle spielt (Mi geschl.).

8 Mantua

Plan Seite 52

TOP TIPP *Die einstige Residenzstadt der Gonzaga.*

Wie eine mittelalterliche Märchenstadt schmiegt sich **Mantova**, wie Mantua auf italienisch genannt wird, an die Ufer des Mincio, der hier die drei Seen Lago Superiore, Lago di Mezzo und Lago Inferiore bildet. Das wunderbar erhaltene Altstadtzentrum zeugt von der Glanzzeit des Ortes im 15.–16. Jh., als er zu einem der kulturell führenden Fürstenhöfe Italiens gehörte.

Geschichte Im 6./5. Jh. v. Chr. gründeten die Etrusker die Siedlung auf einer Insel im Mincio, die erst im 12./13. Jh. durch Dämme mit dem Festland verbunden wurde. Seine Insellage behielt Mantua noch bis ins frühe 19. Jh., als der südliche Lago di Paiolo endgültig trockengelegt und bebaut wurde.

Im 10./11. Jh. herrschten die Markgrafen von Canossa über Mantua, im 12. Jh. war sie freie **Stadtrepublik** und Mitglied der Lombardischen Liga, wurde jedoch 1273 von der Familie Bonacolsi unterworfen. Ihre große Blütezeit fiel mit der Herrschaft der Familie **Gonzaga** (1328–1707) zusammen, deren Mitglieder durch Heirats- und Bündnispolitik ihre politische Stellung zwischen den Mächten Mailand und Venedig geschickt zu wahren wussten. Ihr Prestige steigerten sie durch großzügige **Kunst-** und **Kulturpatronage**, die Mantua im 15./16. Jh. zu einem der bedeutendsten Höfe Oberitaliens machte.

Doch mit dem Aussterben der italienischen Linie der Gonzaga Mitte des 17. Jh. endete die Glanzzeit. Um eine politisch unerwünschte Übernahme durch die französische Seitenlinie der *Nevers-Gonzaga* zu hintertreiben, schickte der Habsburger *Kaiser Ferdinand II.* 1630 ein Söldnerheer, das die Stadt plünderte. Zwar konnten die Nevers-Gonzaga Mantua noch für kurze Zeit halten, aber 1708 mussten sie es doch an die **Österreicher** abgeben.

Nach der Einigung Italiens 1861 avancierte die nunmehrige **Provinzhauptstadt** samt Umland zu einem bedeutenden Zentrum der Schweine- und Rinderzucht, aber auch viele mittelständische Industriebetriebe siedelten sich hier an. Heute gehört Mantua (48 000 Einw.) dank seiner Sehenswürdigkeiten zu den vorrangigen Kunstreisezielen Oberitaliens.

Besichtigung Idealer Ausgangspunkt für einen Stadtspaziergang ist die gepflasterte *Piazza Sordello*, das weltliche und religiöse Zentrum des mittelalterlichen Mantua. Ihre Nordseite nimmt der im 12. Jh. errichtete **Cattedrale San Pietro** 1 (tgl. 7–12 und 15–19 Uhr) ein. Nach zahlreichen Umbauten blieb vom Ursprungsgebäude nur noch der romanische Campanile erhalten. Die rechte Seitenfront mit ihren Dreiecksgiebeln und Türmchen ist spätgotisch (Ende 14. Jh.), die monumentale *Barockfassade* wurde Mitte des 18. Jh. vorgeblendet. Das *Innere* verwandelte Giulio Romano im 16. Jh. nach dem Vorbild frühchristlicher Kirchen in eine weiträumige fünfschiffige Säulenbasilika, ihre Ausgestaltung erfuhr sie im 17./18. Jh.

Die nordwestliche Langseite des Platzes säumen der barocke **Palazzo Bianchi** ②, heute Bischofpalais, und die zinnenbekrönten Backsteinpalazzi (13./14. Jh.) der Familie Bonacolsi.

Platzbeherrschend erhebt sich gegenüber die Fassade des herzoglichen TOP TIPP **Palazzo Ducale** ③ (Di–So 8–19 Uhr, www.mantovaducale.it) mit tiefen Arkaden, gotischen Zweipassfenstern und Schwalbenschwanzzinnen. Diese schlicht-strenge Front lässt nicht vermuten, dass sich dahinter eine der *größten Palastanlagen Italiens* (34 000 m²) verbirgt, mit über 500 Sälen und Gemächern, zahlreichen Gärten und Innenhöfen. Der gewaltige Komplex, dessen acht Gebäudeeinheiten durch ein Labyrinth von Gängen und Galerien miteinander verbunden sind, entstand zwischen dem 13. und 18. Jh.: Die *Domus Magna* und der zinnenbekrönte *Palazzo del Capitano* an der Piazza Sordello wurden bereits unter den Bonacolsi (13./14. Jh.) erbaut, das beeindruckende, von einem Wassergraben umgebene *Castello di San Giorgio* am Seeufer entstand 1395, Ende des 15. Jh. wurde die *Domus Nuova* errichtet und im 16. Jh. folgten *Corte Nuova*, *Rustica*, *Cavallerizza* sowie die Palastkirche *S. Barbara*. Fresken zu mythologischen Themen, fantasievolle Stuckornamente, Marmorbüsten, flämische Wandteppiche, Spiegel- und Gemäldegalerien geben eine Vorstellung von Pracht und Prunk des mantuanischen Hofes.

Beinahe abweisend wirkt die Front des innen so ungeheuer reichen Palazzo Ducale

In der **Sala Pisanello** stieß man 1969 auf Fragmente eines später übermalten *Freskenzyklus* (um 1440) des an der Schwelle von der Spätgotik zur Frührenaissance stehenden Hofmalers Pisanello. Sie illustrieren das an damaligen Fürstenhöfen so beliebte Sujet ›Artus und die Ritter der Tafelrunde‹. Interessant sind auch die hervorragend erhaltenen Rötel-Vorzeichnungen zu den Fresken in der **Sala delle Sinopie**, die die Arbeitsweise Pisanellos verdeutlichen.

Berühmt sind aber vor allem die großartigen *Fresken* (1464–74) des Renaissancemalers Andrea Mantegna in der

Oben: *Mittelpunkt von Mantua ist die Piazza Sordello, deren nördliche Schmalseite die pilastergeschmückte Fassade des Duomo di San Pietro aus dem 18. Jh. begrenzt*
Unten: *Auf der arkadenumgebenen Piazza delle Erbe geht es lebhaft zu*

Camera degli Sposi (Voranmeldung obligatorisch, Tel. 0412411897), dem als Schlafgemach und Empfangsraum dienenden ›Saal der Eheleute‹. Mantegnas detailfreudige und perspektivisch meisterhafte Kompositionen präsentieren Familie und Alltagsleben der *Gonzaga*. In der *Audienzszene* an der Nordwand erscheint Ludovico II. mit seiner Frau Barbara von Brandenburg, ihren Kindern und dem Hofstaat. In der *Begegnungsszene* trifft Ludovico II. auf seinen Sohn Francesco, der in Rom gerade zum Kardinal ernannt worden war. Links davon versteckt sich im Blattdekor des gemalten Pilasters ein *Selbstporträt* Mantegnas.

Großartig ist auch die *Deckenmalerei*. Im Zentrum des mit Trompe-l'œil-Malereien überzogenen Gewölbes öffnet sich ein kreisrundes Oberlicht mit Balustrade auf ein Stück lapislazuliblauen wolkengeschmückten Himmel. Über die Brüstung, an der Putti herumturnen, schauen Edelleute und Hofdamen neugierig auf den Betrachter hinab. Diese geniale Komposition Mantegnas übte bald großen Einfluss auf die illusionistische Malerei des Barock aus.

Durch einen Portalbogen und über die arkadengesäumte Via Broletto gelangt man zur *Piazza Broletto* mit dem **Palazzo**

del Broletto ❹ (13. Jh.), auch *Palazzo del Podestà* genannt, dem einstigen Amtssitz des Bürgermeisters. An seiner Nordseite erinnert das Relief eines schreibenden Mannes (13. Jh.) an den römischen Dichter Vergil, der 70 v. Chr. im nahen Pietole geboren wurde.

Einer der stimmungsvollsten Plätze der Stadt ist die von Bogengängen, Cafés, Restaurants und mittelalterlichen Palazzi eingefasste *Piazza delle Erbe*. An ihr erheben sich der zinnenbekrönte **Palazzo della Ragione** ❺, das 1250 errichtete Rathaus und die **Torre dell'Orologio** ❻, ein mächtiger Renaissance-Turm mit einer astrologisch-astronomischen Uhr. Davor wird jeden Donnerstagvormittag Markt gehalten. Rechts vom Uhrturm steht die **Rotonda di San Lorenzo** ❼ (Mo–Fr 10–13 und 14–18, Sa/So 10–18 Uhr), eine zweigeschossige romanische Kuppelkirche mit halbkreisförmiger Apsis. Sie wurde 1082 im Auftrag der Markgräfin Mathilde von Tuscien errichtet. Dank umfassender Restaurierungen Anfang des 20. Jh. präsentiert sich der *Innenraum* mit umlaufenden Arkaden heute wieder im ursprünglichen schlichten Zustand.

Einen überaus dekorativen Akzent setzt unweit davon die **Casa Boniforte** ❽, das Wohnhaus eines reichen Händlers aus dem 14. Jh., dessen Fassade mit ihren Maßwerkbogen und stilisierten Säulchen sich deutlich an venezianischer Architektur orientiert.

Zu den Prestigebauten der Gonzaga gehörte auch die vom Stararchitekten der Renaissance, *Leon Battista Alberti*, 1470 neu konzipierte Kirche **S. Andrea** ❾ (tgl. 7.30–12 und 15–19 Uhr) an der benach-

Das 1474 entstandene Wandbild ›Ludovico II. Gonzaga und seine Familie‹ von Mantegna in der Camera degli Sposi des Palazzo Ducale zeigt das höfische Leben des 15. Jh.

barten *Piazza Mantegna*. Der gotische *Campanile* (1413) stammt noch von der Vorgängerkirche. Der Neubau, frühes Paradebeispiel der Renaissance, wurde 1472 begonnen. Die *Fassade* vereint Antikenzitate wie Triumphbogen und giebelgeschmückte Tempelfront. Als stilbildend sollte sich vor allem die Gestaltung des *Innenraumes* erweisen. Alberti entwarf eine tonnengewölbte Saalkirche mit an das Langhaus angefügten Seitenkapellen und hatte damit den Typ der *Wandpfeilerkirche* entwickelt, der prägend für die Sakralbauten des Barock werden sollte. Die hohe *Tambourkuppel*, die das Stadtbild von Mantua prägt, wurde 1732–65 aufgesetzt. Das durch die Kuppelöffnungen einfallende Licht beleuchtet die Stelle der Vierung, wo in der darunter liegenden Krypta die *Reliquie des ›Blutes Christi‹* verehrt wird. Von ihr erzählt man sich, der blinde Kriegsknecht Longinus habe das Blut aus der Lanzenwunde des Gekreuzigten aufgefangen und sei durch einen Blutstropfen wieder sehend geworden. In der ersten *Seitenkapelle* links befindet sich das aufwendige *Grabmal* des Hofmalers **Andrea Mantegna** (1432–1506). Bei der dazugehörigen Bronzebüste handelt es sich vermutlich um sein Selbstporträt. Mantegna stand 46 Jahre lang im Dienst der Gonzaga und gehörte zu den ersten gut verdienenden Malern der Kunstgeschichte.

Sein Palazzo, die **Casa del Mantegna** ⑩ (Via Acerbi 47, Di–So 10–13 und 15–18 Uhr) südlich des Zentrums, wird heute für Kunstausstellungen genutzt.

Noch weiter südlich, am damaligen Stadtrand, ließ Federico II. Gonzaga auf einer Insel im See von *Giulio Romano* 1525–35 den weitläufigen **Palazzo Tè** ⑪ (www.centropalazzote.it, Mo 13–17.30, Di–So 9–17.30 Uhr) als Liebesnest erbauen. Der Name leitet sich von ›Tejeto‹ ab, wie die Gegend damals hieß. Das quadratische eingeschossige Lustschloss mit ausgedehnten Vorgärten, Fischteichen und Pferdeställen gilt dank seiner übersteigerten Stilelemente und ›kapriziösen Erfindungen‹ als ein Meisterwerk des *Manierismus*. Virtuos verfremdete Romano hier Architekturformen und brach bewusst mit den strengen Regeln der Renaissance. An der *Fassade* etwa wird die antike dorische Säulenordnung nicht nur mit Rustika-Mauerwerk kombiniert, die Quader weisen auch noch künstliche Risse auf. Selbst die Fresken der *Innenräume* sprühen vor Fantasie und Originaliät. Beeindruckend sind die unglaublich realistischen ›Porträts‹ von sechs Pferden

Himmelsvision im Palazzo del Tè – das meisterhafte Deckengemälde in der Sala dei Giganti zeigt den blitzschleudernden Jupiter inmitten der riesigen Götterschar

aus dem berühmten Gestüt der Gonzaga in der **Sala dei Cavalli**. Den sinnenfrohen Geist des Palastes spiegeln auch die pompösen Fresken in der **Sala di Psiche**, die den Mythos von Amor und Psyche erzählen. Höhepunkt der Innenausstattung aber ist der weltberühmte ›Gigantensturz‹ in der **Sala dei Giganti**. Unter den Blitzen des Jupiter stürzen Wände und Säulen ein und die angsterfüllten Titanen, die es gewagt hatten, sich gegen die Götter zu erheben, werden unter Trümmerbergen begraben. Ganz selbstverständlich zitiert Romano hier die illusionistische Deckenmalerei Mantegnas im Palazzo Ducale, wenn er in gekonnter Verkürzung über den Köpfen der Betrachter einen überkuppelten Rundbau vortäuscht.

Krönender Abschluss eines Mantua-Besuches ist eine **Bootsfahrt** auf dem Mincio entlang des Lago di Mezzo und Lago Inferiore. Man kann auch mit dem Schiff über Minicio und Po bis nach Boretto (dann per Bus nach Sabbioneta) bzw. nach Ferrara oder Venedig fahren. Die Anlegestellen der Schifffahrtsgesellschaften *Navi Andes* (Tel. 0376 32 45 06, www.naviandes.com) und *Motonavi Andes Negrini* (Tel. 0376 36 08 70, www.motonaviandes.it) liegen gegenüber vom Castello San Giorgio am Lago di Mezzo bzw. am Lago Inferiore. Über den Mincio und dem Lago Superiore schippern Boote von *Grazie di Curtatone* (Tel. 0376 34 92 92, www.fiumemincio.it).

i Praktische Hinweise

Information

Ufficio informazioni turistiche, Piazza Mantegna 6, Mantua, Tel. 0376 43 24 32, Fax 0376 43 24 33, www.turismo.mantova.it

Einkaufen

Panificio Freddi, Piazza Cavalotti 7, Mantua. Verschiedenste Brot- und Pastasorten, wie die halbmondförmigen *Tortelli* mit Kürbisfüllung, dazu frisches Gebäck, darunter die *Torta Sbrisolona*, der mantuanische Streuselkuchen.

Hotels

******Casa Poli**, Corso Garibaldi 32, Mantua, Tel. 0376288170, Fax 0376362766, www.hotelcasapoli.it. Edles Hotel am Rande von Mantuas Altstadt.

*****Broletto**, Via Accademia 1, Mantua, Tel. 0376 32 67 84, Fax 0376 22 12 97, www.hotelbroletto.com. Zentral gelegenes Hotel mit freundlichen Zimmern.

Restaurants

Aquila Nigra, Vicolo Bonacolsi 4, Mantua, Tel. 0376 32 71 80. Spitzenlokal in freskengeschmücktem Patrizierhaus. Zu empfehlen die (entengefüllten) *Ravioli d'anatra* und Hecht mit gerösteter Polenta (So/Mo geschl.).

Due Cavallini, Via Salnitro 5, Mantua, Tel. 0376 32 20 84. Gutbürgerliche Trattoria mit traditionellen Spezialitäten wie die mit Kürbiscreme gefüllten *Tortelli di Zucca* (Di geschl.).

9 Sabbioneta

TOP TIPP *Idealstadt der Renaissance, das ›kleine Athen‹.*

Inmitten der Poebene liegt Sabbioneta, umgeben von einem mächtigen sternförmigen *Mauerring* mit vorgelagertem Wassergraben. Befestigte Tore führen in das Städtchen, das von rechtwinkligen Straßen, kulissenhaften Plätzen und imposanten Bauwerken geprägt wird. Ihr Schöpfer war *Vespasiano Gonzaga* (1511–1591), Spross einer Nebenlinie der Mantuaner Familie. Mit großem Eifer plante er ab 1554 seine Stadt, die den Vergleich mit Fürstenhöfen wie Mantua nicht scheuen sollte. Zwar wurde der in spanischen Diensten stehende *Heerführer* Vespasiano vom Kaiser 1557 tatsächlich zum Herzog erhoben, doch füllte sich das ›kleine Athen‹, wie es Lobredner nannten, zu Lebzeiten Vespasianos nie mit einem wirklichen Hofstaat. Nach seinem Tod fiel die Stadt für Jahrhunderte in einen Dornröschenschlaf. So konnte sich eine zwar etwas renovierungsbedürftige, aber dennoch beeindruckende Idealstadt der Renaissance erhalten. Knapp 4300 Menschen wohnen heute hier und außer am Mittwochvormittag, wenn auf der Piazza Ducale *Markt* abgehalten wird, herrscht beschauliche Ruhe.

Die lang gestreckte *Piazza d'Armi* schmücken eine römische Säule und eine Statue der Pallas Athene – Beutestücke, die Vespasianos Vater bei der Plünderung von Rom 1527 ergatterte. Am Platz steht auch der **Palazzo del Giardino** (1577–88), der mit Fresken zur römischen Mythologie und Geschichte

Größtes Gebäude von Sabbioneta ist die Galleria degli Antichi, in der Vespasiano Gonzaga seine Antikensammlung und weitere Kunstschätze untergebracht hatte

Im Kreise antiker Göttinen und Götter – freilich nur als Marmorstatuen zugegen – genossen Herzog Vespasiano und seine Gäste illustre Aufführungen im Teatro Olimpico

ausgeschmückte Sommerpalast des Herzogs. Die Themenwahl war kein Zufall, Vespasiano sah sich durch seine Mutter, die aus der römischen Familie der Colonna stammte, als Nachfahre der antiken Kaiser. Die benachbarte, über 96 m lange **Galleria degli Antichi** (1583–84) beherbergte Bildnisse seiner Ahnen und eine umfangreiche Antikensammlung. Allerdings brachten die Österreicher 1774 viele Stücke nach Mantua, wo sie heute im Palazzo Ducale ausgestellt sind.

Im hiesigen **Palazzo Ducale** an der gleichnamigen Piazza etwas weiter nördlich blieben neben reichem Freskenschmuck und schönen Kassettendecken einige Stuckbüsten der Gonzaga und vier lebensgroße Reiterstatuen erhalten, die Vespasiano und seine Ahnen darstellen. Aufmerksamkeit verdient im Erdgeschoss auch eine Kopie der *Grabfigur* des Herzogs im Habitus eines römischen Kaisers.

Das bronzene Original (1588) von Leone Leoni befindet sich in der nahen **Chiesa dell'Incoronata** (Mo–Sa 17–18.30, So 9.30–15–19 Uhr), einer achteckigen, von einer Kuppel bekrönte Kirche. Angegliedert ist das **Museo d'Arte Sacra** (Di–Fr 15–18 Uhr, Sa 9.30–12.30 und 14.30–19.30 Uhr).

Ein wahres Schmuckstück ist das von Vincenzo Scamaozzi 1588–90 erbaute **Teatro Olimpico**. Es folgt dem Vorbild des Teatro Olimpico (1580–83) von Andrea Palladio in Vicenza, dem ersten frei stehenden und überdachten Theatergebäude der Neuzeit. Auf der Balustrade um den Zuschauerraum posieren die Statuen der zwölf olympischen Götter. Die illusionistischen Wandmalereien dahinter zeigen Veduten und Statuen römischer Kaiser in gemalten Wandnischen.

Bis auf die Chiesa dell'Incoronata gelten für alle Monumente die gleichen *Öffnungszeiten* wie für das Ufficio del Turismo (Sommer Mo–Fr 9.30–13 und 14.30–18.30, Sa/So/Fei 9.30–13 und 14.30–19 Uhr, Winter Mo–Fr 9.30–13 und 14.30–17, Sa/So/Fei 9.30–13 und 14.30–18 Uhr). Dort kann man auch Eintrittskarten erwerben.

i Praktische Hinweise

Information

Ufficio del Turismo,
Piazza d'Armi 1, Sabbioneta,
Tel. 03 75 22 10 44, Fax 03 75 22 21 19,
www.comune.sabbioneta.mn.it

Hotel

*__Giulia Gonzaga__, Via Vespasiano Gonzaga 65, Sabbioneta, Tel./Fax 03 75 52 81 69, www.albergogiuliagonzaga.net. Liebevoll eingerichtete Herberge mit modernen Bädern nur wenige Schritte von der Piazza d'Armi.

Restaurant

Parco Cappuccini, Via Santuario 30, Sabbioneta, Tel. 0375 52 20 05. Traditionelle Küche in einer Villa aus dem 18. Jh. mit großem Park (Mo/Mi Abend geschl.).

10 Cremona

Die Wiege der Geigenbaukunst.

Selbst wer von Cremona noch nie etwas gehört hat, kennt doch den Namen ihres berühmtesten Sohnes, **Antonio Stradivari**, der in seiner Heimatstadt die noch heute lebendige Geigenbautradition zu großen Höhen führte.

Geschichte Auf einer von Kelten besiedelten Erhebung (kelt. *Crem*) am nördlichen Ufer des Po gründeten die Römer 218 v. Chr. die Kolonie Cremona. Bis ins Mittelalter war der Ort ein wichtiger Verkehrs- und Handelsknotenpunkt. Schon seit 1098 freie **Stadtrepublik**, kämpfte das wirtschaftlich blühende Cremona in der Auseinandersetzung zwischen Kaiser und Lombardischem Städtebund auf der Seite von Barbarossa und Friedrich II. gegen Crema und Mailand. Das Ende der kommunalen Selbstständigkeit läutete 1254 die *Signoria* (Einzelherrschaft) des Ghibellinen Buoso da Dovara ein. Anfang des 14. Jh. geriet die Stadt dann bis zur Einigung Italiens 1861 in den Bannkreis der Mailänder **Visconti**. Zeitgleich erlebte sie eine künstlerische Blütezeit. Weit über seine Grenzen hinaus bekannt wurde Cremona im 16. Jh. durch die virtuosen Geigenbauer Amati und Stradivari.

Heute ist die lebendige **Provinzhauptstadt** (71 000 Einw.) auch ein wichtiges Zentrum der Nahrungsmittelindustrie. Zu den Spezialitäten gehört u. a. *Torrone*. Das Mandelnougat in Turmform ist eine Nachbildung des Wahrzeichens Cremonas, des *Torrazzo* genannten Glockenturms. Ein Konditor soll den Torrone 1441 anlässlich der Hochzeitsfeier von Francesco Sforza und Bianca Maria Visconti kreiert haben.

Besichtigung Mittelpunkt der Altstadt ist die *Piazza del Comune*, dank ihrer grandiosen Bauten eine der repräsentativsten Platzanlagen Oberitaliens. Die prächtige **Cattedrale** (tgl. 7.30–12 und 15.30–19 Uhr) etwa wurde 1107 über einem Vorgängerbau im lombardisch-romanischen Stil begonnen, 1190 geweiht und 1332 im Stil der Gotik vollendet. Ende des 15. Jh. blendete man der Backsteinkirche eine prachtvolle *Marmorfassade* mit Portalvorbau, großer Fensterrose und Zwerggalerien vor, der skulpturengeschmückte Giebel kam erst im 16. Jh. hinzu. Viele der plastischen Arbeiten stammen noch aus der ersten Bauphase wie die *Figuren* der Propheten Jesaja, Jeremia, Daniel und Hesekiel in den Portalnischen oder der wunderbare *Fries* darunter mit den allegorischen Darstellungen der Jahreszeiten und Monate.

Das weite **Innere** der dreischiffigen Emporenbasilika mit breitem Querhaus ist mit *Fresken* ausgemalt, die der *Schule von Cremona* zugeschrieben werden. Bemerkenswert sind z. B. die ›Kreuzigung‹ (1521) und ›Kreuzabnahme Christi‹ (1522) des Malers *Pordenone* an der Fassadeninnenseite sowie der Freskenzyklus (1514/15) mit Szenen aus dem Leben Mariens und Christi von *Boccaccio Boccaccino* im Mittelschiff. Ein Juwel der Intarsienkunst bildet das *Chorgestühl* (1482–90); die neunte Intarsie von links zeigt die Kirchenfassade vor den Veränderungen des 15. Jh.

Der Torbogen *Portico della Bertazzola* verbindet den Dom mit dem Mitte des 13. Jh. errichteten **Torrazzo** (Di–So 10–13 und 14.30–18 Uhr). Dieser gilt mit seinen 111 m als der höchste Glockenturm Italiens. Wer die 487 Stufen hinaufsteigt, genießt von oben eine fantastische Aussicht auf die Stadt.

Den Dreiklang religiöser Bauten an der Piazza del Comune beschließt das von einer Kuppel überwölbte Oktogon des **Battistero** (1167, Umbauten 14.–16. Jh.) mit umlaufender Säulengalerie.

Dem Dom gegenüber erhebt sich der weltliche Pol der freien Stadtrepublik, die elegante **Loggia dei Militi** (1292). Der zinnenbekrönte Backsteinbau war Amtssitz für die Kommandanten der Stadtmiliz. Mit ihren ausgewogenen Proportionen und attraktiven Terrakotta-Ornamenten zählt sie zu den schönsten Profanbauten der Lombardei.

Der benachbarte, im 13. Jh. begonnene und mehrfach umgebaute **Palazzo del Comune** ist noch heute Sitz der Stadtverwaltung. Streng gehüteter Schatz Cremonas ist in dessen *Sala dei Violini* (April–Juni/Sept./Okt. Mo–Sa 9–18, So 10–18 Uhr, Juli/Aug. geschl., Nov.–März Di–Sa 9–18,

So/Fei 10–18 Uhr) die Geigensammlung der berühmten *Liutai* (Geigenbauer), wie die berühmte ›Cremonese‹ (1715) von Stradivari, die ›Hämmerle‹ (1658) von Nicolò Amati und die Geige für Karl IX. von Frankreich (1566) von Andrea Amati. Jeden Vormittag (außer So) werden sie vom fingerfertigen Konservator Andrea Mosconi (* 1933) abwechselnd gespielt, damit die Klangkörper nicht ›einrosten‹. Wer den himmlischen Klängen lauschen möchte, muss sich mindestens zwei Wochen vorher anmelden (Tel. 0372205502, ab 15 Pers.).

Das *Museo Stradivariano* ist Teil des **Museo Civico Ala Ponzone** (Via Ugolani Dati 4, Di–Sa 9–18, So/Fei 10–18 Uhr) im Palazzo Affaitati (16. Jh.) weiter nördlich. An Stradivari erinnern hier Arbeitsmodelle, Schablonen, Werkzeuge, Zeichnungen und weitere Geigen aus seiner Produktion. Daneben birgt das Haus eine reiche *Pinacoteca* mit Schwerpunkt auf den Cremoneser Meistern, aber auch mit

Wie zu Zeiten ihrer großen Vorgänger Amati, Stradivari oder Guarneri fertigen die Liutai von Cremona noch heute wundervolle Geigen in reiner Handarbeit

Wo nicht nur der Himmel voller Geigen hängt

Studenten aus aller Welt besuchen die **Scuola Internazionale di Liuteria**, die Geigenbauschule von Cremona. Ahnherr der Cremoneser Liutai (Geigenbauer) war **Andrea Amati** (1505–1577), der Mitte des 16. Jh. der Geige ihre bis heute gültige Form gab. Unter seinen Auftraggebern befand sich auch der französische König Karl IX., der bei ihm mehr als 20 Instrumente orderte. Einen außerordentlichen Qualitätssprung machte der Geigenbau unter **Antonio Stradivari** (1644–1737), der mit wissenschaftlicher Akribie verschiedene Holzarten, Leime und Lacke studierte. Der unverwechselbare Klang seiner Geigen war und ist selbst in großen Sälen noch bis in den letzten Winkel zu hören. Im Laufe seines Lebens schuf der Meister an die 1200 Streichinstrumente mit den typischen formvollendeten Schalllöchern (F-Löcher). Dritter im Bunde war der geniale **Giuseppe Guarneri** (1698–1744), genannt del Gesù. Er stand zwar stets gewissermaßen im Schatten von Stradivari, verlieh aber seinen Geigen jene ›unbeschreibliche klangliche Leidenschaft‹, die z. B. Paganini Anfang des 19. Jh. zu Hochform auflaufen ließ.

Nach einer Zeit des Niedergangs besann man sich in Cremona im Jahr 1937, anlässlich des 200. Todestages Stradivaris, dieser großen Tradition, gründete Schulen und rief Musikwettbewerbe ins Leben. So findet z. B. alljährlich von Mitte Mai bis Mitte Juni das **Festival di Cremona – Claudio Monteverdi** mit Barockmusik und Vokalkonzerten statt. Heute arbeiten wieder an die 60 Geigenbauer und Restauratoren in der Stadt. Eine neue Cremoneser Geige kostet übrigens zwischen 1800 und 7750 €.

Im 15. Jh. statteten Cremonas wohlhabende Bürger ihren mächtigen Dom mit einer prächtigen Schaufassade aus, der Torrazzo daneben stammt aus dem 13. Jh.

Werken von *Caravaggio* und einem ›Porträt mit Gemüse‹ des Manieristen *Arcimboldo*.

Geht man von der Piazza del Comune gen Nordosten, erreicht man über den *Corso Matteotti* den **Palazzo Fodri** (1490–93), der wie viele Cremoneser Palazzi der Frührenaissance mit reichem Terrakotta-Schmuck und schönem Innenhof prunkt.

Etwa 2 km östlich des Zentrums erhebt sich die Kirche **San Sigismondo** (1463, Sommer tgl. 8.30–12 und 15–18, sonst 16.30 Uhr), ein Meisterwerk der Renaissance. Den Innenraum schmücken seit dem 16. Jh. *Fresken* der Cremoneser Schule. Im Vorgängerbau wurde 1441 die Ehe zwischen dem Condottiere Francesco Sforza und Bianca Maria Visconti besiegelt, die anschließend den Neubau stiftete.

i Praktische Hinweise

Information

IAT Provincia di Cremona, Piazza del Comune 5, Cremona, Tel. 0372 22 32 33, Fax 0372 53 40 80, www.aptcremona.it

Hotels

******Dellearti**, Via Bonomelli 8, Cremona, Tel. 0372 22 31 31, Fax 0372 22 16 54, www.dellearti.com. Zentral gelegenes, mit dem *European Hotel Design Award* ausgezeichnetes Design-Hotel mit moderner Glas-Eisen-Konstruktion.

*****Astoria**, Via Bordigallo 19, Cremona, Tel. 0372 46 16 16, Fax 0372 46 18 10, www.astoriahotel-cremona.it. Zentrales und dennoch ruhiges Hotel in einem ehem. Kloster nahe der Piazza Roma (Parkmöglichkeit).

Restaurants

TOP TIPP **La Sosta**, Via Sicardo Vescovo 9, Cremona, Tel. 0372 45 66 56. Beste regionale Küche mit gutem Preis-Leistungs-Verhältnis. Probieren sollte man die *Gnocchi Vecchia Cremona* nach einem Rezept aus dem 6. Jh. oder die *Mostarda*, kandierte Senffrüchte, die zu gesottenem Fleisch oder Käse gereicht werden (So Abend und Mo geschl.).

Porta Mosa, Via S. Maria in Betlem 11, Cremona, Tel. 0372 41 18 03. Bodenständige Küche mit klassischen Gerichten wie parmesangefüllte *Marubini*, eine in Fleischbrühe gekochte Ravioliart, *Cotechino* (Kochwurst) mit Linsen und zum Abschluss *Torrone cremonese* (So geschl.).

Comer See, Lago Maggiore und Lago d'Orta – hymnische Landschaftsbilder

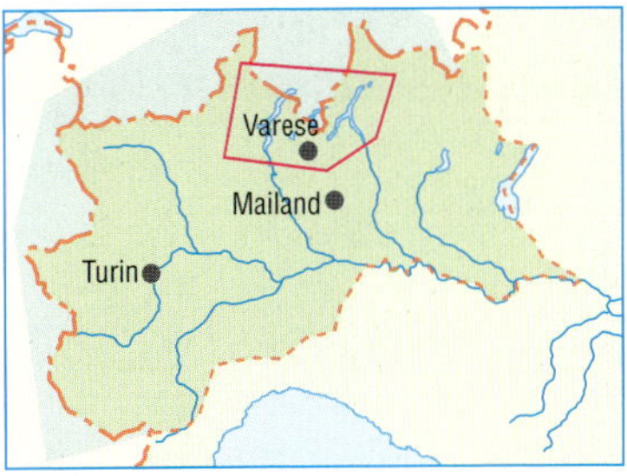

Beim Anblick der *Oberitalienischen Seen* geraten selbst ansonsten abgeklärte Naturen ins Schwärmen. An den Ausläufern der Alpen bahnen sich der Lago Maggiore und der Lago di Como ihren Weg nach Süden und prunken dank des milden Klimas mit einer üppigen mediterranen Vegetation. Herzstücke des **Comer Sees** sind die *Riviera Tremezzina* und *Bellagio*, die im 18. Jh. zur beliebten Sommerfrische der Oberschicht avancierten und dank Belle-Époque-Villen und Parks ihren Zauber bis heute bewahrt haben. In der Seidenstadt **Como** dokumentiert die prächtige Domfassade die Kunstfertigkeit der so genannten Maestri Comacini. Juwelen des **Lago Maggiore** sind die *Borromäischen Inseln* mit ihren herrlichen Barockgärten und die *Villa Taranto* mit über 500 Rhododendron-Arten. Legenden ranken sich um den von tiefem Grün umgebenen **Lago d'Orta** mit seiner verwunschenen Insel *San Giulio*. Mit eindrucksvollen historischen *Freskenzyklen* überraschen die eher abgeschiedenen **Castiglione Olona** und **Castelseprio**. Einer der interessantesten Sammlungen zeitgenössischer Kunst begegnet man in der *Villa Panza* von **Varese**.

11 Como

Seidenstadt mit reich geschmückten Kirchen und der ersten ›Batterie‹ der Welt.

Für einen ersten Blick auf Como geht es mit der *Funicolare* (Zahnradbahn) ab Piazza A. De Gasperi oder über die 5 km lange Panoramastraße ins Villenviertel **Brunate** hinauf. Von dort genießt man das Panorama mit Stadt und Comer See zu Füßen, in der Ferne die Bergwelt des Schweizer Wallis. Das hübsche Provinzstädtchen Como (83 000 Einw.) lebt nicht nur vom Tourismus, es ist seit dem 18. Jh. ein Zentrum der *Textil-*, vor allem der *Seidenherstellung*.

Seine hübsche, schachbrettartig konzipierte Altstadt verdankt es den *Römern*, die 196 v. Chr. die hier bestehende keltische Siedlung eroberten. Zeitweilig stand der Ort, seit dem 4. Jh. Bischofssitz, unter dem Schutz von Kaiser Barbarossa und Friedrich II., wurde jedoch 1355 von den Mailänder *Visconti* unterworfen. Bekannt wurde die Stadt in der Frühromanik durch die *Maestri Comacini*. Es waren Baumeister und Steinmetzen, Wanderarbeiter aus Como und Umgebung, die zahlreiche oberitalienische Kirchen wie S. Ambrogio in Mailand mit ihrer ausdrucksstarken und fantasievollen Formensprache prägten.

Juwel der fußgängerfreundlichen, mauerbekränzten Altstadt, der **Città Murata** am Seeufer, ist das harmonische Bauensemble um die *Piazza Duomo*. Aus dem frühen 13. Jh. stammen die **Torre Comunale**, deren Turmspitze allerdings 1927 erneuert wurde, und der mittelalterliche **Broletto**, das weiß-grau-rot gebänderte Rathaus mit seiner offenen Säulenhalle und den feingliedrigen Fenstern mit Drillingsbogen. Der grandiose **Duomo S. Maria Maggiore** (tgl. 7–12 und 15–19 Uhr) wurde 1396 von Comasker Baumeistern begonnen, doch erst Mitte des 18. Jh. mit der *Vierungskuppel* nach Plänen Filippo Juvarras vollendet. Ein elegantes Meister-

◁ **Oben:** *Liebliches südliches Flair umgibt das mondäne Bellagio am Comer See*
Unten: *Mit einem üppigen Barockgarten kann die Isola Bella, die ›schöne Insel‹, inmitten des Lago Maggiore aufwarten*

Als Paradebeispiel eines Bauwerks zwischen Gotik und Renaissance zählt der Duomo S. Maria Maggiore von Como, eines der bedeutendsten Gotteshäuser Norditaliens

werk der Frührenaissance ist die *Fassade* mit ihren Türmchen, skulpturengeschmückten Rahmenbändern und Portallünetten sowie dem filigranen Radfenster. Die aus Como stammenden Brüder Tommaso und Jacopo Rodari schufen die beiden *Sitzfiguren* in den Nischen am Hauptportal, die den antiken Literaten Plinius d. Ä. und den Naturforscher Plinius d. J. (beide ebenfalls aus Como) darstellen. Die Rodari gestalteten auch die reich skulptierte *Porta della Rana* an der Nordfront, deren namengebender Frosch allerdings nur noch in Umrissen auf der linken Seite zu erkennen ist.

Das weiträumige, dämmrige **Innere** der spätgotischen dreischiffigen Basilika prunkt mit *Wandteppichen* aus dem 16./17. Jh., einer bewegenden ›Kreuzabnahme‹ von Tommaso Rodari (1489) im linken Seitenschiff sowie mit Gemälden von Bernardino Luini und Gaudenzio Ferrari.

Über die Flaniermeile *Via Vittorio Emanuele II.* gelangt man von der Basilika ostwärts zur malerischen *Piazza San Fedele*, wo sich die Kirche **San Fedele** (tgl.

7–12 und 15–19 Uhr) erhebt. Sie wurde im 10.–12. Jh. über einem Vorgängerbau errichtet. Das Innere ließ man während der Renaissance und des Barock umgestalten, die Hauptfassade konnte erst 1914 vollendet werden. Bemerkenswert sind am Außenbau vor allem die original erhaltene *Apsis* mit ihrer eleganten Zwerggalerie und das reich skulptierte *Nordportal* mit Darstellungen eines geflügelten, Unheil abwehrenden Monsters und des Daniel in der Löwengrube.

Als schönes Beispiel lombardischer Frühromanik präsentiert sich am Südostrand Comos die Kirche **S. Abbondio** (Via Regina Teodolinda, Bus 9 bis Cimitero Monumentale). Diese fünfschiffige querschifflose Säulenbasilika mit Flankentürmen und hohem Chorbau entstand im 11. Jh. Blickfang des großartigen *Innenraums* ist in der Apsis der wunderbare *Freskenzyklus* (um 1350) eines sienesischen Meisters mit Szenen aus dem Leben Jesu und der Apostelfürsten Petrus und Paulus.

Interessant ist auch das östlich der Altstadt gelegene **Museo Didattico della Seta di Como** (Via Castelnuovo 9, Di–Fr 9–12 und 15–18 Uhr, Tel. 031303180, www.museosetacomo.com), in dem man alles über Geschichte, Herstellung und Verarbeitung der Seide erfährt, die noch heute die wirtschaftliche Lebensader Comos bildet. Die Rohseide wird inzwischen hauptsächlich aus China importiert.

Ein Spaziergang entlang der Uferpromenade *Lungolago Mafalda di Savoia* führt zum neoklassizistischen **Tempio Voltiano** (April–Sept. Di–So 10–12 und 15–18 Uhr, Okt.–März Di–So 10–12 und 14–16 Uhr). Der Museumsbau ist dem Comasker Physiker und Professor an der Universität von Pavia, Alessandro Volta (1745–1827), gewidmet, dem Entdecker des Methangases und Erfinder der Batterie, deren erste Modelle hier ausgestellt sind.

Von der Beliebtheit Comos als *Sommerfrische* zeugen die Prachtbauten am westlichen Seeufer, darunter die klassizistische **Villa Olmo** aus dem 18. Jh. mit ihrem traumhaften *Park*, von dem man einen schönen Blick auf Stadt und See genießt. Die eindrucksvolle Villa dient heute als Kongress- und Ausstellungszentrum.

Ein schönes Panorama bietet sich auch von den Ruinen des **Castello Baradello** (Bus 1 bis Piazza S. Rocco oder Piazza Camerlata, dann 15 Min. Fußweg, bis 2010 wg. Restaurierung geschl.) auf dem *Monte della Croce* 3 km südlich des Zentrums. Der weithin sichtbare Turm der Festung ist ein Wahrzeichen der gesamten Region.

Die Apsis von S. Abbondio ist vollständig mit mittelalterlichen Fresken ausgemalt

Stoffproben oder Souvenirs gefällig? Como ist für seine Seidenproduktion berühmt

In traumhafter Lage schmiegt sich Bellagio ans Südufer des Comer Sees ▷

i Praktische Hinweise

Information

IAT di Como e del Comasco, Piazza Cavour 17, Como, Tel. 031 26 97 12, Fax 031 24 01 11, www.provincia.como.it

Einkaufen

Armani Factory Store, Strada provinciale per Bregnano 13, Vertemate (südlich von Como), Tel. 031 88 73 73. Direktverkauf des renommierten Designerlabels.

Chicco Shopping Club, Via Tornese 10, Grandate (bei Como), Tel. 031 38 23 90. Direktverkauf aller Chicco-Produkte für Babys und Kinder.

La Murrina Factory Outlet, Via Isonzo 15, Turate, Tel. 02 96 97 51. Murano-Glas bis zu 30 % reduziert.

Seterie Martinetti, Via Torriani 41, Como, Tel. 031 26 90 53. Direktverkauf von Seidenstoffen, Versace-Halstüchern oder Kenzo-Krawatten.

Hotels

******Villa Flori**, Via Cernobbio 12, Como, Tel. 031 33 38 20, Fax 031 57 03 79, www.hotelvillaflori.com. Die Villa an der stark befahrenen Uferstrasse gehörte einst der Gattin Garibaldis, noch heute bezaubert der herrliche Seeblick. Gourmetfreuden verspricht das ausgezeichnete Restaurant (Villa Dez.–Febr. geschl.).

*****Tre Re**, Via Boldoni 20, Como, Tel. 031 26 53 74, Fax 031 24 13 49, www.hoteltrere.com. Zweckmäßig eingerichtete Zimmer in einem ehem. Kloster in der Città Murata mit bodenständigem guten Restaurant.

Restaurants

Sant'Anna 1907, Via Turati 1/3, Tel. 031 50 52 66. Traditionelle lombardische Qualitätsküche am Rande der Altstadt (Sa Mittag/So geschl.).

Osteria l'Angolo del Silenzio, Viale Lecco 25, Como, Tel. 031 33 72 157. Eines der ältesten Lokale Comos mit hübschem Innenhof, in dem herzhafte Fisch- und Fleischgerichte serviert werden (Mo und Di Mittag geschl.).

12 Comer See

»Ich kenne keine Gegend, die so wie diese sichtlich vom Himmel gesegnet ist.« Franz Liszt

Ein beliebtes Wochenendziel vieler Mailänder ist der **Lago di Como**, auch *Lario* genannt. Mit 146 km² ist er der drittgrößte See Oberitaliens, seine Ufer faszinieren mit einer Mischung aus rauer Naturkulisse im Norden und verschwenderisch-mediterraner Vegetation im Süden.

Das noble **Cernobbio** am Südwestufer, inzwischen schon fast mit Como zusammengewachsen, gilt als luxuriöses Feriendomizil der Reichen und Schönen. Bekannt ist es vor allem wegen der von prächtigen Gärten umgebenen *Villa d'Este* (16. Jh.) am Seeufer, heute ein Luxushotel. Weiter nördlich führt von dem hübschen Ort **Argegno** mit seiner romanischen Brücke eine Seilbahn ins Dorf *Pigra* (870 m), von wo man eine fantastische Aussicht auf den See genießt. Ebenfalls von Argegno lohnt ein Abstecher ins malerische **Valle d'Intelvi**. Aussichtsreiche *Wanderwege* durchziehen die vielfältige Berglandschaft. Der in Nadelwälder gebettete Ort *Lanzo d'Intelvi* (907 m) besitzt einen der schönsten und

höchstgelegenen 9-Loch-Golfplätze der Lombardei und ist im Winter beliebtes Skigebiet. Ein atemberaubendes Panorama genießt man vom 6 km entfernten Aussichtspunkt **Sighignola** (1318 m), der auch ›Balkon Italiens‹ genannt wird. Der Blick reicht über den Luganer und Comer See bis zu den Alpen mit dem Monte Rosa.

TOP TIPP

Doch zurück zum Comer See: Vom kleinen Ort *Sala Comacina* setzt man in 5 min. über zur **Isola Comacina**. In der Antike war die grüne, 3 km^2 große Insel Bollwerk gegen die Langobarden und noch im Mittelalter heiß umkämpft, wovon zahlreiche Ruinen zeugen wie im Westen die Überreste der romanischen Kirche *S. Eufemia* und des frühchristlichen *Battistero* mit schönem Mosaikboden. Einzig noch intakter Bau ist direkt daneben die Kirche *San Giovanni* aus dem 16. Jh. Eine Institution ist das im Inselosten gelegene Restaurant *Locanda dell'Isola Comacina* (März–Okt. Di geschl., Tel. 034 45 50 83) mit seinen opulenten Speisen.

Prachtmeile des Comer Sees ist die **Riviera Tremezzina** zwischen Lenno und Cadenabbia mit ihrer üppigen Vegetation und den prunkvollen Villen, die direkt am Seeufer liegen. Eine der schönsten ist bei *Lenno* die romantische **Villa del Balbianello** (Garten April–Okt. Di/Do–So 10–18 Uhr, Villa mit Führung nach Voranmeldung, Tel. 034 45 61 10) aus dem 18. Jh. Ihre weite Loggia mit Seeblick wusste schon der Bauherr Kardinal Durini zu schätzen – genau wie später Hollywood: George Lucas drehte hier Szenen für ›Star Wars – Episode II‹, und im James-Bond-Abenteuer Casino Royale beherbergt die Villa ein Sanatorium, in dem sich 007 erholt. An einen Abenteurer, den Entdecker und Nordpolfahrer Guido Monzino (1928–1988) erinnert eine kleine Ausstellung in der Villa, die Monzino von 1974 bis zu seinem Tod bewohnte.

Arkadengeschmückte Häuser und terrassierte Stadtgärten prägen das pittoreske **Tremezzo**. Juwel des Ortes ist die etwas nördlich gelegene, berühmte *Villa Carlotta* (April–Sept. tgl. 9–18 Uhr, März/Okt. 9–12 und 14–16.30 Uhr, www.villacarlotta.it). Ende des 17. Jh. wurde sie für den Mailänder Marchese Giorgio Clerici erbaut und ging später in den Besitz des Grafen Gian Battista Sommariva über, der sie klassizistisch umgestaltete und mit Kunstwerken schmückte. Ihren Namen verdankt die Villa der preußischen Prinzessin Charlotte von Nassau, die sie im 19. Jh. als Hochzeitsgeschenk von ihrer

Mutter erhielt. Sie beherbergt heute ein *Museum* mit Empiremöbeln, neoklassizistischen Skulpturen von Antonio Canova und Berthel Thorvaldsen sowie Gemälden von Francesco Hayez. Paradiesisch ist der *Garten* mit seinem Blütenmeer von Azaleen und Rhododendren.

Von *Cadenabbia* setzt eine Autofähre in 10 Min. zum Postkartenidyll **Bellagio** über, einem der mondänsten Ferienzentren des 19. Jh. Bilacus, ›Zweiseen‹, nannten es die Römer wegen seiner einmaligen Lage zwischen den beiden Seearmen. Treppensträßchen gesäumt von Cafés, Boutiquen und Souvenirshops durchziehen das schmucke Städtchen. Der Multimillionär Steve Wynn ließ ›Bellagio‹ übrigens 1998 in Las Vegas als Hotelanlage nachbauen. Besonders schön ist der Blick von den oberhalb des Ortes in Terrassen angelegten Gärten der *Villa Serbelloni* (1492 erbaut, 1788 klassizistisch erneuert), die im Rahmen einer *Führung* (Tel. 031 95 15 55, Treffpunkt Promo Bellagio, Piazza della Chiesa 14, April–Okt. Di–So 11 und 15.30 Uhr) besichtigt werden können. Am südlichen Ortsrand ließ sich Anfang des 19. Jh. der Vizepräsident der Cisalpinischen Republik Napoleons im Empirestil die nach ihm benannte herrschaftliche *Villa Melzi d'Eril* (April–Okt. tgl. 9–18 Uhr) erbauen. Das weitgehend original ausgestattete Haus liegt in einer prächtigen Gartenanlage mit Grotten und klassizistischen Skulpturen.

Königlichen Wohnkomfort bietet die elegante Villa Carlotta bei Tremezzo

Idealer Ausgangspunkt für Erkundungsfahrten ins Umland ist das lebhafte **Menaggio** am Westufer mit seiner malerisch-verwinkelten Altstadt.

Bedeutendster Ort am Nordende des Comer Sees ist das Städtchen **Gravedona**, das bereits von den Römern besiedelt wurde. Seine romanische Kirche *S. Maria del Tiglio* (12. Jh.) mit integriertem Glockenturm stammt aus der Zeit, als Gravedona freie Stadtrepublik war. Ihr Zentralbaugrundriss mit drei halbrunden Nischen folgt dem des Vorgängerbaus, eines frühchristlichen Baptisteriums.

Domaso und gegenüber am Ostufer **Colico** sind wegen ihrer günstigen Windbedingungen besonders bei Surfern, Seglern und Drachenfliegern beliebt. Von der östlichen Uferstraße lohnt bei Olgiasca ein Abstecher (ca. 4 km) zur **Abbazia di Piona**, einer großen Zisterzienserabtei aus dem 13. Jh. in schöner Seeuferlage. Die Klosterkirche *San Nicolò* (1138) birgt Freskenfragmente aus dem 13. Jh, der kleine Kreuzgang reich skulptierte Kapitelle.

Weiter südlich, am Ausgang des schönen *Val Sassina*, entstand im 19. Jh. das am See gelegene Textilzentrum **Bellano**. Attraktion des verwinkelten Ortes ist der *Orrido* (Tel. 03 41 82 11 24, Juni–Sept. tgl. 10–22.30, Okt.–Mai Di–Sa 10–13 und 15–18, So 10–18 Uhr), eine 20 m tiefe Felsschlucht, in die sich das aus dem Tal kommende Flüsschen Pioverna als reißender Wasserfall ergießt. Man erreicht die Klamm von der Kirche SS. Nazaro e Celso über einen ausgeschilderten Weg. Das nahe gelegene Fischerdorf **Varenna** ist heute ein beschaulicher Ferienort mit häufigen Fährverbindungen nach Menaggio und Bellagio. Sehenswert sind hier die terrassierten Gärten (März–Okt. 9–19 Uhr) der *Villa Monastero*. Das einstige Zisterzienserkloster beherbergt heute ein Kongresszentrum.

Das lebhafte **Lecco** (47 000 Einw.) am Südostzipfel des Comer Sees ist seit 1995 Hauptstadt der gleichnamigen Provinz. Hier siedelte der berühmte Sohn der Stadt, *Alessandro Manzoni* (1785–1873) seinen Roman ›I Promessi Sposi‹ (›Die Verlobten‹) an. Das Historiendrama, einer der berühmtesten Romane Italiens, erzählt die problematische Liebesgeschichte zwischen dem Seidenspinner Renzo und der Bauerntochter Lucia zur Zeit der spa-

Rings um die zentrale Piazza von Bellagio laden gediegene Hotels und Restaurants die Urlaubsgäste zu einem unvergesslichen Aufenthalt am Comer See ein

nischen Fremdherrschaft. Mit einem Faltblatt des IAT (s. u.) kann man sich in Lecco auf die Spuren des Romans und Manzonis begeben. Das Stadtbild von Lecco bestimmen heute große Spinnereien, Webereien und die Metall verarbeitende Industrie.

Die Umgebung ist geprägt von den eindrucksvoll zerklüfteten Dolomiten-Massiven *Grigne* (2410 m) und *Resegone* (1875 m), beides erstklassige Wander- und Klettergebiete. Wer nur einmal kurz Bergluft schnuppern möchte, kann mit der Funivia (Seilbahnstation: Via Prealpi 34 am Ostrand von Lecco) in knapp 10 min. zur Hochebene *Piani d'Erna* (1329 m) hinauffahren.

Praktische Hinweise

Information

IAT di Como e del Comasco, Piazza Cavour 17, Como, Tel. 031 26 97 12, Fax 031 33 00 111, www.provincia.como.it

IAT Provincia di Lecco, Via Nazario Sauro 6, Lecco, Tel. 0341 29 57 20, Fax 0341 29 57 30, www.aptlecco.it

Hotels

*****__Villa d'Este__, Via Regina 40, Cernobbio, Tel. 031 34 81, Fax 031 34 88 44, www.villadeste.com. Prachtvolles Traumhotel der Luxusklasse in einer fürstlichen Residenz des 16. Jh. mit weitläufigem Park, in dem man herrlich joggen kann (Dez.–Febr. geschl.).

*****__Villa Serbelloni__, Via Roma 1, Bellagio, Tel. 031 95 02 16, Fax 031 95 15 29, www.villaserbelloni.it. Gediegenes Luxushotel direkt am See mit Park, Beauty Center, Schwimmbad und Sauna. Das Restaurant gehört zu den Spitzenlokalen der Region.

***__Florence__, Piazza Mazzini 46, Bellagio, Tel. 031 95 03 42, Fax 031 95 17 22, www.hotelflorencebellagio.it. Stilvoll eingerichtete Zimmer in etabliertem Hotel nahe der Bootsanlegestelle (Nov.–März geschl.).

*__Il Vapore__, Piazza T. Grossi 3, Menaggio, Tel. 0344 43 22 29, Fax 0344 43 48 50, www.italiaabc.com/a/ilvapore. Preiswerte Pension mit komfortablen Zimmern im Zentrum und mit Seeblick. Gute Küche

Restaurants

Mella, Piazza San Giovanni Battista 7, San Giovanni (2 km von Bellagio), Tel. 031 95 02 05. Familiär geführtes Fischlokal mit reicher (Fisch-) Antipasti-Auswahl und hausgemachten Süßspeisen (Mo abend und Di geschl.).

Pontile-Orestino, Lungolario Battisti 4, Lecco, Tel. 0341 36 23 80. Spezialität sind die *Missoltini*, an der Luft getrocknete Alse, eine Heringsart (Mi Abend und Do geschl.).

Santo Stefano, Piazza XI. Febbraio 3, Lenno, Tel. 0344 55434. Bodenständiges Fischlokal mit Terrasse und Blick auf den See (Mo geschl.).

13 Varese und Sacro Monte

Heilige Berge und Kunsttempel der Moderne.

Südlich des Lago di Lugano liegt die Stadt **Varese** (83 000 Einw.). Die reichen prähistorischen Funde um die vier *Laghi di Varese* zeugen von einer frühen Besiedlung der Region. Bereits im Mittelalter war der Ort ein wichtiger Marktplatz, im 18./19. Jh. entstand hier eine florierende *Schuh-* und *Textilindustrie*. Auf den sieben stadtnahen Hügeln bauten sich damals Unternehmer und Mailänder Aristokraten prunkvolle Villen mit weitläufigen Parks, was Varese den Beinamen *Città Giardino* (Gartenstadt) einbrachte.

Das Zentrum der Altstadt bilden die **Basilica San Vittore**, die nach Entwürfen von Pellegrino Tibaldi 1580–1615 errichtet wurde und in der Cappella del Rosario Fresken von Morazzone (1615) präsentiert, und das angrenzende *Battistero* aus dem 12./13. Jh.

Westlich des Domplatzes erstreckt sich die imposante Anlage des **Palazzo Estense**. Er wurde 1766–71 von Giuseppe Bianchi nach dem Vorbild des Wiener Schlosses Schönbrunn errichtet, auf Wunsch des Bauherrn und österreichischen Statthalters der Lombardei, *Francesco d'Este*. Der Palazzo, heute Sitz der Stadtverwaltung, birgt schöne Räume wie den freskengeschmückten *Empfangssaal*, noch herrlicher aber sind die barocken *Gärten* mit den streng symmetrischen Rasenflächen, gestutzten Hecken, fantasievollen Wasserspielen und künstlichen Grotten.

TOP TIPP Unbedingt sehenswert ist auch die **Villa e Collezione Panza** (Piazza Litta 1, Di–So 10–18 Uhr, www.fondoambiente.it) im nördlichen Villenvorort *Biumo Superiore*. Die barocke Anlage verdankt ihren Namen Graf Giuseppe Panza di Biumo (* 1923), der als einer der bedeutendsten Kunstsammler Italiens gilt. Das *Museum* zeigt Arbeiten zeitgenössischer, meist nordamerikanischer Künstler wie Dan Flavin und James Turrell sowie Werke afrikanischer und präkolumbianischer Provenienz.

8 km nordwestlich von Varese erhebt sich der 880 m hohe **Sacro Monte**, auf dem sich seit Mitte des 15. Jh. ein Kloster (tgl. 8–12 und 14–18 Uhr, www.sacromonte.va.it) befindet. Der ›Heilige Berg‹ von Varese ist eines der Pilgerziele, die während der Gegenreformation im 16./17. Jh. in der Lombardei und im Piemont große Bedeutung gewannen. Den hiesigen 2 km

Einst diente der barocke Palazzo Estense als feudaler Herrschaftssitz, heute beherbergt er die Stadtverwaltung von Varese und ist somit der Öffentlichkeit zugänglich

langen *Pilgerweg* vom Fuß des Berges zur Wallfahrtskirche säumen 14 überkuppelte *Kapellen*, die mittels lebensgroßer Terrakottafiguren und illusionistischer Wandmalereien biblische Szenen illustrieren. Die ›Flucht nach Ägypten‹ in der dritten Kapelle wurde 1983 vom sizilianischen Maler *Renato Guttuso* modern interpretiert. Auf dem Gipfel mit grandioser *Aussicht* erhebt sich die 1473 über einem romanischen Vorgängerbau errichtete Kirche *S. Maria del Monte*. Im Mittelpunkt des 1605–80 konzipierten *Gesamtprogramms* des Sacro Monte stehen die Mysterien des Rosenkranzes. Dessen ›letztes Geheimnis‹, die Krönung Mariens, thematisiert der *Hochaltar* des Gotteshauses.

i Praktische Hinweise

Information

IAT, Via Carrobbio 2, Varese, Tel./Fax 03 32 28 36 04, www.vareselandof tourism.it

Hotel

******Locanda dei Mai Intees**, Via Nobile Claudio Riva 2, Azzate (5 km südlich von Varese), Tel. 03 32 45 72 23, Fax 03 32 45 93 39, www.mai-intees.com. Kleine, romantische Villa aus dem 15. Jh. mit stilvoll eingerichteten Zimmern und modernem Komfort.

Restaurant

Da Vittorio, Piazza Beccaria 1, Varese, Tel. 03 32 23 43 12. Einladendes Lokal mit innovativer Küche und im Sommer mit Plätzen im Garten (Do geschl.).

14 Castiglione Olona und Castelseprio

Kirchen hüten Kleinode der Freskenmalerei.

Der kleine Ort **Castiglione Olona** (8000 Einw.) im Flusstal des Olona südlich von Varese ist beliebt wegen seines malerischen *Antiquitätenmarktes*, der jeden ersten Sonntag im Monat ganztags auf der zentralen Piazza Garibaldi stattfindet. Den künstlerischen Ruhm des Städtchens als ›toskanische Insel in der Lombardei‹ begründete Kardinal Branda Castiglioni (1350–1443), dessen Familie seit 1071 hier Feudalherren waren. Anfang des 15. Jh. engagierte der Kardinal die großen Künstler seiner Zeit und ließ den Ort zu

Aus dem Leben gegriffen – Kreuzwegfiguren auf dem Sacro Monte von Orta

Sacri Monti – Inszenierungen des Glaubens

Eine Besonderheit norditalienischer Sakralbaukunst sind die seit 2003 zum UNESCO-Weltkulturerbe zählenden neun **Wallfahrtsberge**, die im 16./17. Jh. nach dem Willen der Mailänder Erzbischöfe Carlo und Federico Borromeo [s. S. 19] entstanden. Die **Gegenreformation** sah in den Sacri Monti Bollwerke des katholischen Glaubens zum Schutz der Region vor dem Norden und Martin Luthers Einfluss. Die großartig ausgestalteten Anlagen boten statt stiller Andachtskapellen regelrechte Bühnenräume, deren Darstellungen den Betrachter erschüttern und überzeugen sollten. Die bedeutendsten ›Heiligen Berge‹ liegen bei Serralunga di Crea, Varese, Orta und Varallo. Der **Sacro Monte di Varallo** (1497–1650) westlich des Lago d'Orta im Valsesia, älteste und monumentalste Anlage, diente allen nachfolgenden als Vorbild. Das ›neue Jerusalem‹, wie Carlo Borromeo es nannte, auf einem 608 m hohen Felsplateau, besteht aus der Wallfahrtskirche Basilica dell'Assunta und 45 Kapellen mit 600 überlebensgroßen Holz- und Terrakottaskulpturen sowie 4000 gemalten Figuren. In expressiven, dramatischen Szenen wird die **Passion Christi** dargestellt, wobei die Protagonisten Kleidung und Bewaffnung des 16./17. Jh. tragen. Die Kapellen Nr. 20–43 sind zudem in eine Stadtarchitektur eingebunden, die Jerusalem darstellen soll, mit Plätzen und Palästen, Tempel und Tribunal.

einem kulturellen Zentrum nach den neuesten Prinzipien der Renaissance ausbauen. Trotz der Zerstörungen durch die Mailänder Sforza im Jahre 1513 hat Castiglione Olona sein Flair bewahrt. Zu den bedeutendsten Bauten gehören der *Palazzo Branda Castiglioni* (April–Sept. Di–Sa 9–12 und 15–18, So/Fei 10.30–12.30 und 15–18, Okt.–März Di–Sa 9–12 und 15–18, So/Fei 15–18 Uhr), einst Residenz des Kardinals und heute *Stadtmuseum*, und die *Chiesa della Villa*, ein Zentralbau aus den Jahren 1422–43. Die *Collegiata* und das *Battistero* (April–Sept. Di–So 10–13 und 15–18, Okt.–März Di–So 9.30–12.30 und 14.30–17.30 Uhr) schließlich sind mit Fresken von *Masolino da Panicale* (1383–1440) ausgemalt, einem toskanischen Vorreiter der Renaissance. Die *Apsis* der Kollegiatskirche schmückte er mit Szenen aus dem Marienleben (um 1428). In seine Wandmalereien mit Szenen aus dem Leben Johannes d. T. im Baptisterium integrierte er vermutlich Porträts von Zeitgenossen.

Wenige Kilometer südlich von Castiglione Olona trifft man auf die Ruinen des Ortes **Castelseprio** (April–Sept. Di–Sa 9–19, So 9–18 Uhr, sonst Di–Sa 9–18, So/Fei 9–15 Uhr). Sie liegen auf einem schon in der Antike befestigten Hügel an den Ausläufern der Voralpen. Unter den Langobarden, die von hier aus das gesamte Umland und die Alpenhandelswege kontrollierten, war *Sibrium* Verwaltungssitz einer Provinz, die von Como über Bellinzona bis fast nach Mailand reichte. Nach der Zerstörung durch die Mailänder 1287 verfiel Castelseprio und wurde erst zufällig während der Partisanenkämpfe im Zweiten Weltkrieg wieder entdeckt. Die Archäologen fanden Reste von Mauern und Wehrtürmen sowie eine frühchristliche Basilika mit oktogonalem Baptisterium und eine sechseckige romanische Kirche. Etwas weiter westlich liegt die relativ gut erhaltene Kirche **S. Maria Foris Portas** (7./9. Jh., Mo–Sa 9–18, So/Fei 9–15 Uhr). Die Chorapsis schmückt ein bedeutender *Freskenzyklus* mit der Jugendgeschichte Christi, der stilistisch den Übergang von spätantiker zu byzantinisch-frühchristlicher Kunst markiert.

i Praktische Hinweise

Information

IAT, Piazza Garibaldi, Castiglione Olona, Tel. 03 31 85 83 01, Fax 03 31 82 44 57

15 Lago Maggiore

Lieblicher See mit nostalgischen Dörfern und subtropischer Blütenpracht.

Zwei italienische Regionen und das Nachbarland Schweiz teilen sich den Lago Maggiore, auch *Lago Verbano* genannt. Sein Nordzipfel mit Ascona und Locarno gehört zur Schweiz (siehe ADAC Reiseführer ›Tessin‹ und ›Schweiz‹), das Ostufer zur Lombardei, das Westufer zum Piemont. Mit seinen 212 km^2 ist er nach dem Gardasee der zweitgrößte der Oberitalienischen Seen.

Aufgrund seiner verkehrstechnisch günstigen Lage zwischen der Poebene und den Alpenpässen war der Lago Maggiore seit der Antike stark frequentiert. Die Familie *Borromeo* bekam ihn und seine Uferregionen von den Visconti Mitte des 15. Jh. als Lehen übertragen, um sie zu einem Bollwerk gegen die Schweiz auszubauen. In der Folge wurden zahlreiche Küstenorte befestigt und mit prunkvollen Burganlagen versehen. Schon im 18./19. Jh. entwickelte sich der wegen seiner Naturschönheiten und seines milden Klimas gerühmte See zu einer beliebten **Sommerfrische** der High Society. In Seenähe entstanden prachtvolle Villen im verspielten *Stile Liberty* (Jugendstil) mit opulenten botanischen Gärten, die noch heute zum Ruhm des Lago beitragen.

Lombardisches Ostufer – herb und bescheiden

Das stark bewaldete Ostufer fällt zum Wasser hin steil ab. Die Orte drängen sich auf einem schmalen Uferstreifen. Der Hauptort **Luino** lockt mit einem der ältesten *Märkte* der Region. Seit 1541 wird hier jeden Mittwoch (8–16 Uhr) unter bunten Sonnenschirmen ein Warenangebot von Nahrungsmitteln über Haushaltsartikeln bis zu Ledererzeugnissen präsentiert. Vom südlich gelegenen Dorf **Laveno Mombello** aus lohnt eine Fahrt mit der Kabinenbahn (Via Tinelli 15, tgl. 9–17 Uhr, im Sommer bis 19 Uhr) auf den Gipfel des *Sasso del Ferro* (1062 m), der einen grandiosen Blick über den See und die Alpen, an klaren Tagen sogar bis zum Schweizer Monte Rosa bietet. Auf einer Halbinsel nahe dem Südende des Sees liegt das Städtchen **Angera**, beherrscht von der mächtigen, zinnenbekrönten *Rocca* (Mitte März–Okt. Mo–Sa 9–17.30, So/Fei bis 18 Uhr). Die Burg auf einem

Wie Smaragde liegen die lieblichen Isole Borromee im Blau des Lago Maggiore

Kalksporn über dem Ort wurde im 14. Jh. von den Visconti erneuert, später war sie Borromeo-Besitz. In der *Sala di Giustizia* im 1. Stock ließen die Visconti einen *Freskenzyklus* (1314) anbringen, der ihren Aufstieg zum mächtigsten Geschlecht des Landes feiert. Er gilt als eines der frühesten profanen Bildprogramme in der Lombardei. Aus einer Privatsammlung der jetzigen Prinzessin Bona Borromeo ging das *Museo della Bambola* der Burg hervor, das 200 historische Puppen und Spielsachen präsentiert.

Piemontesisches Westufer – lebhaft und kunstsinnig

Den schönsten Blick auf das Kastell von Angera genießt man von der Uferpromenade im gegenüber an der Westküste gelegenen **Arona**. Wahrzeichen des lebhaften Handelsstädtchen ist der 2,5 km weiter nördlich aufragende *San Carlone* (April–Sept. tgl. 9–12.30 und 14–18.30 Uhr, März–Nov. Sa/So 9–12.30 und 14–16.30 Uhr, Dez. So 9–12.30 und 14–16.30 Uhr), das 24 m hohe Standbild des San Carlo Borromeo mit 12-m-Sockel. Der spätere Mailänder Kardinal-Erzbischof wurde hier 1538 geboren. Die Statue entstand 1614–97 nach Entwürfen von G. B. Crespi weitgehend in Kupfer. Wer die enge Treppe zum Haupt des Heiligen erklimmt, kann den schönen Ausblick aus Carlos Augen genießen.

Der Küstenabschnitt zwischen Arona und Stresa ist schon lange Ferienregion und stark verbaut, gleichwohl bilden der Urlaubsort **Stresa** und die vorgelagerten Borromäischen Inseln die Traumkulisse des Lago Maggiore. Im 19. Jh. zog Stresa den europäischem Hochadel und berühmte Künstler geradezu magisch an und begründete so seinen mondänen Ruf. Längs der Uferpromenade *Lungolago Umberto* reihen sich die Hotelpaläste und Prunkvillen der Belle Époque, die auch heute nichts von ihrem Charme eingebüßt haben. Am südlichen Ortseingang stößt man auf die *Villa Pallavicino* von 1850 mit einem der schönsten *Gärten* (April–Okt. tgl. 9–19 Uhr) im englischen Stil und einem kleinen Tierpark.

Nicht versäumen sollte man eine Fahrt auf den 1491 m hohen **Mottarone** mit der Seilbahn (Station am Nordrand von Stresa) oder mit dem Auto über Armeno bzw. auf der gebührenpflichtigen, 9 km langen Panoramastraße *Strada Borromea* ab Alpino mit fantastischen Ausblicken auf das Umland.

TOP TIPP Besuchermagneten des Lago Maggiore sind die drei **Isole Borromee**, die Borromäischen Inseln, die unweit vom Ufer im Westarm des Sees liegen. Häufige Schiffsverbindungen (www.navigazionelaghi.it) bestehen von Stresa, Arona und Verbania. Ihren Ruhm verdanken die Inseln der Familie Borromeo, die Mitte des 17. Jh. die Felseilande in ein barockes Gesamtkunstwerk verwandelte.

Die **Isola Bella** *(*März–Okt. tgl. 9–17.30 Uhr) schmückt ein wunderbarer *Barockgarten* . In zehn großen Stufen steigen die Gartenterrassen vom Ufer pyramidenförmig an, oben bekrönt von der Statue eines Einhorns, dem Wappentier der Borromäer. Der riesige *Palazzo* prunkt außen mit großartigen Freitreppen, innen mit reich ausgestatteten Sälen, Spiegelgalerien und muschelgeschmückten Tuffsteingrotten.

Die größte der drei Inseln ist die eher stille **Isola Madre** *(*April–Okt. tgl. 9–17.30 Uhr). Auch hier steht ein barocker *Palazzo Borromeo*, dieser präsentiert eine interessante Marionettensammlung. Hauptattraktion ist wiederum der *Park* mit Azaleen, Kamelien und Rhododendren, zwischen denen Fasane und Pfaue herumstolzieren.

Die kleine **Isola dei Pescatori** besteht im Wesentlichen aus einem malerischen Dorf mit schlichten Fischerhäuschen, deren Bewohner jedoch inzwischen vom Tourismus leben.

Gegenüber von Stresa, auf der anderen Seite des Lago-Westarms liegt **Verbania** (30 000 Einw.). Die Provinzhauptstadt wurde 1939 aus zwei Orten zusammengelegt, dem geschäftigen *Intra* mit dem Fährhafen und dem kleineren *Pallanza* mit seinen von Gärten umschlossenen Villen. Zwischen den beiden Ortsteilen liegt auf der Landzunge Castagnola die *Villa Taranto* (Mitte März–Sept. tgl. 8.30–19.30, Okt. tgl. 8.30–17 Uhr) mit einem der eindrucksvollsten *botanischen Gärten* Europas. Der 20 ha große Park birgt 20 000 verschiedene Pflanzenarten, darunter allein 500 Arten von Rhododendren, und während der *Settimana del Tulipano* Ende April verwandelt er sich in ein Meer von 80 000 Tulpen.

Richtung Norden verengt sich der Lago Maggiore zusehends und die Küste fällt steil ab. Ein beliebter Luftkurort ist hier das von Oliven-, Orangen- und Zitronenhainen gerahmte **Cannero Riviera**, das sogar mit einem kleinen windgeschützten Strand lockt. Wenige Kilometer nördlich vom Ort stehen die Ruinen der *Castelli di Cannero* auf drei vorgelagerten Inseln, wo einst die Raubritter-Brüder Mazzardi hausten.

Den nördlichen Schlusspunkt des Lago setzt das malerische **Cannobio**. Es besticht durch den mittelalterlichen Ortskern mit seinen pittoresken Gassen sowie die Seepromenade mit arkadengeschmückten farbigen Bürgerhäusern und einladenden Cafés.

i Praktische Hinweise

Information

Distretto turistico dei Laghi, Piazzale Duca d'Aosta, Arona, Tel. 03 22 24 36 01, Fax 03 22 24 36 01, www.distrettolaghi.it

Distretto turistico dei Laghi, Piazza Marconi 16, Stresa, Tel. 032 33 01 50, Fax 032 33 13 08

Einkaufen

Alessi, Via Privata Alessi 6, Omegna-Crusinallo (bei Verbania). Töpfe, Kaffeemaschinen, Schüsseln etc. in modernem Design zu regulären Preisen oder reduziert, weil 2. Wahl.

Hotels

******Regina Palace**, Corso Umberto I 33, Stresa, Tel. 03 23 93 69 36, Fax 03 23 93 66 66, www.regina-palace.it. Belle-Époque-Hotel an der Promenade von Stresa mit Blick auf die Borromäischen Inseln.

*****Verbano**, Via U. Ara 2, Isola dei Pescatori, Tel. 032 33 04 08, Fax 032 33 31 29, www.hotelverbano.it. Romantisches Haus auf der ›Fischerinsel‹ gegenüber der Isola Madre (Nov.–Anf. März geschl.)

*****Pironi**, Via Marconi 35, Cannobio, Tel. 032 37 06 24, Fax 032 37 21 84, www.pironihotel.it. Stimmungsvolles Hotel in einem Palazzo aus dem 15. Jh. (Mitte Nov.–Febr. geschl.).

Ostello per la Gioventù Verbania, Via alle Rose 7, Verbania, Tel. 03 23 50 16 48, Fax 03 23 50 78 77, www.ostelloverbania.it. Moderne Jugendherberge in einer alten Villa im Ortsteil Pallanza.

Restaurants

Boccon di Vino, Via Troubetzkoy Paolo 86, Verbania, Tel. 03 23 50 40 39. Klassische Osteria mit einfachen Gerichten und guten Weinen direkt an der Schiffsanlegestelle (Di und Mi mittag geschl.).

Campagna, Via Vergante 12, Campagna (am Nordwestrand von Arona), Tel. 032 25 72 94. Herzhafte Küche und gute Weinauswahl (Mo Abend/Di geschl.).

Mit seinen Fassadenmalereien und Arkadengängen bietet das mittelalterliche Orta San Giulio auf der gleichnamigen Insel inmitten des Lago d'Orta einen malerischen Anblick

16 Lago d'Orta

Blaue Perle in grüner Fassung.

Der von waldreichen Hügeln gerahmte Lago d'Orta ist mit 18,5 km^2 zwar einer der kleinsten, aber auch einer der reizvollsten der Oberitalienischen Seen. Am Ostufer liegt auf einer Landzunge die liebliche Siedlung **Orta San Giulio**. Alle Treppenwege und Gässchen führen zur zentralen *Piazza Motta*, die von alten Palazzi mit Arkadengängen gesäumt wird und sich zum See mit Blick auf die kleine **Isola di San Giulio** öffnet. Am nahen Steg kann man Boote für die Fahrt zur Insel mieten, die von dem imposanten *Bischofspalast*, heute Priesterseminar, und der *Basilica di San Giulio* beherrscht wird. Der Legende zufolge wurde die Kirche im 4. Jh. vom hl. Julius gegründet, der das Eiland von Schlangen und Feuer speienden Drachen befreit hatte. Die dreischiffige romanische Emporenbasilika geht aufs 12. Jh. zurück, im weitgehend barockisierten *Inneren* bewahrt sie mit der reich skulptierten schwarzen Marmorkanzel ein Meisterwerk romanischer Bildhauerei.

Wieder zurück auf dem Festland führt ein schöner Spaziergang (ca. 30 min.) durch Schatten spendende Pinien- und Buchenwälder auf den **Sacro Monte di Orta** (www.sacromonteorta.it). Auf dem Gipfel steht ein dem hl. Franziskus von Assisi geweihtes Kloster aus dem 16.–18. Jh. (Sommer 9.30–18.30, Winter 9–16.30 Uhr). Am Pilgerweg nach oben illustrieren 20 mit überlebensgroßen Terrakottafiguren und Fresken ausgeschmückte *Kapellen* in volksnahem Realismus das Leben des Heiligen.

Praktische Hinweise

Information

Distretto turistico dei Laghi, Via Panoramica, Orta San Giulio, Tel. 03 22 90 51 63, Fax 03 22 90 52 73, www.distrettolaghi.it

Hotels

******San Rocco**, Via Gippini 11, Orta San Giulio, Tel. 03 22 91 19 77, Fax 03 22 91 19 64, www.hotelsanrocco.it. Elegantes Hotel in einem umgebauten Kloster mit Pool im Garten.

*****Orta**, Piazza Motta 1, Orta San Giulio, Tel. 03 22 90 02 53, Fax 03 22 90 56 46, www.hotelorta.it. Zentral gelegenes, traditionsreiches Hotel direkt am See. Einige Zimmer mit Terrasse bzw. Balkon (Nov.–Febr. geschl.).

Restaurant

Sacro Monte, Sacro Monte di Orta (bei der 1. Kapelle), Tel. 03 22 90 02 20. Rustikales Lokal mit piemontesischen Spezialitäten wie *Bagna caôda*, eine heiße Brühe mit Gemüse (Di geschl.).

Die Poebene – Land der Reisfelder zwischen Ticino und Sesia

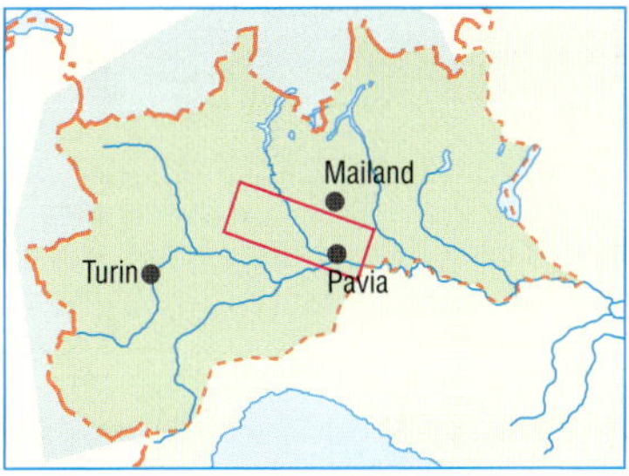

Zwischen den Flüssen Ticino und Sesia, die beide von Norden kommend die fruchtbare Poebene zusätzlich bewässern, bzw. zwischen den Städten Pavia und Vercelli erstreckt sich eine der eigentümlichsten Landschaften Italiens. Scheinbar endlose Reihen von Pappeln und Maulbeerbäumen säumen weite Wasserflächen im größten **Reisanbaugebiet** Europas. Das beliebte Universitätsstädtchen **Pavia** mit seinem attraktiven *Centro Storico* war im frühen Mittelalter Konkurrentin Mailands. Eine der eindrucksvollsten Klosteranlagen des Landes ist die nördlich der Stadt gelegene **Certosa di Pavia** mit ihrem reichen Bestand an Kunstwerken. Westlich des Ticino-Tals bezaubert das Städtchen **Vigevano** mit einem der schönsten Renaissanceplätze Italiens und einer schier unerschöpflichen Auswahl an – *Schuhen*, denn es ist das Zentrum der italienischen Schuhindustrie. Die Städte **Novara** und **Vercelli** verfügen ebenfalls über sehenswerte historische Bausubstanz und allerlei Meisterwerke, doch das ist nicht der Grund, warum viele asiatische Geschäftsleute hierher kommen. Sie haben vielmehr nur eins im Sinn: Reis kaufen.

17 Pavia

Universitätsstadt mit mittelalterlichem Flair.

Knapp 40 km südlich von Mailand liegt am Ufer des Ticino das lebhafte Pavia mit seiner schönen Altstadt. Die verkehrsgünstige Lage veranlasste die Römer im 1. Jh. v. Chr. hier die Militärstation *Ticinum* zu gründen, die bald zu einem der bedeutendsten Handelsplätze Oberitaliens avancierte. Unter dem Ostgotenkönig Theoderich wurde sie im 5./6. Jh. Regierungssitz und war im 6.–8. Jh. **Hauptstadt** der Langobarden. Die Frankenkönige erhoben sie zur Kapitale des *Regnum Italicum* und zum Krönungsort deutscher Herrscher. Durch das Bündnis mit Kaiser Friedrich I. Barbarossa gegen die Lombardische Liga konnte die seit 1084 freie *Stadtrepublik* ihr Einflussgebiet auf die Lomellina und den Oltrepò Pavese ausdehnen. Durch den **Naviglio Pavese**, der noch heute östlich und nördlich der Stadt verläuft, war Pavia mit Mailand und dem Po verbunden. Das 12./13. Jh. prägte eine rege *Bautätigkeit*: 82 Kirchen, 133 Klöster und über 100 Geschlechtertürme entstanden. Auch nach der Eroberung durch die Mailänder *Visconti* 1359 wurde die Stadt ausgebaut und stieg mit Gründung der **Universität** (1361) vollends zum kulturellen Zentrum auf. Die **Schlacht von Pavia** (1525), in der das Heer des habsburgischen Kaisers Karl V. die französischen Truppen im Schlosspark schlug, markierte den Beginn der Fremdherrschaft durch die *spanischen Habsburger*. Die Stadt wurde zum militärischen Stützpunkt degradiert, dies änderte sich auch unter den *Österreichern* im 18. Jh. nicht. Nach der Einigung Italiens 1861 entwickelte sich die **Provinzhauptstadt** zu einem Zentrum der Landwirtschaft (Reis- und Weinanbau, Milchwirtschaft), aber auch die Industrie gewann mit der Produktion künstlicher Seide schnell an Bedeutung. Heute ist Pavia (71 000 Einw.) vor allem wegen der Pelzindustrie und seiner renommierten Universität bekannt.

◁ **Oben:** *Die Certosa di Pavia war als Grablege für einen Visconti geplant*
Unten: *Das Castello Visconteo schützen mächtige Wehrtürme*

Besichtigung Gleich nach der Eroberung durch die Mailänder, ab 1360, veranlasste *Gian Galeazzo Visconti* den Bau des **Castello Visconteo** (Viale XI Febbraio 35, www.museicivici.pavia.it, Tel. 0382338353, Febr.–Juni/Sept.–Nov. Di–So 10–18 Uhr, Dez./Jan./Juli–Aug. Di–So 9–13.30) nördlich des Zentrums. Während die Anlage sich nach Außen als quadratische mit Ecktürmen bewehrte Festung präsentiert, zieren den schönen *Innenhof* großzügige Arkadengänge und Biforienfenster. Seine teils reich mit mittelalterlichen Fresken geschmückten Säle beherbergen die städtischen Museen, darunter die *Pinacoteca Malaspina* mit Gemälden aus dem 13.–16. Jh. Bemerkenswert sind vor allem das ›Porträt eines Mannes‹ von *Antonello da Messina* (um 1470/75), das Altarbild ›Bottigella‹ von Vincenzo Foppa (um 1480) und der ›Kreuztragende Christus‹ von *Bergognone* (um 1480).

Zu den ältesten Kirchen von Pavia zählt **S. Pietro in Ciel d'Oro** (1117–32) jenseits des Viale XI. Febbraio. Sie steht auf den Fundamenten einer langobardischen Kirche aus dem 8. Jh., die König *Luitprand* als Gehäuse für die Gebeine des Kirchenvaters *Augustinus* hatte errichten lassen. Die heutige romanische Basilika mit reich skulptiertem Portal und Vierungsturm ist allerdings eine Rekonstruktion des späten 19. Jh. Blickfang im *Inneren* ist das Grabmal des Augustinus. Diese reich mit Statuen und Reliefs verzierte dreigeschossige *Arca di S. Agostino* ist ein Werk lombardischer Meister aus dem 14. Jh. Die Krypta birgt das Grab des Philosophen *Boethius* (480–526). Er war Berater von Theoderich und einer der ersten Lehrer an der Rechtsschule von Pavia. Sein Werk ›Über den Trost der Philosophie‹ gehörte zu den meistgelesenen Büchern des Mittelalters.

Die lebhafte Flaniermeile **Strada Nuova** führt ins Herz der mittelalterlichen Stadt. In ihrem schnurgeraden Verlauf folgt sie dem antiken *Cardo*, der Nord-Süd-Achse des rechtwinklig angelegten *Castrum*.

Die Gebäude der **Università**, nach Bologna die älteste Hochschule Italiens und bis Anfang des 20. Jh. die einzige in der Lombardei, gehen in ihrem Kern auf Erweiterungen unter den Österreichern im 18. Jh. zurück. In einem der klassizistischen Arkadenhöfe ehrt eine Statue den aus Como stammenden Physikprofessor *Alessandro Volta* [s. S. 63]. Gegenwärtig liegen die Stärken der etwa 25 000 Studierende zählenden *Alma Mater* auf den Gebieten der Ingenieurwissenschaften und der Medizin.

Um die angrenzende **Piazza Leonardo da Vinci** stehen noch drei der im Mittelalter so zahlreichen *Geschlechtertürme*. Über die malerische, von Arkaden und historischen Palazzi gesäumte **Piazza della Vittoria**, unter den Visconti Bühne für rauschende Feste, Hinrichtungen und Paraden, gelangt man vorbei am **Broletto** (1164), dem ältesten Rathaus einer freien

Noch aus römischer Zeit stammen die Pfeiler der Ponte Coperto

Kommune, zum mächtigen **Duomo** (bis 2012 wg. Renovierung geschl.). Der monumentale Zentralbau wurde 1488 begonnen, bis zu seiner Fertigstellung vergingen jedoch fast 450 Jahre. Den Entwurf für den hohen Tambour der gewaltigen, achteckigen *Kuppel* (Durchmesser 30 m, Höhe 92 m) zeichnete *Bramante*. Doch erst Ende des 18. Jh. wurde er hochgezogen und 1884 dann die Kuppel aufgesetzt.

Juwel der Stadt ist die südöstlich gelegene romanische Kirche **San Michele**, Krönungsort langobardischer und deutscher Könige. Auf einem Vorgängerbau aus dem 7. Jh. errichtet, wurde die dreischiffige Basilika vermutlich 1117 begonnen und anlässlich der Krönung von *Friedrich I. Barbarossa* 1155 fertig gestellt. Bündelpfeiler gliedern die sandsteinverkleidete *Schirmfassade* mit ihren zum Dreieck gruppierten Fenstern und schräg ansteigenden Giebelarkaden. Besonders beeindruckend sind die reichen, teilweise stark verwitterten *Steinmetzarbeiten* an den Portalen sowie an den Kapitellen in der Kirche und Hallenkrypta mit mythologischen und biblischen Szenen. Im weiten dreischiffigen *Inneren* mit Hochchor und Vierungskuppel bezeichnet eine Marmorplatte die Stelle, an der die frisch gekrönten Herrscher die Huldigungen ihrer Gefolgsleute entgegennahmen.

In der unweit westlich stehenden romanischen Backsteinkirche **San Teodoro** (tgl. 8–12 und 15–18 Uhr) von 1150 zeigen zwei *Fresken* mit turmbewehrten Stadtansichten (um 1522) von Bernardino Lanzani wie Pavia einst ausgesehen hat. Ein Spaziergang über den überdachten **Ponte Coperto**, eine auf römischen Pfeilern ruhende Brücke, führt zum gegenüberliegenden Viertel *Borgo Ticino*, das einen wunderschönen Blick auf die Altstadt bietet.

›Goldener Himmel‹ in Vorwegnahme überirdischer Freuden – mit der glänzend ausgemalten Apsis macht die Kirche S. Pietro in Ciel d'Oro ihrem Namen alle Ehre

i Praktische Hinweise

Information

IAT, Piazza Petrarca 4, Pavia, Tel. 03 82 59 70 01, Fax 03 82 59 70 10, www.turismo.provincia.pv.it

Hotel

******Moderno**, Via V. Emanuele II 41, Pavia, Tel. 03 82 30 34 01, Fax 038 22 52 25, www.hotelmoderno.it. Zentral gelegenes, komfortables Traditonshaus mit gutem Restaurant.

Restaurants

Enoteca Villla Glori a San Michele, Via San Michele 4, Pavia, Tel. 038 22 07 16. Mit Design-Möbeln eingerichtetes Lokal in einem alten Palazzo im Schatten der Kathedrale. Gehobene kreative Küche (Mo/Di geschl., Mi–Fr nur abends).

Le Carceri, Via Fratelli Marozzi 7, Pavia, Tel. 03 82 30 14 43. Die trendige Enoteca mit kleinen Häppchen und kalten Speisen ist bis tief in die Nacht geoffnet (Sa Mittag/So geschl.).

Rinaldo de Stauris schuf Ende des 15. Jh. die von Ornamenten umrankten Heiligenfiguren aus Terrakotta, die im Kleinen Kreuzgang die Arkaden schmücken

18 Certosa di Pavia

TOP TIPP *Die Dekorationsfreude der lombardischen Renaissance.*

Nicht weit vom Naviglio Pavese erhebt sich in der flachen Landschaft eine grandiose Klosteranlage des Kartäuserordens. Die Certosa di Pavia (Mai–Aug. Di–So 9–11.30 und 14.30–18, April/Sept bis 17.30, März/Okt. bis 17, Nov.–Febr. bis 16.30Uhr) gilt als eines der schönsten norditalienischen Kulturdenkmäler zwischen Spätgotik und Renaissance. Von *Gian Galeazzo Visconti* wurde sie 1396 als Familiengrablege gestiftet. Obwohl die Klosterkirche **Madonna delle Grazie** bereits 1462 vollendet war, zog sich ihre Ausschmückung bis weit ins 16. Jh. hin. An der prachtvollen **Marmorfassade** fügen sich Inkrustationen in verschiedenfarbigem Marmor, Nischen mit Statuen, Pflanzenornamente und fantasievolle Verzierungen harmonisch ineinander. *Giovanni Antonio Amadeo* und die Brüder Mantegazza schmückten die Sockelzone mit Porträtmedaillons von Kaisern und Persönlichkeiten der römischen Antike und des Orients, darüber erscheinen Reliefs mit biblischen Szenen, Aposteln und Propheten.

Im Kontrast zu solcher Dekorationsfülle steht der lichte **Innenraum**, ein spätgotischer dreischiffiger kreuzgewölbter Backsteinbau mit Querschiff und Vierungsturm. Bemerkenswert sind die illusionistischen *Fresken* (Ende des 15. Jh.) des Renaissancemalers *Ambrogio Bergognone* wie die ›Madonna auf dem Teppich‹ über dem Eingang zum Kleinen Kreuzgang im nördlichen Querschiff oder das Lünettenbild ›Ecce Homo‹ im südlichen Querschiff. Von ihm stammen auch die Fresken in den *Apsiden* der Querschiffe, mit denen sich die Herrscherfamilie in Erinnerung ruft: links ›Francesco Sforza und Ludovico il Moro wohnen der Marienkrönung bei‹, rechts ›Gian Galeazzo mit Söhnen überreicht der Jungfrau das Kirchenmodell‹.

Besuchermagnet ist das anrührende *Doppelgrabmal* (1497) im nördlichen Querschiff mit den zwei lebensgroßen Liegefiguren von *Ludovico il Moro* und seiner mit 22 Jahren verstorbenen Frau *Beatrice d'Este* von Cristoforo Solari. Im südlichen Querschiff befindet sich das Grabmonument (15./16. Jh.) des Bauherrn *Gian Galeazzo Visconti*. Zur Kirchenausstattung gehören ferner ein ›Gottvater‹ (1499) von Perugino (2. Kapelle links) und das intarsiengeschmückte Chorgestühl (1498).

Von den Arkaden des **Kleinen Kreuzgangs** mit seiner überbordenden, detailreichen Dekoration genießt man einen schönen Blick auf die Kirche. Rund um den ebenfalls reliefverzierten **Großen Kreuzgang** liegen 23 Mönchszellen, jede mit eigenem Eingang, Schlaf- und Arbeitsraum sowie kleinem Nutzgarten.

i Praktische Hinweise

Restaurant

Locanda Vecchia Pavia al Mulino, Via del Monumento 5, Tel. 03 82 92 58 94. Lombardische Gaumenfreuden in einer alten Mühle gegenüber der Certosa (Mo und Di Mittag geschl.).

19 Vigevano

TOP TIPP *Städtchen mit schönem Renaissanceplatz und Schuhfimmel.*

Die Fahrt geht von Pavia 36 km nordwestlich durch den **Parco Naturale della Valle del Ticino**, der sich entlang des inselreichen Flusses Ticino bis hinauf zum Lago d'Orta [Nr. 16] erstreckt. Der 1974 eingerichtete 90 000 ha große Naturpark ist Heimat vieler Vogel- und Pflanzenarten und kann auf den Teilstrecken des *Europawanderwegs E 1/E 2* erkundet werden, der das Tal durchläuft.

Ein Kleinod am Rande dieser Naturlandschaft ist das Städtchen Vigevano (60 000 Einw.), wenn man von seinen ausufernden Vororten einmal absieht. Die Siedlung wurde an einer strategisch wichtigen Furt über den *Ticino* errichtet und war daher im Mittelalter Zankapfel zwischen Pavia und Mailand. Anfang des 13. Jh. schlug sich Vigevano auf die Seite der mailändischen *Visconti*. In dem von ihnen errichteten Castello Sforzesco wurde 1452 *Ludovico il Moro* geboren, der später der Altstadt ihr prächtiges Gepräge verleihen sollte.

Gewissermaßen ›Salon‹ der Stadt ist die harmonische **Piazza Ducale** (1492–94) von Ambrogio de Curtis nach Entwürfen von Donato Bramante oder Leonardo da Vinci angelegt. Anfänglich war der kieselgepflasterte Platz von Arkaden umschlossen und an seiner Südseite über eine gewaltige Freitreppe mit dem Castello verbunden, als sei er dessen Vorhof. Bischof Juan Caramuel de Lobkowitz ließ die Piazza ab 1680 im Sinne der Gegenreformation umgestalten: Die Durchgänge zur Festung wurden geschlossen und dem **Duomo S. Ambrogio** (tgl. 9–12 und 15.30–18 Uhr) an der Ostseite des Platzes eine prachtvoll geschwungene *Barockfassade* vorgeblendet. Nun bildete die Piazza den Vorhof der Kirche. Das *Innere* des dreischiffigen Doms (1531–1606) schmücken Gemälde lombardischer Künstler. Sehenswert ist ferner die *Pace*, ein reich geschmückter Goldschmiede-Altar eines Benvenuto-Cellini-Schülers im *Museo del Tesoro del Duomo* (Sa 15–18.30, So/Fei 9.30–12.30 und 15–18 Uhr, Di–Sa nach Voranmeldung, Tel. 03 81 69 03 70) am Ende des rechten Kirchenschiffs.

Die Ende des 15. Jh. von Donato Bramante umgestaltete zinnenbekrönte **Torre del Bramante** (Di–So 10–12.30 und 14–17.30 Uhr) macht auf das mächtige **Castello Sforzesco** (Sommer tgl. 9–20, sonst bis 19 Uhr) hinter der Piazza aufmerksam. Es wurde unter Luchino Visconti 1345 als Wehrfestung errichtet und unter Ludovico il Moro zu einer prunkvollen Jagdresidenz ausgebaut. Den Schlosshof umschließen auf drei Seiten gewaltige Pferdeställe (*Scuderie*) für bis zu 1000 Tiere und auf der Südostseite der Falkenhof (*Falconiera*) mit dem *Palazzo Ducale*, dem Wohnpalast des Herzogs. In der angrenzenden *Loggia delle Dame* befanden sich die Gemächer der jagdbegeisterten Beatrice d'Este. Ein 164 m langer und 7 m breiter überdachter Wehr- und Fluchtgang verbindet den Palazzo Ducale mit der *Rocca Vecchia* (14. Jh.), einer älteren Burganlage im Osten der Stadt.

Die einstigen Pferdeställe beherbergen die **Pinacoteca Civica** mit lombardischer und lokaler Malerie des 20. Jh. sowie das **Museo Civico della Calzatura** (Di–Fr 10–13 und 14–18 Uhr, Sa 10–18 Uhr, So/Fei 10–18.30 Uhr) in der nördlichen Altstadt. Schuhe, Schuhe und nochmals Schuhe prägen seit Ende des 19. Jh. das Wirtschaftsleben Vigevanos, auch wenn die meisten der hier entworfenen Schuhe mittlerweile in Taiwan produziert werden. Aber das Museum widmet sich nicht nur italienischen Modellen: Die Exponate reichen von afrikanischen Sandalen über holländische Holzschuhe bis zu Inuit-Stiefeln und japanischen Guetas.

i Praktische Hinweise

Information

IAT-Infopoint, Castello Sforzesco, Vigevano, Tel. 03 81 69 16 36, www.comune.vigevano.pv.it

Dominant überragt der Turm des Castello Sforzesco die lang gestreckte Piazza Ducale in Vigevano, doch seit 1680 besteht von hier kein direkter Zugang mehr zur Festung

Hotel

******Europa Vigevano**, Via Trivulzio 8, Vigevano, Tel. 03 81 90 85 01, Fax 038 18 70 54, www.heuropa.it. Modernes, funktionales Hotel mit großen Zimmern nahe der Altstadt.

Restaurant

I Castagni, Via Ottobiano 8, Vigevano, Tel. 038 14 28 60. Elegantes Lokal mit innovativer Küche am Stadtrand (So Abend/Mo geschl.).

20 Novara

Gorgonzola-Hochburg mit schöner Altstadt.

Novara (103 000 Einw.), die zweitgrößte Stadt des Piemont, kann ihren modernen Charakter nicht verleugnen. Industrie (Metallverarbeitung, Papier, Textilien) und Landwirtschaft (Reis, Weizen, Mais) sowie bedeutende Verkehrswege prägen den Ort und seine Umgebung, die Ebene zwischen den Flüssen Sesia und Ticino. Umso mehr überrascht die schöne *Altstadt* mit den breiten Alleen und reizvollen Palazzi aus Barock und Klassizismus.

Novara, dessen Ursprünge bis in die Römerzeit zurückreichen, wurde Anfang des 12. Jh. freie *Stadtrepublik*. Aus dieser Zeit stammt der aus verschiedenen Regierungsgebäuden bestehende **Broletto** an der Piazza della Repubblica. Als Ratssaal der Stadtrepublik diente bis Anfang des 14. Jh. der *Palazzo del Comune* (1208–10) mit einer offenen Rundbogenhalle im Erdgeschoss und einem von vier Triforienfenstern gegliederten Obergeschoss. An seiner rechten Seite erhebt sich der *Palazzo dei Paratici* (13.–15. Jh.), in dem die Handwerksgilden tagten und dessen Fassade im 18. Jh. mit einer eleganten Loggia aufgelockert wurde. Terrakottagerahmte Spitzbogenfenster und Fresken zieren den *Palazzo del Podestà* (14./15. Jh.), der ab 1311 Amtssitz der Mailänder Statthalter war. Heute beherbergt der Broletto das *Museo Civico* sowie die *Galleria d'Arte Moderna* (beide bis 2011 wg. Renovierung geschl.).

Ganz in klassizistischem Gewand zeigt sich der säulengeschmückte **Duomo S. Maria** (tgl. 8–12 und 15–18 Uhr), der nach einem Entwurf von *Alessandro Antonelli*

1863–69 errichtet wurde. An den romanischen Vorgängerbau erinnern noch der wuchtige Campanile, der Kreuzgang und das an die Sakristei angeschlossene *Oratorio San Siro* mit schönen romanischen Fresken zum Leben des hl. Siro, Bischof von Pavia. Sehenswert sind im *Chor* des Doms die gut erhaltenen schwarzweißen *Fußbodenmosaiken* (13. Jh.) mit den Evangelistensymbolen und der Darstellung des Sündenfalls sowie im *rechten Seitenschiff* das Tafelbild ›Mystische Vermählung der hl. Katharina‹ (um 1530) von *Gaudenzio Ferrari*.

Gegenüber vom Dom erhebt sich das achteckige **Battistero** aus dem 5. Jh (im 10. Jh. erneuert). Es birgt einen der bedeutendsten vorromanischen Bilderzyklen im Piemont mit Szenen aus der Apokalypse.

Den Stempel des Dombaumeisters Antonelli trägt auch die dem Stadtpatron geweihte Kirche **San Gaudenzio** (tgl. 8–12 und 15–18 Uhr). Die einschiffige Basilika wurde bereits 1577–1659 nach den Plänen *Pellegrino Tibaldis* erbaut und von Benedetto Alfieri mit einem barocken *Campanile* (1763–96) versehen. Antonelli setzte ihr dann 1844–88 eine 121 m hohe *Vierungskuppel* auf, eine Folge übereinander gestellter Säulenzylinder, heute Wahrzeichen der Stadt.

Der markante Vierungsturm von San Gaudenzio gilt als Wahrzeichen von Novara

Gastronomisches Wahrzeichen von Novara ist der grünschimmlige **Gorgonzola**, eine gute Einkaufsadresse für den Weichkäse ist das Geschäft *Moroni* (Via degli Avogadro 1b, zwischen Duomo und San Gaudenzio), das auch ausgezeichnete Wurstwaren anbietet.

i Praktische Hinweise

Information

ATL, Baluardo Quintino Sella 40, Novara, Tel. 03 21 39 40 59, Fax 03 21 63 10 63, www.turismonovara.it

Restaurants

I Due Ladroni, Corso Cavalotti 15, Novara, Tel. 03 21 62 45 81. Bodenständige Küche wie die typische *Panissa* (Reiseintopf), *Risotto al Gorgonzola* oder, nur im Winter, Eselsbraten, *Stufato d'asino* (Sa Mittag und So geschl.).

Tantris, Corso Risorgimento 384, Novara, Tel. 03 21 65 73 43. Fantasievolle Schlemmergerichte und beste Käseauswahl mitten im Reisanbaugebiet (So Abend und Mo geschl.).

21 Vercelli

Hauptstadt des Reisanbaus.

Scheinbar endlose Reisfelder prägen das flache Land zwischen Novara und dem 23 km entfernten Vercelli (45 000 Einw.). Das Städtchen am rechten Ufer des Sesia ist der Hauptort der **Lomellina** und Zentrum des Reishandels.

Die Siedlung wurde von keltischen Galliern 900 v. Chr. gegründet und war in römischer Zeit ein wichtiger *Stützpunkt* auf dem Weg zu den Westalpenpässen. Im 4. Jh. gründete der hl. Eusebius hier das erste Bistum des Piemont. Seine Blütezeit erlebte Vercelli aber im 13. Jh. als freie *Stadtrepublik* des Lombardischen Städtebundes. Damals wurde die erste piemontesische *Universität* eingerichtet. Durch die Parteienkämpfe zwischen Guelfen und Ghibellinen wurde Vercelli 1355 in die Arme der *Visconti* getrieben. Mitte des 15. Jh. fiel es jedoch an die *Savoyer* und war fortan Vorposten gegen Mailand. Ende des 14. Jh. kamen die ersten Reispflänzchen nach Vercelli, seit dem

Asiatisch-italienischer Brückenschlag – überschwemmte Reisfelder bei Vercelli

Riso in riesigen Mengen

Im Frühjahr prägt ein faszinierendes Bild die südwestlich zwischen Ticino und Po gelegene **Lomellina** und die Gegend nördlich um Vercelli und Novara. Kanäle von 9000 km Länge verteilen das Wasser der Flüsse Dora Baltea, Sesia, Ticino und Po auf die riesigen **Reisfelder**, die durch schmale mit Pappeln bestandene Erdwälle voneinander getrennt sind. Mit über 120 000 ha Anbaufläche ist das Piemont der größte Produzent Italiens. Wenn die Saat Ende April/Anfang Mai aufgegangen ist, bilden die Pflanzen einen smaragdgrün schimmernden Teppich, der die ganze Ebene zu bedecken scheint. Ab Mitte August werden die Felder trockengelegt und im Frühherbst (meist Mitte September) fahren dann riesige Mähdrescher die goldgelbe Ernte ein.

Der erste Reis kam im **14. Jh.** von China über Spanien oder Sizilien nach Norditalien, wo Mönche die unwirtlichen **Sümpfe** um Pavia und Vercelli in Kulturland verwandelten. Die Reispflänzchen erwiesen sich als besonders geeignet für die meist mageren Böden. Dank der Flüsse war reichlich Wasser vorhanden und im Laufe der Jahrhunderte wurden immer ausgeklügeltere **Bewässerungssysteme** entwickelt, die immer größere Erträge ermöglichten. Bevor die Technisierung Anfang der 1960er-Jahre ihre Triumphe feierte, wurden die Felder meist von Saisonarbeiterinnen bestellt, die bis zu 10 Stunden am Tag als ›Mondine‹ (Jäterinnen) im kniehohen Wasser säten, Unkraut jäteten und Reis ernteten. De Santis' Film **Riso amaro** (›Bitterer Reis‹, 1949) setzte ihnen ein Denkmal und machte die Schauspielerin Silvana Mangano zu einer Ikone der Filmgeschichte.

Heute werden allein um **Vercelli** jedes Jahr 480 000 t Rohreis produziert, im ganzen Piemont sind es 680 000 t. Jeder Italiener verbraucht im Durchschnitt 5 kg Reis im Jahr, aber im Piemont oder der Lombardei, Heimat des **Risotto alla milanese** und anderer köstlicher Reisgerichte, liegt der Verbrauch schon eher bei 10 kg pro Kopf. Zwei gute Adressen für den Kauf von Reis sind:

Principato di Lucedio, Lucedio (ca. 20 km südwestlich von Vercelli), Tel. 016 18 15 19, www.principatodilucedio.it

Tenuta Malfatta, Cascina Malfatta 15, Ronsecco (ca. 15 km südwestlich von Vercelli), Tel. 01 61 81 91 30, Fax 01 61 81 93 62, www.lamalfatta.it

19. Jh. begann dann sein Aufstieg zur **Reishauptstadt** Europas.

Idealer Ausgangspunkt für eine Stadtbesichtigung ist die *Piazza Bicheri* mit der Kirche **S. Andrea** (tgl. 7.30–12 und 15–18 Uhr) gegenüber dem Hauptbahnhof nördlich vom Zentrum. Die Basilika (1219–27) vollzieht auf harmonische Weise den Übergang von der Romanik zur Gotik: Während die von zwei Türmen flankierte *Fassade* mit großer Rosette und drei tiefen Portalen noch ganz der Romanik verhaftet ist, verweist der lichtdurchflutete dreischiffige *Innenraum* mit dem von Bündelpfeilern getragenen Kreuzrippengewölbe bereits auf die Gotik. Typisch

Kirchenkuppeln in Europa. Aber das *Museo della Sindone* (Via San Domenico 28, tgl. 9–12 und 15–19 Uhr, www.sindone.it) dokumentiert die Geschichte und die wissenschaftlichen Untersuchungen des Leichentuchs. Eine **Reproduktion** der Reliquie befindet sich in der Sakristei der Kirche San Lorenzo, 2010 wird das Original das nächste Mal zu sehen sein.

Von den römischen Ursprüngen der Stadt zeugen nördlich des Duomo die Ruinen des **Teatro Romano** 5 und die imposanten Baureste eines turmbewehrten Stadttors, der **Porta Palatina** 6. Beide stammen aus dem 1. Jh. Wenige Schritte weiter öffnet sich die **Piazza della Repubblica** 7. An der Nordseite, der *Porta Palazzo*, wo einst ein römisches Tor stand, findet ein großer, bunter Lebensmittel- und Kleidermarkt (Mo–Fr 8–14 und Sa 8–17 Uhr) statt. Jeden zweiten Sonntag im Monat lädt an derselben Stelle seit 1856 der *Gran Balôn* (So 8–18 Uhr) genannte Antiquitäten- und Trödelmarkt zum ausgiebigen Stöbern ein. Gute Shoppingmöglichkeiten bieten die Via Roma, Via Po, Via Garibaldi sowie die Piazza Carlo Felice, Piazza San Carlo und Piazza Vittorio Emanuele.

Südliche Altstadt

Südlich der Piazza Castello steht der **Palazzo Carignano** 8 (1679–84), ein weiteres stilprägendes Barockmeisterwerk von *Guarini* mit geschwungener Backsteinfassade und elliptischer Innentreppe. Im Palast wurde am 14. März 1820 *Vittorio Emanuele II.*, der spätere Monarch Italiens, geboren. Der einstige *Festsaal* avancierte 1848 zum Sitz des ersten ›Parlamento Subalpino‹, nach der Einigung 1861 war er Tagungsort des italienischen Parlaments. Der neue, 1871 fertig gestellte *Parlamentssaal* erfüllte nie seine Funktion, da Hauptstadt und Parlament 1865 nach Florenz und 1871 nach Rom verlegt worden waren. Heute sind die Säle Teil des **Museo Nazionale del Risorgimento Italiano** (wegen Restaurierung geschl., Tel. 0115621147), das mit vielen Originaldokumenten die wichtige Rolle des Piemont im *Risorgimento* und in der *Resistenza*, der italienischen Widerstandsbewegung im Zweiten Weltkrieg, illustriert.

Im legendären **Ristorante del Cambio** 9 gleich gegenüber ließ sich Mitte des 19. Jh. *Graf Camillo Benso di Cavour*, der erste Ministerpräsident Italiens, umgeben von vergoldeten Spiegeln und funkelnden Lüstern, mit piemontesischen Leckereien verwöhnen. Und seither hat sich an der gediegenen Atmosphäre nichts verändert.

Die berühmtesten Museen der Stadt befinden sich nur wenige Schritte weiter im ebenfalls von Guarini entworfenen **Palazzo dell'Accademia delle Scienze** 10. Mit über 30 000 Exponaten besitzt das **Museo Egizio** (www.museoegizio.org, Mai–Sept. 9.30–20.30 Uhr, Okt.–April Di–So 8.30–19.30 Uhr) eine der größten ägyptischen Sammlungen

TOP TIPP

An zwei stramm stehende Gardesoldaten erinnern die Zwillingskirchen San Carlo und S. Cristina beidseits der Mündung der Via Roma in die Piazza San Carlo

der Welt. Neben Pharaonenstatuen (z.B. Ramses II.), Mumien und Sarkophagen mit Grabbeigaben, wieder aufgebauten Tempeln und nachgebildeten Grabkammern findet man auch Gegenstände des Alltagsleben und wertvolle Papyri. In den oberen Stockwerken des Palazzo zeigt die 1865 aus der Gemäldesammlung der Savoyer hervorgegangene **Galleria Sabauda** (Di/Fr–So 8.30–14, Mi/Do 14–19.30 Uhr) bedeutende Werke der italienischen und europäischen Malerei des 14.–18. Jh., darunter außerordentlich viele flämische und holländische Gemälde.

Jenseits des Palazzo öffnet sich die grandiose **Piazza San Carlo** ⓫ (1642–50), ein Werk des Hofarchitekten Carlo di Castellamonte. Sie wird geprägt von einheitlichen, auf Arkaden ruhenden Barockfassaden, selbst die Zwillingskirchen *San Carlo* und *S. Cristina* an der Südseite beiderseits der Via Roma fügen sich in diese Ordnung ein. Blickfang ist das historistische Reiterstandbild *Caval d'Brôns* (1838) von Carlo Marocchetti mit dem säbelrasselnden Herzog Emanuele Filiberto I., dem Sieger der Schlacht bei St-Quentin (1557) gegen die Franzosen. Für die Turiner ist der Platz Treffpunkt und Promenade, hierher kommt man um Kaffee zu trinken oder am frühen Abend den Aperitivo in einem der traditionellen Kaffeehäuser wie dem *San Carlo* (Nr. 156) oder dem *Torino* (Nr.204) zu genießen.

Südlich der Piazza San Carlo lädt die untere **Via Roma** ⓬ zum Shopping ein. Sie bildet zusammen mit der fußgängerfreundlichen *Via Garibaldi* und der *Via Po* (beide münden in die Piazza Castello) die Einkaufsmeile von Turin. Exzellente Wein- und Delikatessläden findet man in der Via Barbaroux, die ebenfalls von der Piazza Castello abgeht, und in der parallel zur Via Roma verlaufenden Via Lagrange.

Einen Abstecher nach Südwesten in die Nähe des Largo Vittorio Emanuele verdient die **Galleria d'Arte Moderna e Contemporanea (GAM)** ⓭ (Via Magenta 31, Di–So 10–18 Uhr, www.gamtorino.it), deren große Gemälde- und Skulpturensammlung vor allem der italienischen Kunst des 19./20. Jh. gewidmet ist. Neben einer umfassenden Werkschau des emilianischen Landschaftsmalers *Antonio Fontanesi* (1818–1882) werden die wichtigsten italienischen Kunstströmungen der Moderne vorgestellt, vom Futurismus (Giacomo Balla, Umberto Boccioni) über die metaphysische Malerei (Carlo Carrà, Giorgio De Chirico) bis hin zur abstrakten Malerei eines Lucio Fontana oder der Arte Povera eines Mario Merz.

Östliche Altstadt und Ufer des Po

An der Piazza Castello beginnt die arkadengeschmückte Prachtstraße **Via Po** ⓮, die von den Savoyern im 17. Jh. angelegt wurde. In einer östlichen Seitenstraße ragt das gigantische Wahrzeichen der Stadt auf, die **Mole Antonelliana** ⓯. Ihr Abbild schmückt die Rückseite der italienischen 2-Cent-Münze. 1861 beauftragte die israelitische Gemeinde von Turin *Alessandro Antonelli* mit dem Neubau einer kuppelgeschmückten *Synagoge*. Entgegen den ursprünglichen Plänen ging der Architekt dazu über, die Mole (= großer Bau) immer höher zu bauen. Schließlich gab die verzweifelte und finanziell erschöpfte Gemeinde das Gebäude 1877 an die Stadt ab, die es fortführen und ein Jahr später einweihen ließ. Mit 167,5 m ist die Mole das höchste in Mauerwerk ausgeführte Bauwerk Europas. Ein Aufzug fährt bis zum zweigeschossigen *Tempietto* hinauf, von dessen Aussichtsgalerie sich ein wunderschöner Panoramablick über Turin bietet.

Auf vier Etagen der Mole huldigt man heute den Helden der Leinwand. In dem meistbesuchten Museum der Stadt, dem faszinierenden **Museo Nazionale del Cinema** (Via Montebello, 20, Di–Fr/So 9–20, Sa 9–23 Uhr, www.museonazionaledelcinema.it), lässt sich anhand ausgewählter Filme eine Reise durch die Kinogeschichte mit Schwerpunkt Italien unternehmen. Daneben sind Schattentheater, alte Kameras, Tausende von Fotografien und Filmplakaten ausgestellt.

Am Ende der Via Po öffnet sich die **Piazza Vittorio Veneto** ⓰ mit ihren umlaufenden Arkadengängen, von der man einen besonders schönen Blick auf die Colline von Turin genießt. Ein zusätzlicher Blickfang, jenseits der von Napoleon in Auftrag gegebenen Brücke *Ponte Vittorio Emanuele*, ist die im klassizistischen Stil errichtete Kirche **Gran Madre di Dio** ⓱ (1827–31). Sie wurde nach Ende der napoleonischen Besatzung anlässlich der Rückkehr der Savoyer gebaut und ist eine Kopie des Pariser Pantheon. Wer den kurzen Weg auf den benachbarten 284 m hohen **Monte dei Cappuccini** ⓲ nicht scheut, wird mit einem unvergleichlichen Blick über die Stadt belohnt.

Wieder an der Piazza Vittorio Veneto führt unmittelbar vor der Brücke rechts ein Weg hinunter zu den autofreien **Mu-**

Cafés und edle Geschäfte beleben die Arkaden entland der Via Roma

razzi 19, den um 1830 errichteten Kaianlagen. Wo einst Gerbereien, Wäschereien und Werkstätten lagen, locken heute trendige Diskotheken und Lokale Nachtschwärmer an (s. u.). Von hier starten auch schöne *Schiffstouren* (ca. 45 min., So 15, 16, 17, 18 Uhr Info-Tel. 0115764733) an Bord der Ausflugsboote ›Valentino‹ oder ›Valentina‹ zum Borgo Medievale.

Die grüne Lunge Turins, der 55 ha große **Parco del Valentino** 20 mit botanischem Garten, erstreckt sich weiter südlich jenseits des *Ponte Umberto*. Maria Christina von Frankreich ließ sich hier im 17. Jh. von Carlo und Amadeo di Castellamonte das Lustschlösschen **Castello del Valentino** 21 erbauen, heute Sitz der Architekturfakultät des Turiner Polytechnikums. Besucherattraktion ist das anlässlich der Nationalausstellung von 1884 geschaffene **Borgo Medievale** 22 (Borgo April–Okt. tgl. 9–20, sonst 9–19 Uhr, Rocca und Museum April–Okt. Di–So 9–19, sonst Di–Sa 9–17, So 9–18 Uhr, www.borgomedievaletorino.it), die Nachbildung eines spätmittelalterlichen Burgdorfes mit den bekanntesten Bauwerken des Piemont und des Valle d'Aosta sowie typischen Werkstätten.

In der FIAT-Stadt Turin darf ein Automobilmuseum nicht fehlen. Nur ein Stück weiter südlich, am Corso d'Unità d'Italia 40, liegt das seit 1932 bestehende **Museo dell'Automobile ›Carlo Biscaretti di Ruffia‹** 23 (Corso Unita d'Italia, Tel. 011677666, www.museoauto.it, bis 2010 geschl.). Mit über 170 Fahrzeugen in- und ausländischer Hersteller dokumentiert es die Geschichte des Automobils vom ersten dampfbetriebenen Bernardi (1896) bis zum Solarauto von 1990. Stars der Ausstellung sind die Rennwagen FIAT 1901 und Itala 1907, der damals die Rallye Peking–Paris gewann (16 000 km in 44 Tagen).

Einen Meilenstein der *Industriearchitektur* ließ der FIAT-Gründer Giovanni Agnelli 1914–22 einige Querstraßen weiter westlich errichten. Den **Lingotto** 24 (Via Nizza 280, Bus 1, 35 ab Stazione Centrale di Porta Nuova, www.lingottofiere.it), die fünfstöckige Autofertigungshalle mit den spiralförmigen Versuchsrampen, krönen die futuristisch anmutende Glaskuppel *La Bolla* und eine Teststrecke auf dem Flachdach. Unter dem Architekten *Renzo Piano* wurde dieser Fabrik-Prototyp ab Mitte der 1980er-Jahre in einen faszinierenden Komplex mit dem Messe- und Kongresszentrum *Lingotto Fiere*, Auditorium und Hotel umgewandelt. Auf der früheren Teststrecke kann man spazieren gehen. Auf dem Dach der Halle hat Renzo Piano 2002 einen exzentrischen Museumsbau errichtet, in dem die *Pinacoteca Giovanni e Marella Agnelli* (www.pinacoteca-agnelli.it, Di–So 10–19 Uhr) Meisterwerke des 18.–20. Jh. u.a. von Tiepolo, Canaletto, Manet, Renoir und Matisse zeigt.

Ausflug

In der *Collina Torinese*, der Hügellandschaft am Ostufer des Po, thront auf dem 670 m

Tradition verpflichtet, jedenfalls in den Kaffeehäusern und Confiserien von Turin

Kaffee und Kultur, Kakao und Nutella

In kaum einer anderen italienischen Stadt ist die **Kaffeehauskultur** so lebendig wie in Turin. In einladenden Räumen, mal im Zuckerbäckerstil, ausstaffiert mit Spiegelwänden, Kristalllüstern und Stuckverzierungen, mal im verspielten italienischen Jugendstil, wird an kleinen Marmortischen zu Espresso oder Latte macchiato frisches Teegebäck gereicht. Und wenn im Winter die neblige Kälte den Turinern mal wieder durch Mark und Bein geht, stärken sie sich mit dem **Bicerin**, einer wunderbaren Mischung aus Schokolade, Kaffee und Milch – im 18. Jh. das flüssige Frühstück der Aristokraten. Als Herzog Emanuele Filiberto den Hof nach Turin verlegte, brachte er aus Chambéry nämlich nicht nur die Sacra Sindone mit, sondern auch den **Kakao** mit. Bereits Ende des 17. Jh. wurden täglich 350 kg Kakao exportiert, dessen Rohstoff aus Mittelamerika kam. Dass Turin noch heute eine **Schokoladen-Hochburg** ist, beweisen die üppigen Auslagen der Confiserien. Die berühmteste Spezialität sind **Gianduiotti**, Nougatpralinen, deren Form dem Hut der Turiner Karnevalsfigur Gianduja nachgebildet sind. Ihren Ursprung verdanken sie einer Notlage. Als während der napoleonischen Kriege die Kakaovorräte zur Neige gingen, streckten die Zuckerbäcker den Kakao mit gemahlenen Haselnüssen aus Alba. In den 1950er-Jahren profanisierte der Piemonteser Pietro Ferrero die Gianduja-Creme zur heute weltberühmten **Nutella**.

Zu den schönsten Kaffeehäusern und besten Confiserien von Turin zählen:

Al Bicerin, Piazza della Consolata 5. Confiserie und Lieblingscafé des ersten Ministerpräsidenten des geeinten Italien, Graf Cavour (Mi geschl.).

Baratti & Milano, Piazza Castello 29. Elegantes Jugendstilambiente halb unter den Arkaden, halb in der schönen Galleria Subalpina mit reichhaltiger Pralinenauswahl (Mo geschl.).

Fiorio, Via Po 8. In dem 1780 eröffneten Haus gibt es neben ausgezeichnetem Caffè auch köstliche Eiscreme wie das Gelato Gianduja oder Bella Rosina, benannt nach der Geliebten von Vittorio Emanuele II. (Mo geschl.).

San Tommaso 10 – Caffè Lavazza, Via San Tommaso 10. Postmodernes Ambiente und Kaffeemischungen aus aller Welt in der ersten 1895 von Kaffeehersteller Lavazza gegründeten Rösterei (So geschl.).

Hafa Caffè, Via S. Agostino 23. Marokkanisches Flair mit niedrigen Tischen und großen Sitzkissen. Neben Espresso werden auch arabischer Gewürzkaffee und Mandelgebäck serviert (Mo Abend geschl.).

Confiserie Stratta, Piazza San Carlo 191 (So geschl.), und **Pfatisch & Peyrano**, Corso Vittorio Emanuele 76 (So Nachmittag/Mo geschl.). Die wichtigsten Adressen für Schokoladenliebhaber.

75 m hoch ist die Kuppelrotunde der barocken Basilica di Superga, die Glöckentürme zu beiden Seiten erreichen je 60 m Höhe

hohen aussichtsreichen Colle di Superga die imposante **Basilica di Superga** (www.basilicadisuperga.com, wg. Renovierung nur So nachmittags geöffnet). Man erreicht sie vom nordöstlichen Vorort Sassi ab Piazza Gustavo Modena über die Strada Comunale Superga oder mit der Zahnradbahn *Tranvia dentiera Sassi Superga*. Als die Stadt während des Spanischen Erbfolgekrieges 1706 von den Franzosen belagert wurde, gelobte König Vittorio Amedeo II. im Fall eines Sieges die Stiftung der Basilika. Deren *Hochaltarbild* zeigt die Schlacht, der die Savoyer ihre Königswürde verdanken. Der überkuppelte Zentralbau (1717–31) mit Säulenvorhalle und Turmflügeln ist das spätbarocke Meisterwerk des Architekten *Filippo Juvarra*. Das *Innere*, mit barocken Fresken und Mosaiken geschmückt, diente ab 1732 als Grablege der Königsfamilie (Führungen durch Kreuzgang und Krypta mit Königsgräbern März–Okt. tgl. 9.30–19 Uhr, Nov.–März Sa/So/Fei 9.30–18 Uhr).

Praktische Hinweise

Information

Turismo Torino, Call-Center, Tel. 011 53 51 81, Fax 011 53 00 70, www.turismotorino.org

Infopoints

Piazza Castello/Via Garibaldi, Turin Stazione Centrale di Porta Nuova, Turin Flughafen Torino-Caselle

Torino Card

Mit dem Erwerb der Torino Card (2 Tage/18 €, 3 Tage/21 €, 5 Tage/31 €, 7 Tage/35 €) bei Turismo Torino können kostenlos über 150 Museen und Sehenswürdigkeiten besucht, alle öffentlichen Verkehrsmittel außer der U-Bahn, der TurismoBus, der Lift auf die Mole Antonelliana, die Zahnradbahn auf die Superga sowie Boote auf dem Po benutzt werden.

Flughafen

Aeroporto Torino-Caselle, ca. 16 km von Turin, Tel. 011 5676 3 61/2, www.turin-airport.com. Busverbindungen von 5.15 (ab Hauptbahnhof) bzw. 6.30 Uhr (ab Flughafen) bis 22.30 bzw. 23.30 Uhr. Zugverbindungen alle 30 Min. von 5.13 (ab Hauptbahnhof) bzw. 6.49 (ab Flughafen) bis 19.43 bzw. 21.19 Uhr.

Einkaufen

Robe di Kappa, Piazza San Carlo 205, Turin. Direktverkauf sportlicher Mode zu stark herabgesetzten Preisen.

Nachtleben

The Beach, Murazzi Arcate 18–22, Turin. Treffpunkt der Turiner *movida*. Besonders beliebt bei Studenten und 30jährigen (So–Mi geschl.).

Hotels

******Le Meridien Lingotto**, Via Nizza 262, Turin, Tel. 01 16 64 20 00, Fax 01 16 64 20 01, www.starwoodhotels.com. Avantgardistisches Lingotto-Hotel nach Entwürfen von Renzo Piano mit Fitnesscenter und ausgezeichnettem Restaurant. Helle Zimmer mit breiten Fensterfronten.

******Turin Palace**, Via Sacchi 8, Turin, Tel. 01 15 62 55 11, Fax 01 15 61 71 91, www.thi.it. Traditionsreiches Haus mit historischem Ambiente und individuell eingerichteten Zimmern.

******Victoria**, Via Nino Costa 4, Turin, Tel. 01 15 61 19 09, Fax 01 15 61 18 06, www.hotelvictoria-torino.com. Charmantes Hotel in ruhiger Lage mit liebevoll ausgestatteten Zimmern, allem Komfort und ausgiebigem Frühstück.

*****Piemontese**, Via Berthollet 21, Turin, Tel. 01 16 69 81 01, Fax 01 16 69 05 71, www.hotelpiemontese.it. Ruhiges Hotel in gediegenem Jugendstilambiente nahe Hauptbahnhof und Parco Valentino.

Ostello della Gioventù, Via Alby 1, Turin, Tel. 01 16 60 29 39, Fax 01 16 60 44 45. Modernes Haus mit 76 Betten am rechten Ufer des Po, 2 km vom Hauptbahnhof. Fahrradverleih.

Restaurants

Dai Saletta, Via Belfiore 37, Turin, Tel. 01 16 68 78 67. Eines der ersten Slow-Food-Lokale Italiens. Die Familie Saletta serviert hier beste piemontesische Küche (So geschl.)

Sotto la Mole, Via Montebello 9, Turin, Tel. 01 18 17 93 98. Lokal mit bodenständiger Küche und Tischen im Freien direkt beim Filmmuseum (Juni–Sept. So, sonst Mo geschl.).

Trattoria Valenza, Via Borgo Dora 39, Turin, Tel. 01 15 21 39 14. Stimmungsvolles Lokal an der Porta Palazzo. Empfehlenswert sind die Spezialitäten des sangesfreudigen Wirtes: Paprikaschoten mit *Bagna caôda* oder *Vitello tonnato* (So/Mo geschl.).

Tre Galli, Via Sant'Agostino 25 b, Turin, Tel. 01 15 21 60 27. Originelle Vineria mit guter Küche und jungem Publikum (So mittag geschl.).

Tre Galline, Via Bellezia 37, Turin, Tel. 01 14 36 65 53. Das alteingesessene Lokal lockt mit köstlichen Klassikern der piemontesischen Küche (So und Mo Mittag geschl.).

23 Stupinigi und Rivoli

Die wunderbaren Jagd- und Lustschlösser der Savoyer rund um Turin.

Die Savoyer ließen nicht nur Turin prächtig ausbauen, sondern errichteten auch rund um die Stadt Lust- und Jagdschlösser. Kaum hatten sie die sardinische Königswürde erlangt, gewann der Ausbau noch einmal an Schwung. Mittels langer Alleen und strategisch platzierter, streng symmetrischer Bauten wurde die Landschaft in die Stadtplanung einbezogen, in deren Zentrum der Palazzo Reale stand. Die Savoyer Königsresidenzen sind seit 1997 UNESCO-Weltkulturerbe.

La Venaria Reale

Nordwestlich von Turin lockt **La Venaria Reale** (Tel. 01 15 22 10 35, www.lavenariareale.it, Di/Mi/Do 9–16.30, Fr 9–20, Sa 9–22, So 9–19 Uhr, Gärten Di–So 9 Uhr bis Sonnenuntergang. Von Turin, Porta Nuova oder Porta Susa, per Express-Bus, Tel. 01 14 99 33 81). Der riesige Palast- und Landschaftskomplex besteht aus dem in Gärten gebetteten Schloss Reggia, dem Parco La Mandria mit den Appartamenti Reali und dem Borgo Antico, der heute die Altstadt des Ortes Venaria Reale bildet. Amedeo di Castellamonte konzipierte diesen Borgo Antico (1667–90) um die ovale arkadengesäumte Piazza dell'Annunziata. Von ihr aus führt die Via Mensa nordwärts zum **Königsschloss Reggia**. 1659 hatte Carlo Emanuele II. den Palastneubau im Nordwesten Turins in Auftrag gegeben. Herzstück der ausgedehnten, 1675 vollendeten Anlage ist die majestätische Sala di Diana, ein mit Stuck, Fresken und Gemälden reich dekorierter Festsaal. Im Schloss begleitet eine Ausstellung den Aufstieg der Savoyer zum italienischen Königshaus. Die anspruchsvollen Multimedia-Installationen des britischen Regisseurs Peter Greenaway (*1942) spielen gekonnt mit Architektur und Besuchern.

Für seinen fürstlichen Auftraggeber Vittorio Amedeo II. entwarf Architekt Filippo Juvarra in der ersten Hälfte des 18. Jh. das ausladende Barockschloss Stupinigi

Palazzina di Caccia di Stupinigi

Als funkelnder Edelstein in diesem ›Kranz der Wonnen‹, wie Amedeo di Castellamonte die Schlösser rund um Turin nannte, präsentiert sich 10 km südlich der Stadt die 1729–33 errichtete **Palazzina di Caccia di Stupinigi** (bis 2011 wegen Restaurierung geschl., Tel. 01 13 58 12 20). Mit dem Bau dieses als *Jagdschlösschen* titulierten riesigen Palastes betraute Vittorio Amedeo II. den Architekten *Filippo Juvarra*. Im Mittelpunkt der fantasievoll inszenierten Barockanlage steht der ovale *Zentralbau*, auf dessen Kuppel ein Bronzehirsch posiert. Die wahre Bühne bildet der monumentale überkuppelte *Festsaal* im Inneren, wo sich einst die höfische Gesellschaft umgeben von illusionistischen Malereien in Szene setzte. Der weitläufige Ehrenhof sowie die vier in x-Form arrangierten Seitenflügel und Nebengebäude bilden gewissermaßen die Kulisse. Die prachtvoll ausgestatteten Gemächer der Seitentrakte präsentieren sich im beschwingten Rokokostil und beherbergen heute das **Museo d'Arte e Ammobiliamento** mit Kunstwerken und Möbeln aus einigen Residenzen der Savoyer.

Castello di Rivoli

TOP TIPP Ein ehrgeizigeres Projekt hatte Juvarra zuvor mit dem **Castello di Rivoli** 16 km westlich von Turin verfolgt, das in dominierender Position am Eingang des *Valle di Susa* steht (Shuttle-Bus Di–So von Turin, U-Bahnstation Fermi 9, 10.30, 11.30, 14.25 und 16 Uhr, Rückfahrt 11, 12, 13.30, 15.30 und 17.15 Uhr, Info-Tel. 01 19 56 52 80). Die Mitte des 13. Jh. errichtete Burg wurde Anfang des 17. Jh. unter Carlo Emanuele I. (1562–1630) von Carlo di Castellamonte zu einer Residenz mit vier Ecktürmen erweitert. Dazu gehörte auch ein 140 m langes und 7 m breites Gebäude, *Manica Lunga* (›Langer Ärmel‹) genannt, das die Kunstsammlungen des Herrschers aufnehmen sollte. Ab 1715 wurde Juvarra beauftragt, die Anlage zu einem ›piemontesischen Versailles‹ auszubauen. Doch als sie zu einem Drittel fertig gestellt war, versiegten die Geldquellen und der Bau musste 1734 eingestellt werden. Ende der 1970er-Jahre wurde das Castello restauriert, wobei man bewusst den unfertigen Charakter der Bauten beibehielt: Treppen laufen ins Leere und Wände ragen halbfertig in den Himmel. In den teilweise original stuck- und freskenverzierten Räumen zeigt heute das **Museo d'Arte Contemporanea** (Di–Do 10–17, Fr–So 10–21 Uhr, www.castellodirivoli.it) Gemälde und Installationen von den 1960er-Jahren bis zur Gegenwart, darunter Werke von Mario Merz, Michelangelo Pistoletto, Sol Lewitt und Emilio Vedova. Ferner finden Wechselausstellungen statt.

24 Valle di Susa

Hochgebirgstal nahe Turin mit mächtigen Klosteranlagen und endlosen Skipisten.

Das Valle di Susa, das sich westlich von Turin bis an die französische Grenze zieht, bildet seit jeher einen wichtigen Zugang zu den Westalpenpässen Monginevro und Moncenisio. Als erster Alpentunnel wurde 1871 die 13,6 km lange Galleria del Fréjus eingeweiht.

Bereits unter den Römern entwickelte sich der keltische Ort **Susa**, das ›Tor Italiens‹, am Ende des Susa-Tales zur mächtigen Grenzfestung. Von seiner Bedeutung zeugen noch heute zahlreiche römische Bauten wie der elegante *Triumphbogen* für Kaiser Augustus, Reste eines Aquädukts sowie Ruinen der *Terme Graziane* und eines Amphitheaters.

Im Mittelalter verlief durch das Susa-Tal die *Via Francigena*, über die Pilger, Soldaten und Händler von Frankreich in die Poebene und weiter nach Rom gelangten. Große religiöse Zentren entlang dieser Straße boten den Reisenden Unterkunft und Verpflegung. Zwei der damals bedeutendsten liegen am Taleingang nahe Turin. Man erreicht sie am besten von Rivoli aus über Buttigliera Alta bzw. Avigliana, während man die viel befahrene Autobahn A 32 und Staatsstraße 25 eher meiden sollte. Die **Abbazia S. Antonio Ranverso** (Mi–So 9–12.30 und 15–17.30 Uhr) mit Hospiz wurde 1188 als Anlaufstelle für Pilger und zur Pflege von Kranken gegründet, die an der Gürtelrose, dem so genannten *Feuer des hl. Antonius* litten. Ursprünglich im romanischen Stil errichtet, wurde die **Kirche** im 14./15. Jh. dem gotischen Zeitgeschmack angepasst, die schöne *Backsteinfassade* mit Spitzgiebeln und Fialen geschmückt und die vieleckige Apsis mit reichem Terrakottaschmuck verziert. Nicht immer das rechte Augenmaß bewies der Architekt beim Bau des dreischiffigen gotischen *Innenraums*, der einen leicht asymmetrischen Grundriss aufweist. Die Wände überzog der savoyardische Hofmaler *Giacomo Jaquerio* mit faszinierenden *Fresken* (um 1430), die den höfischen Weichen Stil der Gotik mit dem Realismus burgundischer Renaissancekunst verbinden. Besonders eindrucksvoll wirken die Wandmalereien in der Sakristei, etwa die expressive Darstellung der ›Kreuztragung Christi‹.

Auf schöner Strecke, vorbei an zwei Moränenseen gelangt man wenige Kilometer weiter östlich zur weithin sichtbaren zyklopischen Klosteranlage

TOP TIPP **Sacra San Michele** (Mitte März–Mitte Okt. Di–Sa 9.30–12.30 und 14.30–18, So 9.30–12 und 14.30–18.30, Juli–Sept. auch Mo 9.30–12.30 und 14.30–18 Uhr, Mitte Okt.–Mitte März Di–So 9.30–12 und 14.30–17 Uhr, www.sacradisanmichele.com) hoch über dem Susa-Tal. Ihre himmelwärts strebenden Mauern krönen den Gipfel des wildromantischen *Monte Pirchiriano* (962 m). Einer *Legende* zufolge wurde der Grundstein der Kirche von dem Eremiten *Giovanni Vincenzo* gelegt, der sich Ende des 10. Jh. auf den gegenüberliegenden Berg Capriasio zurückgezogen hatte, um ein Bethaus zu errichten. Doch alle Steine, die er während des Tages mühsam zusammengetragen hatte, verschwanden nachts auf mysteriöse Weise. Schließlich entdeckte er, dass Engelscharen unter der Führung des *hl. michael* das Baumaterial auf den Monte Pirchiriano gebracht hatten, wo sie den Mönch anwiesen eine Kirche zu bauen. Wenige Jahre später stiftete der Auvergner Graf Hugues de Montboisser an dieser Stelle das *Benediktinerkloster*.

Hoch über den bewaldeten Hügeln des Piemont thront Sacra San Michele

Seine Blütezeit erlebte das Stift mit seinen zahlreichen Besitzungen im 13. Jh. 1622 wurde es vorübergehend aufgegeben, seit 1836 leben hier Mönche aus dem Rosminianer Orden.

Noch heute erliegt man der Faszination der als ›Engelsburg‹ titulierten **Klosterkirche**. Vom Eingang zu Füßen ihrer Ostflanke führt eine in den Fels geschlagene Freitreppe hinauf zum romanisch-gotischen Gotteshaus. Der Aufstieg wird auch *Scalone dei Morti* (Treppe der Toten) genannt wegen der zahlreichen Mönchsgräber an beiden Seiten. Links sieht man gleich am Anfang einen 18 m hohen Pfeiler, der das Kirchenfundament von unten stützt. Da die Baufläche auf dem Berggipfel zu klein war, schuf man einen gigantischen Unterbau aus Pfeilern und Stützmauern, sodass das Gotteshaus quasi in der Luft zu schweben scheint. Das romanische Portal, die *Porta dello Zodiaco* (Tor des Tierkreises, um 1120) am Ende der steilen Treppe besticht durch seine feinen Steinmetzarbeiten, u.a. mit Darstellungen der Tierkreiszeichen. Sie werden Meister Nicolò zugeschrieben, der auch an den Domen von Modena und Ferrara tätig war. Den dreischiffigen kreuzgewölbten *Innenraum* betritt man durch ein spätromanisches Tor, von dessen rechter Seite ein steinerner Mönchskopf herabblickt. Das Apsisfenster rahmen Prophetenfiguren und ein Relief mit der ›Verkündigung‹ (Ende des 13. Jh.). Beachtung verdient der so genannte *Alte Chor* an der Westseite, vermutlich ein Vorgängerbau, wo sich ein Triptychon (um 1520) des Renaissancemalers Defendete Ferrari und ein Fresko (1505) mit der ›Grablegung Christi‹ und dem ›Tod Mariens‹ erhalten hat. Von der *Terrasse* vor der Kirche bietet sich ein grandioser Blick auf Susa-Tal, Turiner Becken und Poebene.

Via Lattea

Am westlichen Ende des Valle di Susa liegen die traditionellen **Wintersportgebiete** der Turiner. Die Region zwischen Sauze d'Oulx und Beaulard, Cesana und Claviere, San Sicario und Sestriere, die auch unter dem Namen Via Lattea (Milchstraße) firmiert, gilt als eines der größten Skigebiete Europas. Der Austragungsort der XX. Olympischen Winterspiele 2006 sorgt mit 400 km Skipisten, 92 Liften und Bergbahnen und 900 Schneekanonen für unbegrenztes Wintersportvergnügen. Zu den attraktiven Orten zählt *San Sicario* mit seiner autofreien

Schneesicher – das Wintersportzentrum Sestriere liegt in mehr als 2000 m Höhe

Altstadt. Kein Postkartenmotiv hingegen liefert *Sestriere*, dessen charakteristische runde Hoteltürme wie der ca. 50 m hohen Torre Rossa vielen als Inbegriff der Alpen-Vergewaltigung gelten. Der Ort wurde von der Agnelli-Dynastie, den Begründern des FIAT-Imperiums, in den 1920er-Jahren aus dem Boden gestampft, kann aber mit einer guten Infrastruktur aufwarten.

i Praktische Hinweise

Information

ATL della Valle di Susa, Viale Giolitti 7/9, Pinerolo, Tel. 01 21 79 40 03, Fax 01 21 79 49 32, www.montagnedoc.it

Hotel

******Chalet Il Capricorno**, Les Clotes, Sauze d'Oulx, Tel. 01 22 85 02 73, Fax 01 22 85 00 55, www.chaletilcapricorno.it. Unterkunft mit dem Charme einer Berghütte und dem Komfort eines Hotels.

Restaurants

Il Sentiero dei Franchi, Borgata Cresto 16, S. Antonino di Susa, Tel. 01 19 63 17 47. Typisch piemontesische Küche wie *Polenta concia* (mit Butter oder Käse) und Rehbraten, Capriolo (Di geschl.).

La Burnia, Via Drubriaglio 18, Avigliana/ Drubriaglio, Tel. 01 19 34 20 45. Traditionelle Osteria mit frischen Pastagerichten und deftigen Piemonteser Nachspeisen (Mo abend geschl.)

Monferrato und Langhe – hochkarätige Weine und weiße Trüffeln

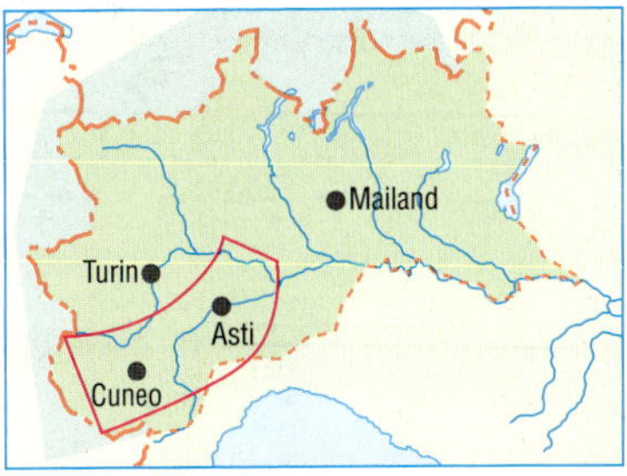

Auf und ab ziehen sich die kurvigen Sträßchen durch das Hügelmeer des Monferrato und der Langhe zwischen **Casale Monferrato** und den südlichen Seealpen. Auf beinahe jeder Kuppe scharen sich Häuser eines mittelalterlichen Dorfes um meist barocke Kirchen und turmbewehrte Burgen. Vor allem an den Herbstwochenenden zieht es viele Turiner in diese harmonische Landschaft, wegen der bäuerlich-raffinierten Küche und der guten Weine. Hier im Herzen des Piemont, um **Alba** und **Asti**, ist die Heimat berühmter *Rotweine* wie Barolo, Barbera und Barbaresco, aber auch der herb duftenden weißen *Trüffeln*, die so manchen Genießer in Verzückung versetzen. Einen künstlerischen Höhepunkt vor der prächtigen Kulisse des Monviso-Massivs bietet die mittelalterliche Oberstadt von **Saluzzo** mit der maßwerkgeschmückten Kirche S. Giovanni und dem Renaissancepalais Casa Cavassa. Die herrlichen Fresken im nahen **Castello di Manta** erzählen Geschichten von der höfischen Ritterkultur der Region.

25 Casale Monferrato

Schöne Residenzstadt mit bedeutendem Dom.

Am Ufer des Po 68 km östlich von Turin liegt Casale Monferrato (36 000 Einw.). Der Ort bildet das Tor zur hügeligen Weinbauregion des **Monferrato**, das im Norden von diesem mächtigsten Strom Italiens begrenzt wird und sich im Süden bis zum Apennin erstreckt. Die hübsche Altstadt und der Antiquitätenmarkt machen Casale zu einem beliebten Ausflugsziel.

Geschichte Die bereits seit der römischen Kaiserzeit bestehende Siedlung war ab 967 Teil der Markgrafschaft Monferrato, die der deutsche Kaiser Otto I. dem Aleramo, Begründer der *Aleramiker*, als Lehen übergab. Ihre Blütezeit erlebte sie unter der aus Konstantinopel stammenden kunstsinnigen Dynastie der *Paläologen*, die nach dem Aussterben der Aleramiker den Markgrafentitel erbten. Anfang des 15. Jh. erhoben sie Casale zu ihrer Residenz. Mit dem Erlöschen dieser Erbfolge ging das Monferrato Mitte des 16. Jh. an die *Gonzaga* von Mantua über, die Casale gegen die Territorialgelüste der Savoyer zur Festung ausbauten. Nach dem Spanischen Erbfolgekrieg fiel es 1713 schließlich an die *Savoyer* und verlor damit seine Rolle als Hauptstadt des Monferrato. Ende des 19. Jh. avancierte Casale dann zur ›Hauptstadt des Zements‹. Heute bestimmt neben der Landwirtschaft vor allem die Produktion von Kühlschränken und Druckmaschinen die Ökonomie von Casale.

◁ **Oben:** *Zwischen Vezzolano und Asti liegt traditionsreiches Weinland*
Unten: *Seit dem Mittelalter wird in Asti Ende September der Palio ausgetragen, ein farbenfrohes Reiterspektakel*

Besichtigung Das von vier Ecktürmen gerahmte **Castello** (nur zu Ausstellungen geöffnet) im Westen der Stadt unweit des Po bietet die malerische Kulisse für den jedes zweite Wochenende im Monat stattfindenden Antiquitätenmarkt im Jugendstilbau des *Mercato Pavia* an der Südseite der Piazza Castello. Anschließend geht es nach Osten über die Via Saffi und die reizvolle Piazza Mazzini zum bedeutendsten Bau der Stadt. Der fünfschiffige romanisch-gotische **Duomo S. Evasio** (www.cattedralecasale.org, Sommer Mo–Sa 15–19, So 9–13, Winter Mo–Sa 8–12 und 14.30–18.30, So 9–13 und 15–19

Uhr) aus dem 11./12. Jh. präsentiert sich mit einer von zwei Türmen flankierten *Giebelfassade* und einer monumentalen, von einem Kreuzgewölbe überspannten *Vorhalle*. Blickfang des *Inneren* ist das wunderschöne, mit Silberblech beschlagene *Kruzifix* aus der Frühromanik. Sehenswert sind auch im Chorumgang die Reste des *Mosaikbodens* (um 1150) mit biblischen und weltlichen Szenen.

Einige Querstraßen weiter nördlich erhebt sich die spätgotische Kirche **San Domenico** mit schönem *Kreuzgang*. Guglielmo VIII. stiftete sie 1472, um mit göttlichem Beistand einen Nachkommen in die Welt zu setzen. Diese Hoffnung erfüllte sich aber erst bei seinem Bruder, dessen Sohn die Kirche schließlich um 1500 fertig bauen ließ. Im Tympanon des *Renaissanceportals* ließen sich die drei männlichen Protagonisten dankbar verewigen. Noch ganz dem Raumeindruck der Spätgotik verhaftet ist der *Innenraum* mit seinen hohen Bündelpfeilern und dem dunkelblauen Rippengewölbe. Der Chor wurde im Barock umgestaltet.

Dem Sternenhimmel ist das Gewölbe im Duomo S. Evasio nachempfunden

Südlich vom Dom verläuft die Prachtstraße **Via Mameli**. Wie die Perlen einer Kette sind hier die prunkvollen Palazzi der Adeligen aufgereiht, die im 18. Jh. dem barocken Erneuerungsfieber in der Hauptstadt Turin nacheiferten. Zu den schönsten Gebäuden gehören der *Palazzo Gozzani di Treville* (Nr. 29, 1710–14) mit hübschem Innenhof, der *Palazzo Gozzani di San Giorgio* (Nr. 10, 1778), heute Rathaus, und am Ende der Straße die *Casa Tornielli*, eines der wenigen noch erhaltenen gotischen Häuser. Weiter westlich jenseits der Via Roma steht die für die große jüdische Gemeinde der Stadt 1595 errichtete und im 19. Jh. erneuerte **Synagoge** (Vicolo Salomone Olper 44, Tel. 0142 71 80 7, www.casalebraico.org, So 10–12 und 15–17 Uhr) mit reichen Stuck- und Golddekorationen im Inneren und einem Museum auf der Frauenempore.

Lohnend ist auch der Besuch der *Pasticceria Portinaro* in der Via Lanza 16 nördlich der Piazza Mazzini, denn hier erfand Domenico Rossi 1878 die **Krumiri**, ein Süßgebäck, dessen gebogene Form eine Hommage an den Schnurrbart von König Vittorio Emanuele II. darstellte.

i Praktische Hinweise

Information

IAT, Piazza Castello 29, Casale Monferrato, Tel. 01 42 44 43 30, Fax 01 42 44 43 30, www.monferrato.org

Hotels

******Candiani**, Via Candiani d'Olivola 36, Casale Monferrato, Tel. 01 42 41 87 28, Fax 01 42 41 87 22, www.hotelcandiani.com. Elegantes Hotel mit Jugendstilambiente. Helle Zimmer mit kunstvollen Stilmöbeln aus den hiesigen Manufakturen.

*****Principe**, Via Cavour 55, Casale Monferrato, Tel. 01 42 45 20 19, Fax 0142 71 174, www.principehotel.net. Zentral gelegenes Hotel in historischem Palazzo mit zweckmäßig eingerichteten Zimmern

Restaurants

Hostaria il Galletto, Via XX. Settembre 117, Casale Monferrato, Tel. 01 42 43 51 59. Geboten werden gute Weine der Region und bodenständige Küche mit klassischen Gerichten wie *Carne cruda monferrina* (Tartar) oder Eselschmorbarten, *Stufato d'asino* (So abend und Mo geschl.).

La Torre, Via Garoglio Diregο 3, Casale Monferrato, Tel. 0142 70 29 5. Das elegante

Lokal am Hügel serviert fantasievoll interpretierte piemontesische Gerichte, wie Risotto mit Salat und Toma-Käse aus Murazzano (Di/Mi mittag geschl.).

26 Acqui Terme

Heiße Wasser und moussierende Weine.

Im südlichen Monferrato, im Tal des Bormida, liegt das heitere Kurstädtchen Acqui Terme (20 000 Einw.). Schon die alten Römer suchten in den bromsalzhaltigen Schwefelquellen von *Aquae Statiellae* ihre Zipperlein wie Rheuma oder Gicht zu heilen. Jenseits des Flusses erinnern noch vier Pfeilerarkaden an den *Aquädukt*, mit dem sie einst frisches Quellwasser aus den Bergen heranführten, um es mit dem heißen Thermalwasser zu mischen. Im 19. Jh. erlebte das Kuren eine Renaissance und auch wenn sich die Thermen mittlerweile in Schönheitsfarmen und Wellness-Center verwandelten, hat die Stadt doch ihren Charme bewahrt.

Sehenswert sind der romanische, später mehrfach umgebaute **Duomo S. Maria Assunta** mit seinem apsidengeschmückten Chorbau und der weiträumigen säulengestützten Krypta. Die römische Vergangenheit von Acqui Terme dokumentiert das *Museo Civico Archeologico* im mittelalterlichen **Castello dei Paleologi** (Mi–Sa 9.30–12.30 und 15.30–18.30, So 15.30–18.30 Uhr) auf dem benachbarten Hügel. Wahrzeichen der Stadt ist das römisch inspirierte Brunnenhaus **La Bollente** (1870) an der nahen Via Saracco, um das sich die Kurgäste scharen. Empfohlen sei die bis zu 75 °C heiße Quelle besonders bei Atemwegserkrankungen. Noch größerer Beliebtheit erfreut sich der Brachetto d'Acqui, ein moussierender rubinroter Dessertwein, der rund um Acqui angebaut wird.

Praktische Hinweise

Information

IAT, Piazza Levi 12, Acqui Terme, Tel. 01 44 32 21 42, Fax 01 44 32 90 54, www.comuneacqui.com

Restaurant

Antica Osteria da Bigât, Via Mazzini 30/32, Acqui Terme, Tel. 01 44 32 42 83. Traditionelles Lokal mit Spezialitäten wie Kichererbsen-Farinata und geschmorter Stockfisch, *Stoccafisso all'Acquese* (Di Abend und Mi geschl.).

Im Brunnenhaus La Bollente sprudelt das warme Heilwasser von Acqui Terme

27 Asti

Spumante und mitreißende Pferderennen.

Eingebettet in das weite Tal des Tànaro-Flusses liegt die *Provinzhauptstadt* Asti (73 000 Einw.) mit ihrer reizvollen Altstadt im Herzen der Rebhänge, zugleich ein Zentrum der **Weinproduktion**. Der Name ist weltberühmt und steht für die spritzigen, meist süßen Schaumweine. Neben den *Spumanti*, die jung getrunken werden sollten, gibt es auch sehr qualitätsvolle nach der Champagnermethode, *Metodo classico*, vergorene Schaumweine. Berühmt ist die Gegend außerdem für ihren gewichtigen Rotwein *Barbera*.

Ein Aufenthalt in Asti lohnt sich besonders ab dem zweiten Freitag im September, wenn auf der Weinmesse *Douja d'Or* die besten italienischen Weine prämiert und auf der Piazza Alfieri kulinarische Spezialitäten der Region präsentiert werden. Höhepunkt der Messe ist der TOP TIPP **Palio**, ein mitreißendes traditionelles Reiterfest. Bereits seit 1275 treten die 14 Stadtteile von Asti bei einem waghalsigen Wettrennen auf ungesattelten Pferden gegeneinander an.

Geschichte An der Stelle einer galloligurischen Siedlung entstand 89 v. Chr. die römische Kolonie *Hasta*, die an der *Via Fulvia* auf dem Weg zu wichtigen Alpenpässen lag. In der Folge war der Ort sowohl langobardisches Herzogtum (589) als auch fränkische Gemarkung (774) und wurde im 10./11. Jh. von Bischöfen beherrscht. Ab 1095 war Asti eine der mächtigsten *Stadtrepubliken* Norditaliens und setzte sich erfolgreich gegen die Markgrafen des Monferrato und gegen Kaiser Friedrich I. Barbarossa zur Wehr. Mit den einsetzenden Familienfehden zwischen Guelfen und Ghibellinen Ende des 13. Jh. begann jedoch eine Phase des Niedergangs, die Asti schließlich in die Arme der mailändischen *Visconti* trieb. 1387 wurde die Stadt Mitgift von Valentina Visconti, die den Bruder des französischen Königs, Herzog Louis d'Orleans, heiratete. 1575 fiel Asti endgültig an die *Savoyer*. Heute ist es ein lebhaftes Handelszentrum für landwirtschaftliche Produkte, allen voran Wein und Trüffeln.

Beim Palio von Asti spielen nicht nur die Fahnen der Stadtviertel, sondern auch fantasievolle Kostüme eine große Rolle

Besichtigung Der große **Campo del Palio** unweit des Bahnhofs ist Bühne für das alljährliche Pferderennen [s. o.], außerdem wird dort jeden Mittwoch und Samstag Morgen *Markt* abgehalten. Auftakt für einen Stadtrundgang ist die benachbarte arkadengesäumte **Piazza Alfieri**, die nach dem in Asti geborenen Dramatiker *Vittorio Alfieri* (1749–1803) benannt ist. Über eine Seitenstraße nach links gelangt man zur hübschen *Piazza San Secondo*. Die Kirche **San Secondo** (Mo–Sa 10.45–12 und 15.30–17.30, So 15.30–17.30 Uhr) wurde an der Martyriumsstätte des hl. Secondo, des Schutzheiligen von Asti, errichtet. An ihre romanischen Ursprünge erinnert allerdings lediglich der *Campanile* (11. Jh.). Im 14./15. Jh. wurde über dem Vorgängerbau eine gotische Stufenhalle errichtet und dieser eine dreiportalige *Fassade* nach dem Vorbild der hiesigen Cattedrale [s. u.] vorgeblendet. Der barockisierte *Innenraum* mit einer sehenswerten romanischen Hallenkrypta bewahrt die Fahnen des Palio, die alljährlich von Künstlern gestaltet werden.

Lebensader der Stadt ist der von prächtigen Patrizier-Palazzi gesäumte **Corso Alfieri** mit seinen malerischen Seitengassen. Beachtenswert sind der **Palazzo Mazzetti** (Nr. 357) mit der *Pinacoteca Civica* (wegen Restaurierung geschl.), einer Sammlung mit Werken piemontesischer Meister aus dem 15.–19. Jh., sowie der **Palazzo Alfieri** (Nr. 375, wegen Restaurierung geschl.) mit seinem kulissenhaft schönen Innenhof. Zu den eindrucksvollsten der einst über 120 Geschlechtertürme der Stadt gehören die *Torre Comentina* (13. Jh.) an der Piazza Roma und am Ende des Corso die sechzehneckige *Torre Rossa di San Secondo*, deren Unterbau einst Teil eines römischen Stadttores war. Eine geheimnisvolle Aura umgibt die Krypta **S. Anastasio** (Nr. 367, April–Okt. Di–So 10–13 und 16–19 Uhr, sonst Di–So 10–13 und 15–18 Uhr) aus dem 8.–12. Jh. mit ihren expressiven spätromanischen Figurenkapitellen. Sie wurde 1907 entdeckt, als man die darüber liegende Barockkirche abriss.

1764–69 wurde der an sich streng gotische Innenraum der Cattedrale SS. Maria Assunta e Gottardo über und über mit Fresken im Rokokostil bemalt

Geht man vom Corso durch eine der schmalen Gassen nach rechts, erreicht man die gotische **Cattedrale SS. Maria Assunta e Gottardo** (tgl. 8.30–12 und 15–17.30 Uhr). Der imposante Backsteinbau (1309–54) empfängt seine Besucher mit einer von drei Stufenportalen und Fensterrosen gegliederten *Westfassade*. Eigentlicher Blickfang ist allerdings die Südseite mit ihren rot-weißen Fensterrahmungen und der reich dekorierten *Vorhalle*. Hohe Bündelpfeiler gliedern den lichtdurchfluteten dreischiffigen *Innenraum*. Im Kontrast zu dem gotischen Raumgefüge stehen die Rokoko-Fresken mit ihren Scheinarchitekturen und ihrem Figurenüberschwang. Für die *Astigiani* heißt die Kirche wegen ihrer mit stilisiertem Weinlaub bemalten Pfeiler schlicht *La Vigna*, der Weinberg.

Einen Besuch verdient auch die **Rotonda di San Pietro** (Di–Fr 9–13 und 15–17, Sa 10–13 und 15–18 Uhr) am östlichen Ende des Corso Vittorio Alfieri. Die mit Fresken des Barocks geschmückte Kuppel des achteckigen Baptisteriums (12. Jh.) stützen mächtige Rundpfeiler aus wechselnden Tuff- und Ziegelsteinen.

i Praktische Hinweise

Information

IAT, Piazza Alfieri 29, Asti, Tel. 01 41 53 03 57, Fax 01 41 53 82 00, www.astiturismo.it

Hotels

******Locanda del Sant'Ufficio**, Cioccaro di Penango (20 km nördl. von Asti), Tel. 01 41 91 62 92, Fax 01 41 91 60 68, www.thi.it. Früheres Kloster in den Weinbergen des Monferrato mit Pool, Tennisplatz und Restaurant.

*****Reale**, Piazza Alfieri 6, Asti, Tel. 01 41 53 02 40, Fax 014 13 43 57, www.hotelristorantereale.it. Traditionsreiches Hotel (seit 1783) mit geschmackvollen, weitläufigen Zimmern in zentraler Lage am Campo del Palio.

Restaurants

Piola & Crota, Via Cesare Battisti 14, Asti, Tel. 01 41 59 20 59. Stimmungsvolles Restaurant mit Enoteca. Gutes Preis-Leistungs-Verhältnis (Mo geschl.).

Gener Neuv, Lungotanaro Pescatori 4, Asti, Tel. 01 41 55 72 70. Nobellokal am Tanaro mit einer der besten Küchen des Piemont. Spezialitäten sind *Agnolotti alla Piemontese*, *Risotto* mit Aal in Moscato oder *Robiola* aus Roccaverano mit Gänseleber und als krönender Abschluss Haselnusskrokant (So Abend/Mo geschl.).

Das sanft gewellte Hügelland des Monferrato ist Heimat von Barbera und Asti Spumante

Da Aldo di Castiglione, Via Giobert 8, Asti, Tel. 01 41 35 49 05. Piemontesische Schmankerl aus Omas Küche. Nichts für Kalorienverächter (Do geschl.).

28 Langhe

Alba – Grinzane Cavour – Barolo – La Morra

Gourmetparadiese, Weinhochburgen und fantastische Ausblicke.

Gezackte, waldreiche Hügelketten und tiefe, von Gebirgsbächen durchzogene Täler prägen die stille Landschaft der Langhe, die sich, gerahmt von den Flüssen Tanaro und Bormida di Spigno, bis zu den Seealpen im Süden erstreckt. Scheinbar endlos ziehen sich Rebenreihen und Haselnusswälder bis zum Horizont. Befestigte Weiler und Sarazenentürme zeugen davon, dass sich die Bewohner der Langhe im 10. Jh. immer wieder gegen Raubzüge von Piraten schützen mussten. Zu kulinarischen Ausflügen locken ländlichen Restaurants mit solider, aber verfeinerter Küche.

Als Feinschmeckerdorado schlechthin gilt **Alba** (30 000 Einw.), die größte Stadt der Langhe. Seit 1929 strömen jedes Jahr im Oktober Gourmets aus aller Welt hierher zur wichtigsten Trüffelmesse Italiens, der *Fiera Internazionale del Tartufo*, (www.fieradeltartufo.org) auf der die knolligen Schätze begutachtet und verkauft werden. Gleichzeitig findet auch der TOP TIPP **Palio degli Asini** statt, eine höchst vergnügliche Karikatur des Palio von Asti, bei dem bockige Esel statt Pferde um die Wette rennen. Berühmtheit genießt Alba aber auch wegen seiner Schokoladen- und Haselnussspezialitäten, vor den Toren der Stadt hat die Firma *Ferrero* ihren Sitz.

Zentrum der Altstadt ist die **Piazza Risorgimento**, wo seit 1171 jeden Samstag ein bunter *Markt* stattfindet. Mit üppigen Auslagen locken auch an den anderen Tagen die Delikatessläden und Cafés rings um den Platz. Zu den schönsten gehört das *Antico Caffè Calissano* (Tel. 0173 44 21 01) im Vicolo dell'Arco rechts vom Duomo, wo man sich unter Stuckfriesen und alten Spiegeln zum Aperitivo trifft.

Die Straßenkulisse prägen vor allem die zahlreichen *Geschlechtertürme*, die an die glanzvollen Zeiten der mittelalterlichen Stadtrepublik erinnern, als man Alba die ›Stadt der 100 Türme‹ nannte.

An der *Piazza Duomo* erheben sich die wichtigsten Gebäude: der **Palazzo Comunale** (Rathaus) mit einem Gemälde des heimischen Malers Macrino d'Alba und der romanisch-gotische, später mehrfach erneuerte **Duomo San Lorenzo** (Sa–Do 8–12 und 15–18.30, Fr 15–18.30 Uhr), der ein wunderschönes Chorgestühl (1512) mit Stadtveduten und ländlich-bäuerlichen Szenen birgt. Sehenswert ist auch weiter südlich die aus Backstein errichtete Bettelordenkirche **San Domenico**, deren gotischer Innenraum am Ende des linken Seitenschiffs Freskenreste aus dem 16. Jh. bewahrt. Die stimmungsvolle Stufenhalle dient heute als Bühne für Theateraufführungen und Konzerte.

Südlich von Alba erstreckt sich das *Weinland des Barolo* [s. S. 129]. Der erste Halt gebührt dem Ort **Grinzane Cavour**, in dem sich Graf Camillo Benso di Cavour, politischer Kopf der Einigung Italiens, 1832–49 als Bürgermeister seine ersten Sporen verdiente. Das mächtige *Castello Cavour* (Via Castello 5, Tel. 0173262159, www.castellogrinzane.it, April–Okt. Mi–Mo 9.30–19 Uhr, Nov.–März Mi–Mo 9.30–18 Uhr) beherbergt heute ein Museum zur Bauernkultur und die *Enoteca Regionale Piemontese* mit Restaurant, wo man die erstklassigen piemontesischen DOC- und DOCG-Weine verkosten kann.

Wenige Kilometer weiter südlich liegt inmitten von Weinbergen das Dorf **Barolo**, das vom imposanten *Castello* (www.baroloworld.it, bis Herbst 2009 geschl.) der Bankiers- und Händlerfamilie Falletti beherrscht wird, die hier 1325–1864 wohnte. Die französische Gattin des letz-

Ob Schauspieler oder Kirchenmann, mit einem Borsalino sind alle gut behütet

Filz, Stroh und Geschmeide

Humphrey Bogart bestand darauf: nur aus reinstem Biberpelz. Giacomo Puccini besaß den Jahreszeiten entsprechend gleich zwei: für den Winter den aus dickem Filz, für den Sommer einen Panama aus Stroh. Und natürlich kamen all diese Hüte aus **Alessandria** (30 km östlich von Asti). Anfang des 20. Jh. galt der Ort im Piemont als die ›Hauptstadt der Hüte‹. Zu Weltruhm verhalf ihr **Giuseppe Borsalino**, der 1857 mit der Produktion von Filzhüten aus Kaninchen-, Hasen- und Biberhaar begann. Bereits um 1900 erreichte er eine Jahresproduktion von 1 Mio. Hüten und bis zur Weltwirtschaftskrise von 1929 war sie gar auf 2 Mio. angestiegen. Das einstige Fabrikgebäude in der Via Cavour 84 beherbergt heute das **Museo del Cappello** (Sa/So 16–19 Uhr). In deckenhohen Schauvitrinen liegen an die 5000 Exemplare: von den Mafiosi-Hüten der 1920er-Jahre über die klassischen ›Melonen‹ bis hin zu karmesinroten Kardinalshüten. Der Borsalino wird auch heute noch in seinem Stammbetrieb am Corso di Cento Cannoni 21 von Alessandria hergestellt, rund 200 000 Stück pro Jahr. Wer sich für die neueste Kollektion interessiert, kann sie im historischen Borsalino-Geschäft am Corso Roma 20 begutachten.

Auf einen ganz anderen Wirtschaftszweig trifft man in **Valenza** (20 000 Einw.), 14 km nordwestlich von Alessandria. Fort Knox könnte nicht besser gesichert sein, über den Hauseingängen hängen Überwachungskameras und die Türen sind gepanzert. Valenza ist eines der wichtigsten italienischen Zentren der **Gold- und Edelsteinverarbeitung**. Über 700 Goldschmiedewerkstätten und an die 1330 Ateliers mit 7300 Beschäftigten verarbeiten jährlich über 50 t Gold und fast 80 % der nach Italien importierten Juwelen. Zu ihren Auftraggebern gehören Bulgari, Cartier und Damiani. Aus Valenza kamen das Diadem, das Fürst Rainier von Monaco Grace Kelly zur Hochzeit schenkte, und die Krone der persischen Farah Diba.

Beim Palio degli Asini in Alba zählen Spaß und Gelassenheit: Ein Esel ist eben kein Rennpferd

ten Falletti, Juliette Victurinne Colbert de Maulévrier, erkannte das Potenzial der hier heimischen Nebbiolo-Traube und baute um 1830 mithilfe des Önologen *Louis Oudart* den Barolo zum lagerfähigen Rotwein aus. Ab Herbst 2009 wird die Burg mit der *Enoteca Regionale* und dem *Museo del Vino* das Ergebnis ihrer Mühen feiern.

Dass sich in Barolo alles um den Wein dreht bezeugt auch das originelle *Museo dei Cavatappi* (Piazza Castello 4, Tel. 0173 56 05 39, www.museodeicavatappi.it, Fr–Mi 10–13 und 14–18.30 Uhr), das Korkenziehermuseum. Von seiner Erfiindung im 18. Jh. bis zu den mannigfaltigen Designvarianten der Gegenwart verfolgt es

Kenner schätzen den Barolo als charaktervollen, gleichwohl trockenen Rotwein

die Geschichte dieses unersetzlichen Werkzeugs.

Einen fantastischen Blick über das gesamte Barolo-Gebiet genießt man vom hoch gelegenen Festungsstädtchen **La Morra**, dem ›Belvedere der Langhe‹, mit seinen malerischen Gassen 7 km nordwestlich vom Dorf Barolo.

i Praktische Hinweise

Information

ATL Ente Turismo Alba, Bra, Langhe, Roero, Piazza Risorgimento 2, Alba, Tel. 0173 35 58 33, Fax 0173 36 38 78, www.langheroero.it

Hotels

*****Savona**, Via Roma 1, Alba, Tel. 0173 44 04 40, Fax 0173 36 43 12, www.hotelsavona.com. Zentral gelegenes Haus, vom ›Erfinder‹ der Trüffelmesse Giacomo Morra gegründet, mit freundlichen Zimmern und modernen Bädern.

TOP TIPP **Villa La Meridiana**, Ortsteil Altavilla 9, Alba, Tel./Fax 0173 44 01 12, www.villalameridianaalba.it. Entspannung pur verspricht dieser kleine Agriturismo mit neun Zimmern, Pool und herrlichem Blick über die Hügel. Fahrräder stehen zur Verfügung.

Restaurants

Enoclub, Piazza Savona 4, Alba, Tel. 0173 33 39 94. Stimmungsvolles Lokal in einem einstigen Weinkeller. Seine Stärken sind frische Pasta und Barolo-Schmorbraten (So Abend, Mo geschl.).

TOP TIPP **Osteria dell'Arco**, Piazza Savona 5, Alba, Tel. 01 73 36 39 74. *Tajarin*, hausgemachte Bandnudeln, mit Wurstragout werden ebenso geboten wie Entenkeule in Rotwein und beste Weine aus den Langhe (So und Mo geschl.).

Osteria La Cantinella, Via Acqua Gelata 4a, Barolo, Tel. 01 73 56 2 67. Allein schon die *Antipasti* sind einen Besuch wert (Mo Abend und Di geschl.).

29 Saluzzo

Attraktive Altstadt mit französischem Flair und Bergpanorama.

Am schönsten präsentiert sich Saluzzo (16 000 Einw.) bei der Anfahrt von Osten aus der Richtung Savigliano. Mittelalterliches Flair bietet die schöne Oberstadt an den Ausläufern des pyramidenförmigen Monviso-Massivs (3841 m), deren von Torbögen überwölbte Gassen sich bis zum Castello hinaufwinden. Berühmt ist Saluzzo wegen seiner Restauratoren- und Kunstschreinerwerkstätten, die *Stilmöbel* nach piemontesischen Vorbildern des 17./18. Jh. fertigen. Ihre Produkte kann man im Mai auf der *Mostra dell'Antiquariato* und im September auf der *Mostra del Mobile Artistico* bewundern – und kaufen.

Geschichte Vom 13. bis 16. Jh. war die Stadt Sitz der Markgrafen von Saluzzo, ihr Einflussgebiet reichte von den Alpen bis zum Po und im Osten bis an den Stura-Fluss. Ende des 14. Jh. banden sie sich aus Geldmangel an die Grafen der französischen *Dauphiné*, eine fruchtbare Verbindung, die sich auch in Kunst und Kultur niederschlug. Seine kulturelle Blütezeit erlebte Saluzzo im 15. Jh. unter den Markgrafen *Ludovico I.* (1416–1475) und *Ludovico II.* (1475–1504). An ihrem Hof verkehrten Künstler und Intellektuelle, eine Chirurgenschule wurde gegründet, Kirchen und Palazzi entstanden. Im Jahr 1588 eroberten die *Savoyer* Saluzzo, das daraufhin in einen Dornröschenschlaf fiel. So blieb die historische Bausubstanz der Oberstadt weitgehend erhalten, zumal sich der barocke Erneuerungseifer der Savoyer im 18. Jh. auf die Unterstadt beschränkte.

Besichtigung Das wichtigste Bauwerk der **Unterstadt** ist an der zentralen Piazza

Die Königin von Alba ist eine Knolle

Auskennen muss er sich und er braucht natürlich ein gewisses Maß an Glück. Und so macht sich der **Trifolao**, der Trüffelsucher, zwischen Oktober und Dezember bei Tagesanbruch, wenn die Feuchtigkeit den Duft der **Trüffeln** unterstreicht, auf die Suche nach der begehrten Delikatesse. Einziger Begleiter ist sein treuer Hund, der mit seiner feinen Nase die weißen Knollen unter Eichen, Weiden, Pappeln oder Nussbäumen noch in Tiefen bis zu 80 cm aufstöbern kann.

Aber Trüffel, **Tartufo**, ist natürlich nicht gleich Trüffel. Weiße und schwarze Trüffeln, die Herbst- und Winterernte, trennen Geschmacks- und Preiswelten. Während die schwarzen Trüffeln, wesentlich weiter verbreitet und zudem seit einigen Jahren gezüchtet, noch bezahlbar sind, erzielen die seltenen und nur in der Natur vorkommenden weißen **Alba-Trüffel** (Tuber Magnatum Pico) leicht Preise bis zu 1500 € pro Kilo. Die kostbare weiße Knolle aus dem Piemont, Königin unter den **Edelpilzen**, ist besonders intensiv im Aroma und liegt im Gewicht zwischen 30 und 100 g. Sie sollte nicht gewaschen, nur gebürstet und ungekocht verwendet werden. In der Küche adelt sie Risotti, Pastagerichte und Fleischspeisen.

Glacéhandschuhe sind gerade gut genug für die raren weißen Trüffeln von Alba

Häuser und Geschlechtertürme von Saluzzo gehen zum Teil bis auf das Mittelalter zurück, was dem schmucken Städtchen den Beinamen ›Florenz des Piemont‹ einbrachte

Risorgimento die **Cattedrale S. Maria Assunta** (tgl. 8.30–11.30 und 15.30–19 Uhr). Die Backsteinkirche, eine Stiftung von Ludovico II. und Gattin, wurde 1491–1501 als eine der letzten gotischen Kirchen des Piemont erbaut. Eindrucksvoll ist das weiträumige dreischiffige *Innere*, dessen breiter Chorumgang sich an gotischen Kathedralen Frankreichs orientiert. Im Mittelpunkt steht der barocke mit Marmorskulpturen geschmückte *Hochaltar*. Das einstige Altarbild, ein qualitätvolles Polyptychon (um 1495) des Flamen *Hans Clemer*, heute in der Sakramentskapelle links vom Hauptaltar, zeigt die Stadtpatrone SS. Chiaffredo und Costanzo mit den Kirchenstiftern.

Durch die *Porta Maria* betritt man die mittelalterliche **Oberstadt** mit dunklen Torbögen über der Via Volta, deshalb auch *Via Porti Scür*, Straße der dunklen Tore, genannt. Hier findet Mittwoch- und Samstagvormittag ein malerischer Bauernmarkt statt. An der kleinen Piazza Mondaglia steht die *Casa natale di Silvio Pellico*, das Geburtshaus des Patrioten und Dichters (1789–1854). Der weitere Weg zum **Castello** führt zunächst über kieselgepflasterte Gassen und Treppen, geht aber schließlich in die von gotischen Adelspalazzi und markgräflichen Repräsentationsbauten gesäumte Prachtstraße, die *Salita al Castello* über. Das *Castello* mit seinem zylindrischen Torturm diente 1821–1992 als Gefängnis und ist wegen Restaurierung und Umbau zu einem Kulturzentrum geschlossen. In der *Salita al Castello* erhebt sich neben dem erst kürzlich restaurierten *Palazzo del Comune* (1462) die 48 m hohe **Torre Civica** (tgl. März–Sept. Do–So 9.30–12.30 und 14.30–18.30, sonst nur Sa/So) die einen ausgezeichneten Blick auf die umliegende Hügellandschaft und die Alpen bietet. Der benachbarte *Palazzo delle Arti Liberali* (Nr. 28) diente als markgräfliche Schule. Das Unterrichtsprogramm illustrieren die monochromen Fresken mit Personifikationen der ›Sieben freien Künste‹ des Mittelalters – Arithmetik, Geometrie, Astronomie, Dialektik, Musik, Grammatik und Rhetorik – und der Geschichte.

Mit wenigen Schritten gelangt man zur Kirche **San Giovanni** (tgl. 8.30–12 und 14.30–18 Uhr). An dieser Stelle befand sich ursprünglich eine kleine Kapelle, die ab 1320 zu einer dreischiffigen gotischen Stufenhalle, Teil eines Dominikanerklosters, ausgebaut wurde. Unter Ludovico I. und Ludovico II. wurde die Kirche 1472–1507 abermals vergrößert und mit einem neuen *Chor* versehen, der als Grablege der Markgrafen-Dynastie dienen sollte. Als Unterbau für den Chor mussten am Hang mächtige, eine Straße überwölbende Stützbauten errichtet werden. Die Kirche betritt man über eine auf halber Höhe des Baus ansetzende Treppe. Das

Innere, von diesem erhöhten Standpunkt aus betrachtet, fasziniert durch den Raumeindruck und die kostbare Ausstattung. Die Fassaden-Innenwand zeigt Reste eines *Freskenzyklus* (15. Jh.) mit Szenen aus dem Leben Christi. Blickfang ist der von vier hohen Spitzbogenfenstern beleuchtete *Chor* mit filigranem grüngrauem Flamboyantmaßwerk. Die linke Nische bewahrt den mit feinen gotischen Reliefs verzierten *Sarkophag* von Ludovico II. (1508). Das gegenüberliegende Grab seiner Gattin Marguerite de Foix blieb leer, denn als ihr Sohn Giovanni Ludovico nach dem Tod des Vaters von der Erbfolge ausgeschlossen wurde, besetzte er Saluzzo und zwang sie 1528 die Stadt zu verlassen. Vom linken Seitenschiff gelangt man zum romantischen *Kreuzgang* und dem Kapitelsaal mit dem Wandgrab von Galeazzo Cavassa, bis 1483 Generalvikar der Grafschaft.

Dessen Wohnhaus, die **Casa Cavassa** (April–Sept. Di/Mi 11–16, Do–So 10–13 und 14–18 Uhr, Okt.–März Di/Mi 11–15, Do–So 10–13 und 14–17 Uhr, www.casacavassa.it) nur wenige Meter neben der Kirche, gehört zu den schönsten Patrizierpalästen im Piemont. Cavassas Sohn Francesco ließ es ab 1520 im Stil der Renaissance umbauen. Über dem *Marmorportal* mit schönen farbigen Intarsien prangen der Leitspruch der ehrgeizigen Familie ›Droit quoy qu'il soit‹ (Immer geradeaus, was auch geschieht) und das Familienwappen, ein gegen den Strom schwimmender Fisch (piemontesisch *Chavasse*). Doch der Hausherr konnte sich des Palastes nicht lange erfreuen. Als enger Berater der Markgräfin Marguerite fiel er nach deren Vertreibung einem Giftanschlag zum Opfer.

Der großzügige Mäzen Ludovico II. fand in San Giovanni in Saluzzo seine letzte Ruhe

Die *Wandmalereien* im Inneren der Casa stammen aus der Bauzeit, interessant ist z. B. die illusionistische Deckenbemalung im ersten Saal, wo von einer Balustrade Höflinge und Putten herabschauen – ein Zitat aus der Camera degli Sposi im Palazzo Ducale von Mantua [s. S. 51]. Mobiliar und Kunstwerke hat der spätere Besitzer und Kunstsammler Marchese d'Azeglio Ende des 19. Jh. zusammengetragen. Das bedeutendste *Gemälde* ist Hans Clemers ›Madonna della Misericordia‹ (1499), unter deren Schutzmantel die Markgrafenfamilie versammelt ist.

i Praktische Hinweise

Information

IAT, Piazza del Risorgimento 1, Saluzzo, Tel. 0175 46710, Fax 0175 46718, www.comune.saluzzo.cn.it

Hotel

*****Astor**, Piazza Garibaldi 39, Saluzzo, Tel. 0175 455 06, Fax 0175 474 50, www.mtrade.com/astor. Schlichtes, aber komfortables Hotel mit Blick auf den Dom.

Restaurants

La Gargotta del Pellico, Piazzetta dei Mondagli 5, Saluzzo, Tel. 0175 46833. Innovative Küche im Geburtshaus Silvio Pellicos (Di und Mi mittag geschl.).

L'Ostü dij Baloss, Via Gualtieri 38, Saluzzo, Tel. 0175 248618. Klassische Gerichte mit frischen Zutaten variiert, z. B. Brokkoli-Auflauf mit Taleggio-Käsecreme oder Gnocchi mit Porree (So und Mo Mittag geschl.).

30 Abbazia di Staffarda

Stimmungsvolle Zisterzienserabtei.

Auf aussichtsreicher Straße von Saluzzo nach Nordwesten fahrend erreicht man nach 10 km die in idyllischer Einsamkeit

Schönheit in Backstein – über den einstigen Kreuzgang der Abbazia di Staffarda hinweg blickt man auf die Südseite der romanisch-frühgotischen Klosterkirche

liegende Abbazia di Staffarda (Sommer Di–So 8–12.30 und 14–17.45, Winter bis 16.45 Uhr), eine der besterhaltenen Abteien im Piemont. Die romanisch-gotische Klosteranlage wurde 1135–1280 für Zisterziensermönche errichtet, die die umliegenden Sümpfe urbar machten. Innerhalb kurzer Zeit entwickelten sie hier ein blühendes *Landwirtschaftszentrum*, in dem Märkte und Handelsmessen abgehalten wurden.

Der Klosterkomplex umschließt drei hintereinander liegende Höfe. An der Südseite befindet sich der Hof mit der **Foresteria** (Pilgerherberge), bestehend aus einem weiträumigen zweischiffigen Speisesaal und darüber liegendem Schlafsaal. Dahinter öffnet sich der **Hof der Laienbrüder**, die vor allem handwerklichen Tätigkeiten nachgingen, und schließlich der **Mönchshof** mit dem backsteinroten *Kreuzgang*. Von ihm gelangt man zum Kapitelhaus mit dem *Dormitorium* und in das lang gestreckte *Refektorium*, wo die Mönche zum Essen zusammenkamen. Gemäß dem zisterziensischen Ideal bringt die Architektur ihre Funktionalität zur Geltung. Und so ist auch die Abteikirche **S. Maria** von klaren Formen geprägt. Einziges Schmuckelement im *Inneren* ist der Wechsel von roten und weißen Steinen an Pfeilern, Bögen und Rippen. Der monumentale *Flügelaltar* (1531) im Chor ist ein Werk des Ferrari-Schülers *Pascale Oddone*.

Wer nach der Besichtigung der eindrucksvollen Abtei etwas Stärkung braucht, kann sich in der *Klostergaststätte* (Mo geschl.) z.B. an den hausgemachten Maisplätzchen, der *Pasta di Meliga*, laben.

31 Castello della Manta

TOP TIPP *Eindrucksvolles Zeugnis höfischer Ritterkultur des Spätmittelalters.*

Ende des 13. Jh. errichteten die Markgrafen von Saluzzo knapp 6 km südlich ihrer Hauptstadt das **Castello della Manta** (wwww.fondoambiente.it, März–Sept. Di–So 10–18, sonst bis 17 Uhr, Mitte Dez.-Jan. geschl.). Die äußerlich unscheinbare Burg – Anfang des 15. Jh. kam sie als Geschenk Markgraf Tommasos III. an seinen unehelichen Sohn Valerano – liegt heute inmitten einer schönen Parkanlage. Im *Inneren* birgt sie einen wunderbaren spätgotischen **Freskenzyklus**, der Einblick in das höfische Leben und die höfischen Ideale des 15. Jh. gibt. In Erinnerung an seinen Vater ließ Valerano um 1420 den Festsaal im zweiten Obergeschoss, die **Sala Baronale**, ausmalen. Als Vorlage diente der von Tommaso verfasste Versroman ›*Libre du Chevalier Errant*‹ (›Das Buch des fahrenden Ritters‹). Auf seiner abenteuerlichen Suche nach den großen ritterlichen Tugenden kommt der Romanheld schließlich in einen Saal, wo neun tapfere Figuren aus Mythologie und Geschichte die wichtigsten Tugenden höfischen Lebens personifizieren. Der **Zyklus der neun Helden und Heldinnen** von Manta stellt diesen Teil des Buches dar. Er beginnt rechts vom Kamin mit den antiken *Helden* Hektor, Alexander der Große und Julius Cäsar. Darauf folgt die Dreiergruppe mit Josua, David und Judas Makkabäus und schließlich die Triade mit König Artus, Karl dem Großen und Gottfried von Bouillon. Unmittelbar folgen nun die neun antiken *Heldinnen*, unter ihnen die schöne streitbare Semiramis (4. von links) und die Amazonenkönigin Penthesilea (letzte Figur). Die eleganten Protagonisten, in Rüstungen und reiche Gewänder gekleidet, spiegeln die ritterlichen Ideale wider und die prunkvolle Mode, welche zu dieser Zeit am burgundischen Hof herrschten. Der Zyklus stellt gleichzeitig die *Ahnenreihe* der Saluzzer Markgrafen mit ihren Gemahlinnen dar. So trägt Hektor die Züge von Valerano, während Alexander der Große, der mit dem Finger auf diesen zeigt, seinen Vater Tommaso III. verkörpert. Für Penthesilea stand die Gattin Valeranos Modell.

Die gegenüberliegende Wand nimmt ein monumentales Fresko mit dem an damaligen Höfen so beliebten Sujet des **Jungbrunnens** ein. Mit Witz und Sarkasmus zeigt es, wie betagte Kaiser, Kardinäle, Adelige und Leute aus dem Volk zum Brunnen eilen, sich hastig ihrer Kleider entledigen, um ins Verjüngungsbad zu tauchen, aus dem sie dann als schöne junge Damen und Jünglinge emporsteigen, mit nichts anderem im Kopf, als dem anderen Geschlecht nachzustellen. Ebenfalls sehenswert sind die Räume des *ersten Geschosses*, die um 1570 mit Wandmalereien und Stuckdekorationen ausgestattet wurden.

Unterhalb am Berghang liegt ferner die **Burgkapelle** mit einem interessanten Freskenzyklus (um 1430/40) zu Leben und Passion Christi.

32 Cuneo

Provinzhauptstadt mit Alpenblick.

Ganz im Süden des Piemont liegt das geschäftige Cuneo (55 000 Einw.), *Hauptstadt* der gleichnamigen Provinz. Ihren Namen (*Cuneo* = Keil) verdankt sie der Lage auf einem keilförmigen, steil abfallenden Plateau zwischen den Flüssen Stura und Gesso. Von ihr führen wichtige Verbindungsstraßen zur ligurischen Küste und in die französischen Seealpen, daher war Cuneo seit dem Mittelalter eine heiß umkämpfte Festung, wurde häufig zerstört und unterstand immer wieder wechselnden Herrschern. Während des Zweiten Weltkrieges war sie

Äußerst anschaulich schildert ein Wandgemälde im Castello della Manta, welche Auswirkungen ein Bad im Jungbrunnen vermutlich auch auf weise alte Leute hätte

Mit ihren 24 000 m² ist die Piazza Galimberti in Cuneo einer der größten Plätze des gesamten Piemont ▷

schließlich eine Hochburg der *Resistenza* (Partisanenbewegung).

Das Stadtbild prägen heute vor allem Bauten aus dem 18./19. Jh. Mittelpunkt der schachbrettartig angelegten Stadt ist die arkadengesäumte **Piazza Galimberti**. Sie ist mit 24 000 m² einer der größten Plätze des Piemont und markiert den Übergang zwischen dem historischen Zentrum entlang der Via Roma und der klassizistischen Neustadt längs der Via Nizza. Jeden Dienstag und Freitag Vormitag ist *Markt*, dann verwandelt sich die Piazza in ein wogendes Meer aus Schirmen.

Von der schnurgeraden *Via Roma* geht es durch die rechts abzweigenden Seitengassen ins Herz des alten Cuneo. Vor allem rund um die **Via Mondovì** lassen Gebäude mit niedrigen Laubengängen und dunklen Innenhöfen, schmiedeeisernen Balkonen und mächtigen Portalen das Mittelalter wieder lebendig werden. Im ehem. Kloster *San Francesco* in der Via S. Maria 10 dokumentiert das sehenswerte **Museo Civico** (Di/Sa 8.30–13 und 14.30–17.30, Mi–Fr 8.30–13 und 14.30–17, So/Fei 15–19 Uhr) mit einer Sammlung prähistorischer Funde, Schlachtengemälde und Trachten die Stadtgeschichte. Ein Stück weiter steht die von Francesco Gallo erbaute Barockkirche **Santa Croce** (1709–15). Mit der konkaven Fassade und dem längselliptischen Hauptraum, der in einen querelliptischen Chor übergeht, ist sie ein Schmuckstück der Stadt.

Ausflüge

Die reizvolle Umgebung von Cuneo bietet sich für Spazierfahrten an. Wer Barock-

Ebenfalls gewaltig – das Wallfahrtsheiligtum Santuario di Vicoforte östlich von Cueno besitzt eine der größten Barockkuppeln Europas

architektur mit ihrer Vorliebe für bühnenhafte Wirkungen und illusionistische Effekte genießen möchte, sollte über Mondovì nach Osten ins 35 km entfernte *Vicoforte* fahren. Nach den Plänen von Ascanio *Vittozzi* und *Francesco Gallo* entstand in dem kleinen Wallfahrtsort 1596–1733 mit fast 6000 m² Wölbungsfläche einer der größten Kuppelbauten Europas, das **Santuario di Vicoforte** (tgl. 7–12 und 14.30–19 Uhr). Eine Herausforderung war auch die illusionistische *Ausmalung* der elliptischen Kuppel, die der Venezianer Mattia Bortoloni 1748 scheinbar mit Leichtigkeit bewältigte. Statt die ›Himmelfahrt Mariens‹ im Scheitelpunkt anzusetzen, brach er den Himmel effektvoll seitlich der Kuppellaterne auf.

Rund 24 km weiter südlich kann man in der wildromantischen Karstlandschaft des Valle Corsaglia die spektakuläre Tropfsteinhöhle von **Bossea** (Führungen Mo–Sa 10, 11.30, 15, 16.30, So/Fei 10, 11.30, 14.30, 16, 17.30 Uhr, www.grottadibossea.com) besichtigen, die sich etwa 2 km weit in den Berg hinein erstreckt. Hier faszinieren bizarre Gesteinsformationen, Wasserfälle und kleine Seen.

i Praktische Hinweise

Information

ATL, Via Vittorio Amedeo II 8 a, Cuneo, Tel. 0171 69 02 17, Fax 0171 60 27 73, www.cuneoholiday.com

Einkaufen

Pasticceria Arione, Piazza Galimberti 14, Cuneo, www.arione-cuneo.com. In dieser legendären Konditorei locken die seit 1923 patentierten *Cuneesi al rhum*, mit Rum gefüllte Schokoladenkugeln (Mo geschl.).

Hotels

******Principe**, Piazza Galimberti 5, Cuneo, Tel. 0171 69 33 55, Fax 0171 67 562, www.hotel-principe.it. Luxushotel in einem altehrwürdigen Palazzo mit Blick auf die Piazza. Parkplätze stehen am Hotel zur Verfügung.

*****Royal Superga**, Via Pascal 3, Cuneo, Tel. 0171 69 32 23, Fax 0171 69 91 01, www.hotelroyalsuperga.com. Gemütliches Hotel im historischen Zentrum mit freundlich eingerichteten Zimmern.

Restaurants

Osteria della Chiocciola, Via Fossano 1, Cuneo, Tel. 0171 66 62 77. Gut sortierte Enoteca und Restaurant nahe S. Croce mit ausgezeichneten Risotti und hausgemachten dünnen Tagliatelle in Sud, *Tajarin al sugo* (So geschl.).

Corsaglia, Corsaglia 27, Corsaglia, Tel. 0174 34 91 09. Alteingesessenes Familienrestaurant mit traditionell-ländlichen Gerichten. Ein Traum sind die hausgemachte Pasta und die Desserts (Di geschl.).

Valle d'Aosta – Bergdörfer, trutzige Burgen und majestätische Gipfel

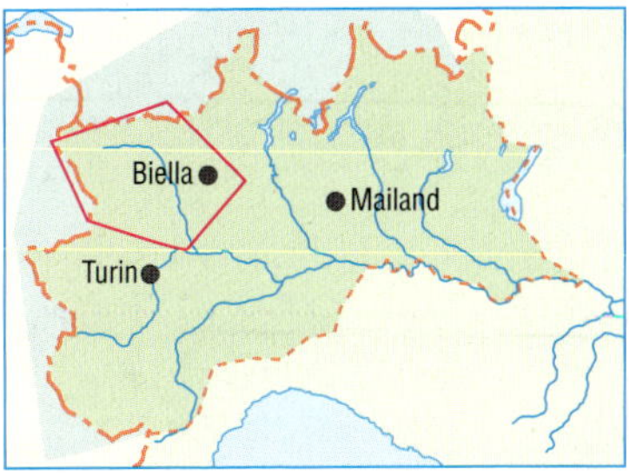

Im Valle d'Aosta schlägt das alpine Herz Italiens. Wie ein Diadem umschließen die höchsten Alpengipfel das vom Fluss Dora Baltea geschaffene Tal: im Westen der Mont Blanc (ital. Monte Bianco, 4807 m), im Norden der Grand Combin (4314 m), das Matterhorn (Cervino, 4478 m) und der Monte Rosa (4634 m) und im Süden der Gran Paradiso (4061 m). Die Gegend ist heute ein Dorado für Skifahrer, Kletterer, Wanderer und Naturfreunde und – im **Parco Nazionale del Gran Paradiso** – auch ein Refugium für Steinböcke, Gämsen und Königsadler. Zu den schönsten Erlebnissen gehört sicherlich die Fahrt mit der *Funivia del Monte Bianco*, der höchsten Seilbahn der Welt, von **Courmayeur** über den Gletscher des Mont Blanc nach Chamonix in Frankreich. Das Valle d'Aosta und seine Seitentäler verbinden Nordwesteuropa mit der Poebene, denn sie führen zu den wichtigen Pässen des *Großen* und *Kleinen St. Bernhard*. Mit einem Netz von Burgen sicherten einst die Adelsfamilien ihr Territorium, mal waren dies reine Zweckbauten wie bei den Festungen von **Bard** und **Verrès**, mal prunkvolle Residenzen wie im Fall von **Issogne** und **Fénis**. Das etwa in der Mitte des Tales an den Zugängen der Passstraßen liegende **Aosta** hatten bereits die Römer zur Grenzfestung ausgebaut, im Mittelalter wurde es dann zum Hauptort der Region.

33 Ivrea

Das piemontesische Tor zum Aostatal: Wo Orangen zu Wurfgeschossen werden.

Mittelalterliche Traditionen und wirtschaftliches *Know-how* prägen das kleine piemontesische Ivrea (24 000 Einw.), Auftakt zu einer Fahrt ins Aostatal. Berühmtheit genießt die Stadt wegen ihres **Karnevals**, der an die Rebellion der Bevölkerung gegen einen der mittelalterlichen Despoten erinnert. Das Spektakel beginnt am Faschingssonntag, wenn die Karren des Tyrannen durch die Stadt ziehen und auf das bewaffnete Fußvolk treffen. TOP TIPP Die *Waffen*, die bei der nun entbrennenden **Battaglia delle Arance** verwendet werden, sind an die 600 t Orangen. Mit ihnen bekämpfen sich die mehr als 3000 Mann starken Truppen bis weit in den Dienstag hinein. Das Fest endet am Mittwoch mit einem großen Polenta- und Kabeljau-Essen im charakteristisch-mittelalterlichen Viertel **Borghetto**.

Moderne ökonomische Maßstäbe setzte in Ivrea das 1908 gegründete Unternehmen *Olivetti*, das 1911 als erstes in Italien Schreibmaschinen produzierte. Nach einem kometenhaften Aufstieg gelang es Olivetti allerdings nicht, mit der Entwicklung des Computers Schritt zu halten und wurde 2003 von der Telecom Italia übernommen.

Die strategisch günstige Lage machte Ivrea schon in der Antike zu einem begehrten Siedlungsort. Vom römischen Wachposten *Eporedia* zeugen allerdings nur noch die Reste des Amphitheaters westlich des Corso Botta. Das heutige Stadtbild beherrscht das vom Savoyer Amedeo VI. 1358–95 in Backstein erbaute viertürmige **Castello** (nur auf Anfrage, Tel. 0125 44 44 15, Mai–Mitte Okt. So 10–12 und 15–18.30 Uhr). Innerhalb seiner mächtigen Mauern befand sich bis ins 17. Jh. ein Ge-

◁ **Oben:** *Pittoreskes bäuerliches Idyll findet sich noch häufig im Val di Gressoney*
Unten: *Ein Besuch im Castello di Fénis lohnt sich schon allein, um das Fresko des ›Hl. Georg beim Drachenkampf‹ zu sehen*

fängnis. Der unweit gelegene **Duomo S. Maria Assunta** (tgl. 8–12 und 15–17 Uhr) wurde im 10. Jh. errichtet und später mehrfach umgebaut, heute trägt er eine klassizistische Fassade. Aus der Romanik stammen nur noch die flankierenden Glockentürme, die Krypta und der Vierungsturm. In der Vorhalle steht der *Giebelsarkophag* des Quästoren C. Atecius Valerius aus augusteischer Zeit.

Die Hauptsehenswürdigkeit von Ivrea befindet sich in der Kirche **San Bernardino** (Führungen auf Anfrage, Tel. 0125798158), die auf dem Firmengelände von Olivetti in Bahnhofsnähe steht. Die Ende des 15. Jh. erbaute Saalkirche birgt einen ungemein expressiven *Freskenzyklus* (Anfang 16. Jh.) zu Leben und Passion Christi von *Giovanni Martino Spanzotti*. In seinem Bemühen um perspektivische Raumdarstellung und klassische Körperproportionen ist er der Frührenaissance verpflichtet.

Ausflüge

Ein beeindruckendes Naturphänomen bietet die **Serra d'Ivrea**, die größte Endmoräne Europas, 10 km östlich von Ivrea. Als in prähistorischer Zeit der Gletscher des Dora Baltea abtaute, blieb der mehrere Kilometer lange und 400 m hohe Moränenwall stehen. Es bildete sich ein riesiger See, von dem heute zahlreiche kleinere Gewässer übrig geblieben sind, darunter die beiden hübschen Badeseen *Lago di Viverone* und *Lago di Candia*.

Das nordöstlich gelegenen Industriestädtchen **Biella** ist seit jeher ein Zentrum der Woll- und Textilindustrie, weltberühmte Designer wie Ermenegildo Zegna und Nino Cerruti stammen von hier. Mit deren Produkten kann man sich in einigen *Fabrik-Outlets* [s. u.] preiswert einkleiden. Danach geht es zum Spaziergang in die mittelalterliche Oberstadt *Biella Piazzo*, die man mit der Standseilbahn ab Piazza Curiel erreicht.

TOP TIPP Wunderschön ist eine Fahrt auf der 26 km langen Panoramastraße **Panoramica Zegna** von Trivero (nordwestl. von Biella) nach Rosazza mit herrlichen Ausblicken auf den Monte Rosa, an dessen Hängen wahre Rhododendrenwälder kleben. 27 gekennzeichnete *Wanderwege* laden zur Erkundung der vielfältigen Flora und Fauna ein (Info: Pro Loco Trivero, Via Roma 99/00, Trivero, Tel. 015 7591415, www.oasizegna.com).

i Praktische Hinweise

Information

ATL Canavese e Valli di Lanzo, Corso Vercelli 1, Ivrea, Tel. 0125618131, Fax 0125618140, www.canavese-vallilanzo.it

Einkaufen

Centro Zegna, Via Marconi 44, Trivero (Biella). Direktverkauf: Die gesamte Zegna-Kollektion zu ›Fabrikpreisen‹ und 30–50 % verbilligte Stücke der letzten Saison.

Christus im Tempel, auf dem Ölberg und am Kreuz – eindrucksvoll schildern die ausgezeichnet erhaltenen Fresken in San Bernardino Leben und Leiden Jesu

Biella Piazzo, die Oberstadt von Biella, lädt zum romantischen Abendspaziergang ein

The Place Luxury Outlet, Strada Trossi 70, Verrone (Biella), www.theplaceoutlet.com. Direktverkauf von Zegna, Gucci, Sergio Rossi, La Perla 30–70 % billiger.

Lanificio F.lli Cerruti, Via Cernaia 40, Biella. Direktverkauf von Herrenanzügen und Tailleurs, Jeans, Sporthemden, Poloshirts in klassisch-elegantem Stil zu stark herabgesetzten Preisen.

Hotel

TOP TIPP ******Castello San Giuseppe**, Chiaverano d'Ivrea (5 km nördl. von Ivrea), Tel. 01 25 42 43 70, Fax 01 25 64 12 78, www.castellosan giuseppe.it. Romantisches Hotel in einem früheren Kloster mit schönen Ausblicken auf die umliegenden Seen.

Apartments

Villagi d'Europa Valle Elvo, Via Eugenio Bona, 37, Sordevolo, Tel. 01 52 49 02 05, Fax 01 52 56 87 40, www.villaggivallelvo.it. Vorzüglich ausgestattete Apartments in den kleinen Dörfern Graglia, Sordevolo und Muzzano. Das Valle Elvo lädt zu ausgedehnten Wander- und MTB-Touren.

Restaurants

Acquila Antica, Via Gozzano 37, Ivrea, Tel. 01 25 64 13 64. Elegantes Hotelrestaurant mit frischer piemontesischer Küche und ordentlichen Portionen (So geschl.).

Baracca, Via S. Eusebio 12, Biella, Tel. 01 52 19 41. Alteingesessenes Lokal mit guter Hausmannskost und großer Antipasti-Auswahl (Sa/So geschl.).

34 Bard, Issogne, Verrès und Fénis

Stolze Trutzburgen, prunkvolle Residenzen.

Im Aostatal kommen Burgenfans auf ihre Kosten. Schon in der Antike führte hier die wichtige Verbindungsstraße längs des Flusses Dora Baltea zu den Alpenpässen des Großen und Kleinen St. Bernhard. An diese Zeit erinnern unweit des südöstlichen Taleingangs die 23 m hohe Römerbrücke (1. Jh. v. Chr.) von *Pont-St-Martin*, die noch bis 1831 befahren wurde, und in *Donnas* die 222 m lange, in den Berg eingeschnittene Trasse einer Römerstraße mit Meilenstein und Originalpflasterung. Von den zahlreichen Burgen, die im Mittelalter zur Sicherung des Valle d'Aosta und seiner Nebentäler errichtet wurden, sind mehr als 130 erhalten.

Etwas nordwestlich von Donnas thront auf einem einsamen Felsklotz die imposante TOP TIPP **Forte di Bard** (Bard, Tel. 01 25 83 38 11, www.fortedibard.it, Mai–Sept. Di–Fr 10–18, Sa/So 10–19 Uhr), die bereits im 11. Jh. als Zollstation errichtet wurde. Nach ihrer Zerstörung unter Napoleon bauten sie die Savoyer zwischen 1830–38 als mächtige Zitadelle wieder auf. Wie eine zweite Haut umhüllen die kolossalen Mauern und Bastionen den gesamten Felsen, hinter ihnen verbergen sich weitläufige Kasematten, Exerzierplätze und labyrinthische Gänge. Sie beherbergt mit dem *Museo delle Alpi* eines der besten Bergmuseen Europas. Mithilfe faszinierender Videoprojektionen führt es durch die einzigartigen Naturräume der Alpen und erläutert in packender Weise ihre Entstehung. Bis 2011 sollen eine Ausstellung zur Geschichte der Festung und ein Hotel das Angebot ergänzen.

Doch nicht alle Burgen waren auch Wehrfestungen. Manche wie das TOP TIPP **Castello d'Issogne** (Tel. 01 25 92 93 73, März–Sept. Do–Di 9–18.30, Okt.–Febr. Do–Di 10–12 und 13.30–16.30, So bis 17.30 Uhr) weiter nördlich am linken Flussufer dienten in Friedenszeiten als prunkvolle Residenz. Das Kastell gehörte den *Chal-*

Im Arkadengang um den Innenhof des Castello d'Issogne zeigen höchst interessante Fresken das Alltagsleben des frühen 16. Jh., etwa den Einkauf beim Apotheker

lant, der mächtigsten valdostanischen Adelsfamilie. Ab 1480 ließ sie die ursprünglich gotische Burg zum repräsentativen Renaissance-Palast ausbauen. Durch ein reich gegliedertes gotisches Portal betritt man den *Schlosshof* mit einem Brunnen (um 1500), dessen Wasser aus einem geschmiedeten Granatapfelbaum rinnt. Unter den Arkaden faszinieren die detailreichen und humorvollen *Fresken* (1499–1509) mit zeitgenössischen Genreszenen, z.B. in einer Wachstube, Pastetenbäckerei, Apotheke und Metzgerei. Sehenswert sind auch die teilweise noch original möblierten Innenräume des Schlosses wie der *Saal der Barone* im Erdgeschoss, dessen Wände großartige illusionistische Fresken mit Landschaftsdarstellungen, Jagdmotiven und höfischen Szenen schmücken, oder der *Königssaal* im ersten Stock mit einer liliengeschmückten Kassettendecke.

Wieder auf der Straße Richtung Aosta erreicht man nach wenigen Kilometern den malerischen Ort *Verrès* am Eingang des Val d'Ayas. In dieser strategisch wichtigen Position erbauten die Challant 1360–90 ihre erste Burg, das **Castello di Verrès** (März–Sept. Do–Di 9–18.30, Okt.–Febr. Do–Di 10–12 und 13.30–16.30, So bis 17.30 Uhr) vor imposanter Bergkulisse. Dem schmucklosen Kubus fügten sie Mitte des 16. Jh. einen Bastionengürtel hinzu. Architektonisch interessant sind im gut erhaltenen *Inneren* die von Arkaden gestützten Treppenaufgänge von einem Stockwerk zum nächsten.

Zwischen dem pyramidalen Monte Zerbion und der mächtigen Wohnburg Ussel liegt der Kurort St-Vincent. Von den Römern wurde er wegen seiner Heilquellen geschätzt, heute locken eher die 90 filzgrünen Spieltische und die über 500 Slot-machines im *Casinò de la Vallée*.

Noch weiter in Richtung Aosta thront das **Castello di Fénis** (März–Sept. Do–Di 9–18.30, Okt.–Febr. Do–Di 10–12 und 13.30–16.30, So bis 17.30 Uhr) mit seinem doppelten, zinnenbewehrten Mauerring. Es beschließt das Dreigestirn der Challant-Burgen. Im 12. Jh. in wunderbarer Panoramalage erbaut und im 14. Jh. zur Residenz umgestaltet, beherbergt es heute das Möbelmuseum *Museo del Mobile valdostano*. Im hübschen *Innenhof* mit umlaufender Holzgalerie prangen *Fresken* im sog. Weichen Stil der Spätgotik mit der Darstellung des ›Hl. Georg beim Drachenkampf‹, einem Fries von Weisen und Propheten mit erbaulichen Spruchbändern, aber auch eine Schilderung des Martyriums der hl. Apollonia, der man mit einer Zange die Zähne einzeln ausgerissen hatte.

i Praktische Hinweise

Information

A.I.A.T. La Porta della vallée, Via Circonvallazione 30, Pont-St-Martin, Tel. 01 25 80 48 43, Fax 01 25 80 14 69, www.laportadellavallee.com

Hotels

*****Comtes de Challant**, Ortsteil Chez Sapin 95, Fénis, Tel. 01 65 76 43 53, Fax 01 65 76 47 62, www.hcdc.it. Modernes Hotel im rustikalen Stil zu Füßen des Schlosses, mit Restaurant.

*****Ponte Romano**, Piazza IV. Novembre 10, Pont-St-Martin, Tel. 01 25 80 43 29, Fax 01 25 80 71 08, www.hotelponteromano.it. Kleines freundliches Hotel nahe der römischen Brücke mit Restaurant.

Restaurant

Da Pierre, Via Martorey 73, Verrès, Tel. 01 25 92 93 76. Valdostanische Küche vom Feinsten mit der herausragenden *Mocetta* (Wurst) vom Hirsch und *Lardo di Arnad*, weißem ungeräuchertem Speck (Di geschl.).

35 Val di Gressoney und Breuil-Cervinia

Skiparadiese mit Blick auf Alpenriesen.

Am Ende des vom Aostatal abzweigenden **Val di Gressoney** (34 km) liegen zu Füßen des Massivs Monte Rosa (4637 m) die Orte *Gressoney-St-Jean* (1385 m) und *Gressoney-la-Trinité* (1637 m). Ein 300 km langes Pistennetz zwischen Gressoney, dem Val d'Ayas und Alagna Valsesia im Piemont, eine 3 km lange Höhenloipe (2004 m) und zahlreiche Möglichkeiten zum Off-Piste-Skiing machen dieses Skigebiet zu einem Sportdorado. In den Sommermonaten kann man die Region auf markierten *Rundwanderwegen* erkunden, die auch *Courmayeur* [s. S. 133] im westlichen Valle d'Aosta einschließen.

Ein weiteres beliebtes Skiparadies ist **Breuil-Cervinia** (2050 m) am Ende des 27 km langen Tales *Valtournenche* und am Fuß der unverwechselbaren Bergpyramide des *Matterhorns* (ital. Cervino, 4478 m). Die 170 Pistenkilometer, eine spektakuläre Abfahrt vom Plateau Rosa auf 3480 m Höhe (11 km lang, mit 1475 m Höhenunterschied) nach Valtournenche oder ins schweizerische Zermatt sowie der *Snow Park* in Plan Maison (2555 m) lassen die eher unattraktive moderne Architektur des Ortes schnell vergessen.

i Praktische Hinweise

Information

AIAT Monterosa Walser, Gressoney-St-Jean, Tel. 01 25 35 51 85, Fax 01 25 35 58 95, www.aiatmonterosawalser.it

AIAT Monte Cervino, Via G. Rey 17, Breuil-Cervinia, Tel. 01 66 94 91 36, Fax 01 66 94 97 31, www.montecervino.it

36 Aosta

Eindrucksvolle römische Stadtanlage und bedeutende Kirchen inmitten des Tals.

Knapp ein Drittel aller Valdostaner lebt im geschäftigen Aosta (35 000 Einw.), Hauptstadt der Autonomen Region. Hier werden noch Traditionen gepflegt und dazu gehört z. B. Französisch als zweite Amtssprache, was auch Straßen- und Gebäudenamen widerspiegeln. Die herrliche Berglandschaft der Umgebung und die nahen Wintersportgebiete machen Aosta zum idealen Ferienstandort.

Geschichte Die günstige Lage zwischen den Flüssen Dora Baltea und Buthier sowie an der Kreuzung der Routen

Zinnen, Erker, Mauerring – das Castello di Fénis hat das Zeug zu einer Märchenburg

Auch in Aosta hinterließen die Römer Spuren, hier in Form eines Triumphbogens

zum Mont Blanc und zum Großen St. Bernhard rief schon früh Siedler und Strategen auf den Plan. Nach verlustreichen Kämpfen gegen die hier ansässigen keltischen *Salasser* gründeten die Römer 25 v. Chr. *Augusta Praetoria* als militärischen Vorposten und römische Musterstadt. Die schachbrettartige Anlage und zahlreiche römische Bauten prägen noch heute die Altstadt. Ab dem 11. Jh. entwickelte sich Aosta zum politischen und religiösen Zentrum des Valle d'Aosta. Mit ihm als erstem Lehen begann hier auch der Aufstieg des Hauses *Savoyen*. Als dieses jedoch Turin 1563 zur Hauptstadt erklärte, gerieten Aosta und Region ins Hintertreffen und waren bald Einfallschneise für die Franzosen. Spätestens seit *Napoleons Invasion* 1800 wurden die französischen Traditionen des Tales als politischer Makel betrachtet. Während des *Risorgimento* tolerierte man sie zwar noch, doch im Faschismus wurden sie unterdrückt und fortan bildete das Aostatal einen fruchtbaren Boden für antifaschistische und separatistische Strömungen. Um eine drohende Abspaltung von Italien zu verhindern, gestand man ihm und seiner Hauptstadt Aosta gleich nach dem Zweiten Weltkrieg den Autonomiestatus zu.

Die romanischen Fresken in SS. Pietro e Orso beeindrucken durch feierlichen Ernst

Besichtigung Auftakt eines Stadtspaziergangs ist der **Triumphbogen des Augustus** (25 v. Chr.). Er wurde anlässlich des römischen Sieges über die Salasser vor den damaligen Toren der Stadt an der Straße nach Ivrea errichtet. Über die Via S. Anselmo und die rechts abzweigende Via dell'Orso erreicht man den monumentalen Klosterkomplex **Collegiata di Sant' Orso** (Juli/Aug. tgl. 9–20, März–Juni/Sept. tgl. 9–19 Okt.–Febr. Mo–Sa 10–12.30 und 13.30–17, Uhr). Er geht auf das 6. Jh. zurück, wurde aber später mehrfach erneuert. Seine endgültige Ausgestaltung im spätgotischen Stil erfuhr er 1490–1510 unter Prior *Giorgio di Challant*. Aus dieser Zeit stammen die eindrucksvolle Fassade der *Stiftskirche*, über deren Hauptportal ein markanter Giebel prangt, sowie das Kreuzrippengewölbe und das schön geschnitzte Chorgestühl im dreischiffigen Inneren. Vom romanischen Ursprungsbau haben sich die fünfschiffige Krypta unter dem Chor und ein *Freskenzyklus* (um 1000) erhalten, der 1941 im Mittelschiff oberhalb der gotischen Gewölbe gefunden wurde. Man kann ihn über eine moderne Treppe erreichen und in Begleitung eines Kustoden besichtigen. Die byzantinisch inspirierten Wandbilder erzählen in ungewöhnlich expressivem Stil Episoden aus dem Leben der Apostel und einiger Märtyrer. Ein weiteres Kleinod ist der romanische *Kreuzgang* (1133–55), der vermutlich von lombardischen Steinmetzen aus Como gestaltet wurde. Die vierzig Säulen tragen meisterhaft skulptierte Figurenkapitelle mit Szenen aus dem Alten und Neuen Testament sowie aus dem Leben des hl. Orso.

Wieder auf der Via S. Anselmo erreicht man nach wenigen Schritten die römische **Porta Pretoria**, das östliche Eingangstor in die Altstadt. Einen der Türme, die das Tor flankierten, baute eine Adels-

Fast verloren nehmen sich die Häuser vor der großartigen Berglandschaft der Alpen aus und doch ist Aosta die größte Ansiedlung des nach ihm benannten Tales

familie im Mittelalter zur Wohnburg um. Sie waren nicht die einzigen, wie die zahlreichen *Geschlechtertürme* längs der einstigen Stadtmauer belegen. Gleich hinter der Porta liegen rechts die eindrucksvollen Ruinen des **Teatro Romano**. Mächtig ragt die 22 m hohe Stützwand der *Zuschauerränge* auf, die einst etwa 3500 Sitzplätze boten. Die besten Plätze befanden sich vorne in der *Orchestra* und waren mit Marmor verkleidet. Davor erhob sich das zweigeschossige *Bühnengebäude*, Aufführungsort klassischer Komödien und Tragödien.

Über einen Portikus war das Theater mit dem benachbarten **Amphitheater** verbunden, in dem das Volk mit Gladiatorenkämpfen und Tierhatzen bei Laune gehalten wurde. Die Anlage wurde jedoch größtenteils vom Kloster S. Caterina überbaut.

Das römische Forum befand sich vermutlich nahe der heutigen *Piazza Giovanni XXIII*. An ihrer Nordostseite stieß man in 2 m Tiefe auf einen weitläufigen, unterirdischen Gewölbegang, den sog. **Kryptoportikus** (April–Sept. tgl. 14–18 Uhr) mit zweischiffigen Hallen und den Fundamenten eines Tempels. Vermutlich wurde er während der römischen Eroberungskriege als Vorratslager genutzt und später als Markthalle.

Bereits um 450 errichtete man beim Forum die erste Bischofskirche, die **Cattedrale S. maria** (Ostern–Aug. tgl. 7–20 Uhr, sonst 7–12 und 15–19 Uhr). Im 11. Jh. erfolgte der Neubau, der selbst später mehrfach verändert wurde. Nicht gerade ein Gewinn war die klassizistische *Giebelfassade* des 19. Jh., die der mit Fresken und Terrakottafiguren geschmückten Renaissancefront vorgeblendet wurde.

Auf den Wochenmärkten im Valle d'Aosta verlocken heimische Produkte zum Kauf

Schlicht präsentiert sich das dreischiffige *Innere*, wo Teile der Originalausstattung wieder sichtbar gemacht wurden, z. B. die farbigen Mosaiken (12. Jh.) beim Hochaltar und Reste eines Baptisteriums unter dem Mittelschiff. Auch hier stieß man in der Gewölbezone auf einen *Freskenzyklus* (1030–40) aus ottonischer Zeit, vermutlich ausgeführt von den Meistern des San-Orso-Zyklus. Sie zeigen Szenen aus dem Leben des hl. Eustachius sowie die sieben Plagen Ägyptens. Sehenswert sind auch das spätgotische *Chorgestühl* und die kleine Ausstellung im Chorumgang mit Gold- und Silberschmiedearbeiten und einem Elfenbeindiptychon von Kaiser Honorius (406).

Ausflüge

Burgen wachen über die Straße nach Courmayeur: das *Castello di Aymavilles* mit seinen zinnenbewehrten Rundtürmen,

Der Parco Nazionale Gran Paradiso bietet Steinböcken ein geschütztes Refugium

Wanderung durchs Paradies

Zwischen dem Piemont und dem Valle d'Aosta liegt der erste und wohl bekannteste Nationalpark Italiens, TOP TIPP der **Parco Nazionale Gran Paradiso**. Das Lieblingsrevier des jagdfreudigen Königs Vittorio Emanuele II. (1820–1878) wurde 1922 zum Schutz der vom Aussterben bedrohten Steinböcke als Nationalpark eingerichtet und umfasst heute 70 000 ha. Vor der weiß glitzernden Kulisse des Gran Paradiso (4061 m), dem einzigen Viertausender auf italienischem Boden, tummeln sich in freier Wildbahn seither wieder unzählige Murmeltiere, Gämsen, Luchse, Hermeline und inzwischen auch an die 3000 Steinböcke. Ein guter Beobachtungspunkt ist der **Gran Piano di Noasca** im Süden des Parks.

Das Gebiet ist darüber hinaus ein Paradies für Wanderer, die hier ein dichtes Netz gut markierter Wege (ca. 470 km) und zahlreiche Berghütten (Info: Club Alpino Italiano, s. S. 133) vorfinden. Die Landschaft wird charakterisiert durch reizvolle Täler mit kristallklaren Berg-seen (vor allem beim Colle del Nivolet im Südwesten des Parks), sowie ausgedehnte Lärchen-, Fichten- und Tannenwälder, herrliche Bergwiesen und Gletscher. Von Aosta aus führen die Täler Val di Rhêmes, Valsavarenche und Valle di Cogne direkt in den Park hinein. Ein guter Ausgangspunkt für Wanderungen ist das hübsche, einstige Bergarbeiterdorf **Cogne**, wo sich auch ein Informationszentrum befindet. Keinesfalls versäumen sollte man einen Besuch des schönen botanischen Gartens **Giardino Alpino Paradisia** (Juni–Sept. 10–17.30 Uhr) in Valnontey auf 1700 m Höhe, in dem an die 1200 Arten einheimischer und exotischer Bergpflanzen wachsen. *Info:*

Centro visitatori, Via Umberto I. 1, Noasca, Tel./Fax 01 24 90 10 70, www.pngp.it

das *Castello di Sarre*, prunkvolles Jagdschloss von Vittorio Emanuele II., und das ›Märchenschloss‹ von *St-Pierre* mit einem sehenswerten Naturkundemuseum, dem *Museo regionale di Scienze naturali della Valle d'Aosta* (wg. Renovierung bis 2010 geschl.). Von **Pré-St-Didier**, das bereits in der Antike für seine Heilquellen bekannt war, lohnt ein Abstecher in das landschaftlich besonders schöne Tal des Kleinen St. Bernhard nach **La Thuile**, Ausgangspunkt für herrliche Wanderungen z. B. zum *Lago di Rutor* mit seinen spektakulären Wasserfällen (ca. 1 Std.).

Als ›Perle der Alpen‹ gilt der Wintersportort **Courmayeur** (1200 m) in einer natürlichen Muschel zu Füßen des 9 km entfernten Mont Blanc, einst Sommerfrische des piemontesischen Königshauses und seit Ende des 19. Jh. Wiege des Alpinismus. Auch wenn die Geschäfte an der *Via Roma* immer mehr den Dependancen namhafter internationaler Stylisten ähneln, hat der Ort seinen alpinen Charakter und seinen diskreten Charme bewahren können. Unvergesslich ist die Fahrt (1,5 Std.) mit der höchsten Seilbahn der Welt, der **Funivia del Monte Bianco**, ab Palud (bei Entrèves, 3 km nördl. von Courmayeur) über den Gletscher des Mont Blanc bis zur Punta Heilbronner (3321 m) und dann auf die französische Seite der Alpen nach Chamonix (Info-Tel. 0165 89 9925, die Verbindung von Punta Heilbronner nach Aiguille du Midi ist meist von Ostern bis Sept. in Betrieb).

TOP TIPP

Praktische Hinweise

Information

IAT, Piazza Arco d'Augusto, Aosta, Tel./Fax 0165 23 53 43, www.regione.vda.it

Hotels

****__Gallia Gran Baita__, Strada Larzey 2, Courmayeur, Tel. 0165 84 40 40, Fax 0165 84 48 05, www.sogliahotels.com. Elegantes Hotel mit kleinem Garten und Pool. Zimmer mit modernem Komfort und Stilmöbeln (Frühsommer und Herbst einige Wochen geschl.).

***__Hotel Bus__, Via Malherbes 18, Aosta, Tel. 0165 54 36 45, Fax 0165 23 69 62, www.hotelbus.it. Moderner Bau in zentraler Lage mit Sauna, Fitnesscenter und Restaurant.

Agriturismo Les Ecureuils, Homenè Dessus 8, St-Pierre (ca. 8 km), Tel. 0165 90 38 31, Fax 0165 90 98 49, www.lesecureuils.it. Familienbetrieb mit Berghüttenatmosphäre auf 1500 m Höhe, dazu Halbpension mit Speisen aus hauseigenen Produkten (Mitte Jan.–Febr. geschl.).

Restaurants

La Clotze, Planpincieux 21, Courmayeur, Tel. 0165 86 97 20. Hier kann man die kräftigen Spezialitäten der Region kosten: *Mocetta, Lardo di Arnad, Polenta Concia* sowie gute Wildgerichte (Di/Mi mittags und Mai–Okt. geschl.).

Osteria dell'Oca, Via Aubert 15, Aosta, Tel. 0165 23 14 19. Das gut besuchte Lokal steht im Zeichen der Gans, es gibt aber auch andere typische valdostanische Gerichte. Krönender Abschluss sind die Nachspeisen, z. B. Kastanien-Eiscreme (Mo geschl.).

Osteria da Nando, Via Sant'Anselmo 99, Aosta, Tel. 0165 44 44 55. Hervorragende regionale Speisen, darunter allein 16 verschiedene Polenta-Gerichte (Di geschl.).

Trattoria degli Artisti, Via Maillet 5–7, Aosta, Tel. 0165 40 09 60. Bodenständige Küche inklusive vegetarischer Gerichte für den Gaumen, an den Wänden moderne Kunst für die Augen (So/Mo geschl.).

Vom Valle d'Aosta aus kann man den Mont Blanc bequem per Seilbahn erobern

SCUOLA DI SCI
NOLEGGIO DEPOSITO SCI

Piemont, Lombardei, Valle d'Aosta aktuell A bis Z

Vor Reiseantritt

ADAC Info-Service:
Tel. 018 05/10 11 12, Fax 018 05/30 29 28 (0,14 €/Min.)

Unter dieser Telefonnummer oder bei den Geschäftsstellen können ADAC-Mitglieder umfangreiches und kostenloses **Informations- und Kartenmaterial** anfordern.

ADAC im Internet:
www.adac.de
www.adac.de/reisefuehrer

Italien im Internet:
www.enit-italia.de
www.enit.at,
www.enit.ch

Piemont im Internet:
www.regione.piemonte.it
www.piemontefeel.org

Lombardei im Internet:
www.regione.lombardia.it

Valle d'Aosta im Internet:
www.regione.vda.it

Informationen erteilt das **Italienische Fremdenverkehrsamt ENIT:**

Deutschland

Friedrichstr. 187, 10117 Berlin,
Tel. 030/247 83 98, Fax 030/247 83 99,
enit-berlin@t-online.de

Neue Mainzer Str. 26,
60311 Frankfurt/Main,
Tel. 069/23 74 34, Fax 069/23 28 94,
enit.ffm@t-online.de

Prinzregentenstr. 22,
80538 München,
Tel. 089/53 13 17, Fax 089/53 45 72,
enit-muenchen@t-online.de

Österreich

Kärntner Ring 4, 1010 Wien,
Tel. 01/505 16 39, Fax 01/505 02 48,
delegation.wien@enit.at

Schweiz

Uraniastr. 32, 8001 Zürich,
Tel. 043/466 40 40, Fax 043/466 40 41,
info@enit.ch

Allgemeine Informationen

Reisedokumente

Reisepass oder Personalausweis, für Kinder unter 13 Jahren ein Kinderreisepass mit Foto.

Kfz-Papiere

Führerschein und Zulassungsbescheinigung Teil 1 (vormals Fahrzeugschein) sind mitzuführen. Die Mitnahme der Internationalen Grünen Versicherungskarte wird empfohlen. Wer einen fremden Wagen fährt, benötigt eine Vollmacht des Fahrzeughalters.

Krankenversicherung

Seit dem 1. Januar 2006 ist die Europäische Krankenversicherungskarte in die übliche Versicherungskarte integriert. Sie wird in ganz EU-Europa anerkannt und garantiert die medizinische Versorgung. Sicherheitshalber empfiehlt sich jedoch der Abschluss einer zusätzlichen Reisekranken- und Rückholversicherung.

Hund und Katze

Für Hunde und Katzen ist bei Reisen innerhalb der EU ein gültiger, vom Tierarzt ausgestellter EU Heimtierausweis vorgeschrieben, ebenso Kennzeichnung durch Mikrochip oder Tätowierung. Bis zum Jahr 2011 gelten Übergangsregelungen.

◁ *In den nordwestitalienischen Provinzen kann jeder nach seiner Fasson glücklich werden: Modebewusste in Mailand, Hutträger bei Borsalino in Alessandria, Historienfans beim Palio in Asti, Gourmets angesichts von frischem Gorgonzola, Windsurfer am Gardasee und Skihasen beim Sonnenbad in Sestriere*

Zollbestimmungen

Reisebedarf für den persönlichen Gebrauch obliegt **innerhalb der EU** keinen Beschränkungen und darf abgabenfrei eingeführt werden. Es gelten allerdings Richtmengen für den Privatreisenden: 800 Zigaretten, 400 Zigarillos, 200 Zigarren, 1 kg Tabak, 10 l Spirituosen, 20 l Zwischenerzeugnisse, 90 l Wein (davon max. 60 l Schaumwein), 110 l Bier.

Bei Reisen in und durch **Drittländer** (Schweiz) dürfen zollfrei mitgeführt werden: 1 Stange Zigaretten, 1 l Spirituosen über 22 % oder 2 l Spirituosen unter 22 %, 50 ml Parfum, 250 ml Eau de Toilette, 500 g Kaffee und 100 g Tee.

Geld

Die gängigen *Kreditkarten* werden von Banken, Hotels und vielen Geschäften akzeptiert. Zum Geldabheben rund um die Uhr stehen zahlreiche *EC-Bankomaten* zur Verfügung. Auch mit der *Postbank SparCard* erhält man an VISA PLUS-Automaten 24 Stunden täglich Geld.

Tourismusämter im Land

Die Tourismusämter und Informationsbüros in der Lombardei, dem Piemont und Valle d'Aosta sind im Haupttext unter **Praktische Hinweise** bei den jeweiligen Punkten angegeben.

Notrufnummern und Adressen

Einheitlicher Notruf: Tel. 112 (EU-weit, auch mobil: Polizei, Unfallrettung, Feuerwehr)

Bei *Autopannen* leistet der **ACI-Pannendienst** (Soccorso Stradale), Tel. 80 31 16, Mobil-Tel. 800 11 68 00, rund um die Uhr Hilfe. Man beachte die gelben, etwa alle 2 km zu findenden *Notrufsäulen* an den Autobahnen.

ADAC-Notrufstation Monza:
Tel. 03 92 10 41 (ganzjährig)

ADAC-Notrufzentrale München:
Tel. 00 49/89/22 22 22 (24-Std.-Service)

ADAC-Ambulanzdienst München:
Tel. 00 49/89/76 76 76 (24-Std.-Service)

Österreichischer Automobil Motorrad und Touring Club
ÖAMTC Schutzbrief Nothilfe:
Tel. 00 43/(0)1/2 51 20 00

Touring Club Schweiz
TCS Zentrale Hilfsstelle:
Tel. 00 41/(0)2 24 17 22 20

Bei Unfällen mit *Sachschäden* ist es dringend erforderlich, die Versicherung und die Versicherungsnummer des Unfallgegners zu notieren. Bei Unfällen mit *Personenschäden* muss die Polizei verständigt werden.

Da landwirtschaftliche Fahrzeuge und Mopeds in Italien nicht versichert sind, ist der Abschluss einer *Vollkaskoversicherung* für die Reisedauer ratsam. Um Autodiebstähle kümmert sich die nächstliegende Polizeidienststelle.

Diplomatische Vertretungen

Deutschland

Generalkonsulat, Via Solferino 40, Mailand, Tel. 026 23 11 01, Fax 026 55 42 13, www.mailand.diplo.de

Österreich

Generalkonsulat, Piazza del Liberty 8, Mailand, Tel. 02 78 37 43, Fax 02 78 36 25

Honorarkonsulat, Corso Matteotti 28, Turin, Tel. 01 14 40 78 20, Fax 01 15 63 41 94

Schweiz

Generalkonsulat, Via Palestro 2, Mailand, Tel. 02 77 79 16 1, Fax 02 76 01 42 96, www.eda.admin.ch/milano

Besondere Verkehrsbestimmungen

Tempolimits (in km/h): Im Ortsbereich Pkw (auch mit Anhänger), Motorräder und Wohnmobile 50. Auf Land- und Gemeindestraßen Pkw (ohne Anhänger) und Motorräder 90 (auf Schnellstraßen 110, Beschilderung beachten), Pkw mit Anhänger 70. Auf Autobahnen Pkw (ohne Anhänger) 130, bei Regen 110, mit Anhänger 80.

Auf allen Straßen außerhalb von Stadtzentren und Orten muss auch tagsüber mit *Abblendlicht* gefahren werden. Motorräder müssen grundsätzlich mit Abblendlicht fahren. Es besteht *Anschnallpflicht* und für Lenker und Mitfahrer von Zweiradfahrzeugen *Sturzhelmpflicht*. Kinder unter 12 Jahren müssen auf dem Rücksitz befördert werden. Das *Telefonieren* während der Fahrt ist nur mit Freisprechanlage erlaubt. Das *Nationalitätenkennzeichen* ist Pflicht, es sei denn, das Fahrzeug besitzt ein EU-Kennzeichen.

Jede Person, die im Falle einer Panne oder eines Unfalls auf offener Straße den Wagen verlässt, muss eine reflektierende Warnweste tragen.

Die *Promillegrenze* liegt bei 0,5.

Parkverbot besteht an schwarzgelb markierten Bordsteinen sowie an gelb gekennzeichneten – z.B. für Taxi und Busse reservierten – Parkflächen. Öffentliche *Parkplätze* sind durch weiße oder blaue Markierungen gekennzeichnet. Die ›blauen‹ Parkplätze sind gebührenpflichtig.

Wichtig: Jede Ladung, die nach hinten überragt (Surfbretter, Boote, Fahrradständer etc.), muss mit einer 50x50 cm großen, rot-weiß-roten, reflektierenden Warntafel gekennzeichnet werden. Keine Ladung darf über die Vorderkante des Fahrzeugs hinausragen.

Anreise

Auto

Die wichtigsten **Routen** aus Deutschland führen durch Österreich über den Brenner und dann ab Verona auf der A4 Richtung Mailand oder ab Bozen auf der Nationalstraße 42 (N42) zum Comer See bzw. ab Trient auf der N45 über den Gardasee nach Brescia. Für Reisende aus dem Norden oder Südwesten Deutschlands empfiehlt sich der Weg über die Schweiz via Splügenpass, St. Gotthard-Tunnel oder Simplonpass bzw. über Lindau, Chur, San Bernardino Pass.

Die österreichischen und Schweizer Autobahnen sind **mautpflichtig** (Vignetten beim ADAC, an Tankstellen und Grenzstationen). Die Autobahngebühren in Italien werden nach Fahrzeugklasse und zurückgelegter Strecke berechnet. Die Maut wird bei der Autobahnabfahrt in Euro, Fremdwährung oder per Scheckkarte bezahlt. Besitzer der *Viacard* (beim ADAC; in Italien bei Banken, Sparkassen und an Kiosken zu 25 €, 50 € oder 75 € erhältlich) werden an vielen Mautstellen auf eigenen Fahrspuren bargeldlos abgefertigt.

Autobahn-Tankstellen sind durchgehend geöffnet, die meisten übrigen Tankstellen Mo–Fr 7–12.30 und 15–19 Uhr. Am Wochenende machen sie Schichtdienst. Auf Hauptstrecken gibt es *SB-Tanksäulen*, die Geldscheine zu 5 €, 10 € und 20 € sowie Kreditkarten annehmen.

Bahn und Autozug

Alle Hauptorte und viele kleine Orte von Piemont, Lombardei und Valle d'Aosta sind mit der Eisenbahn zu erreichen.

Im Sommer verkehren **Autoreisezüge** von Berlin, Düsseldorf, Hamburg, Hildesheim nach Bozen (z.T. auch im Winter) und von Hamburg, Hildesheim und Frankfurt nach Livorno sowie Berlin, Hamburg, Düsseldorf und Frankfurt nach Verona (Gardasee).

Fahrplanauskunft:

Deutschland
Deutsche Bahn, Tel. 118 61 (gebührenpflichtig), Tel. 08 00/150 70 90 (sprachgesteuert), www.bahn.de

Deutsche Bahn AutoZug,
Tel. 018 05/24 12 24 (0,12 €/Min.), www.autozug.de

Österreich
Österreichische Bundesbahn,
Tel. 05 17 17, www.oebb.at

Schweiz
Schweizerische Bundesbahnen,
Tel. 09 00 30 03 00, www.sbb.ch

Bus

Von mehreren deutschen Großstädten fahren Busse nach Mailand, Turin oder Verona. Zentrale Reservierungsstelle:

Deutsche Touring,
Am Römerhof 17, 60486 Frankfurt/Main,
Tel. 069/790 35 01, Fax 069/790 32 19,
www.deutsche-touring.com.

Flugzeug

In der **Lombardei** gibt es drei Flughäfen mit internationalen Verbindungen:

Mailand-Linate 10 km östlich der Stadt und **Mailand-Malpensa**, 46 km nordwestlich. Es gibt Direktflüge von Berlin, Düsseldorf, Frankfurt, Genf, München, Wien und Zürich nach Mailand.

Von Malpensa verkehrt alle 30 Min. ein Zug, der Malpensa Express, zum Bahnhof Cadorna, außerdem der Malpensa Bus Express und der Malpensa Shuttle Bus (5.30–0.15 Uhr alle 20 Min.) zur Stazione Centrale (Hauptbahnhof). Von Linate fährt der Linienbus Nr. 73 nach San Babila in der westlichen Altstadt (Metro-Station).

Flugauskunft: Tel. 02 74 85 22 00,
www.sea-aeroportimilano.it.

Bergamo-Orio al Sério, 7 südöstlich der Stadt. Inneritalienische und internationale Flugverbindungen, z. B. von Frankfurt-Hahn aus mit Ryan Air, von Berlin und Düsseldorf mit Air Berlin. Busverbindungen nach Bergamo und Mailand (Hbf und Flughäfen).

Flugauskunft: Tel. 035 32 63 23, www.sacbo.it

Der internationale Flughafen des **Piemont** ist **Torino-Caselle**, ca. 16 km nördlich der Stadt. Tägliche Direktverbindungen durch Lufthansa ab Düsseldorf, Frankfurt und München.

Flugauskunft: Tel. 011 56 76 361, www.aeroportoditorino.it

Bank, Post, Telefon

Bank

Banken sind in der Regel Mo–Fr 8.30–13.30, manche auch 15–16 Uhr geöffnet.

Post

In fast jedem Ort gibt es ein Postamt. Die Öffnungszeiten Mo–Fr 8.30–14, Sa 8.30–13 Uhr werden in kleinen Orten nicht immer eingehalten. Briefmarken (*Francobolli*) gibt es auch in Tabak- (*Tabacchi*) und einigen Souvenirläden.

Telefon

Internationale Vorwahlen:
Italien 00 39
Deutschland 00 49
Österreich 00 43
Schweiz 00 41

In Italien ist die Ortskennzahl fester Bestandteil der Telefonnummern und muss **immer** (inkl. der 0) mitgewählt werden. Dagegen fällt bei Handynummern die Null weg.

Die öffentlichen Telefone funktionieren zum Großteil mit **Telefonkarten** (*Scheda telefonica*, perforierte Ecke abreißen), die zu 1 €, 2,50 €, 5 € und 7,50 € in Tabakläden, Kiosken und manchen Bars verkauft werden.

Die Benutzung handelsüblicher **GSM-Mobiltelefone** ist in Italien möglich. In den Bergen muss man allerdings mit Funklöchern rechnen.

Einkaufen

Öffnungszeiten: Mo–Sa 8.30/9–12.30 und 15.30/16–19.30 Uhr. Von diesen Zeiten gibt es regionale Abweichungen, in den Großstädten öffnen manche Geschäfte auch am Sonntag Nachmittag.

Design und Kunsthandwerk

Ideale Mitbringsel sind natürlich *Designerstücke* aus Mailand und Turin, ob Mode oder Gebrauchsgegenstände, aber auch *Schuhe* aus Vigevano, *Seidenstoffe* aus Como oder ein echter *Borsalino*-Hut aus Alessandria.

Goldschmiedearbeiten haben eine Hochburg in Valenza, *Silberarbeiten* in Alessandria. Schöne *Schnitzarbeiten* findet man in den Alpentälern des Piemont und im Valle d'Aosta (Skulpturen, Spielzeug). In der Brianza sind viele Betriebe auf handgefertigte *Möbel* spezialisiert. *Klöppelspitzen* findet man noch in Cogne und Biella. Traditionelle *Stoffe* und *Teppiche* werden im Valgrisenche (*Drap*) und in den Tälern des Valcamonica und Veltlin (*Pezzotti*) produziert.

Antiquitäten

Herrlich stöbern kann man auf den zahlreichen Antiquitätenmärkten. Zu den bekanntesten gehören im **Piemont** der Markt von *Casale Monferrato* (Mercato Pavia, jedes 2. Wochenende außer Aug.) und der Gran Balôn von *Turin* (Porta Palazzo, jeden 2. So) sowie in der **Lombardei** die Märkte in *Mailand*, Stadtteil *Brera* (Via Fiori Chiari, jeden 3. So außer Aug.) und *Desenzano del Garda* (Altstadt, jeden 1. So außer Jan., Aug.). Über 400 Aussteller locken auf den stimmungsvollen Markt im Mailänder Stadtviertel *Navigli* (Ripa Ticinese, jeden letzten So außer Juli/Aug.). Unter Antiquitätenliebhabern bekannt sind auch die Märkte von *Bergamo Alta* (jeden 3. So außer Aug.), *Brescia* (Piazza Vittoria, jeden 2. So außer Juli /Aug.) und *Castiglione Olona* (Altstadt, jeden 1. So).

Kulinaria

Feinschmecker locken die kulinarische Köstlichkeiten. Typische Produkte der **Lombardei** sind der dünn geschnittene *Bresáola*, luftgetrocknetes Rindfleisch, sowie Wein und Schaumwein aus dem Veltlin oder der Franciacorta, Olivenöl aus der Gegend um den Gardasee, *Mostarda* (eingelegte Senffrüchte) aus Cremona und zur Weihnachtszeit *Panettone*.

Aus dem **Piemont** kommen nicht nur Qualitätsweine [s.o.], sondern auch der hochprozentige *Genepì delle Alpi*, ein Destillat aus Alpenkräutern, sowie der *Ratifià*, ein Likör aus Grappa und Kirschen.

Wo der Wein in Strömen fließt

Die **Lombardei** hat mit 1,2 Mio. Hektolitern Wein pro Jahr eine respektable Produktion vorzuweisen. Zu den besten Anbaugebieten gehört Oltrepò Pavese (Provinz Pavia), das den Grundwein für viele Spumanti liefert. Auch die Franciacorta (Provinz Brescia) ist ein Zentrum der Schaumweinproduktion.

Die Weinregion par excellence aber ist das **Piemont**. Jährlich erzeugt es rund 3,2 Mio. Hektoliter, überwiegend Rotwein. 85% der Weine tragen die kontrollierte Ursprungsbezeichnung **DOC** (Denominazione di Origine Controllata) oder **DOCG** (… e Garantita). Im 19. Jh. machte der französische Önologe Louis Oudart den einst süß gekelterten **Barolo** aus der Nebbiolo-Traube zu einem trockenen, lagerfähigen Wein, dem heutigen Paradeprodukt des Piemont. In den 1980er-Jahren knüpfte hier eine junge Generation von Winzern und Önologen an, die dank Qualitätskontrollen und Innovationen Spitzenergebnisse erzielte. Bald avancierten die **Langhe** und die Gegend um **Alba** zum Pilgerziel der Weinliebhaber. Zum schweren, charaktervollen Barolo haben sich inzwischen auch der etwas fruchtigere **Barbaresco** sowie die Rotweine des Roero gesellt.

Ein weiteres wichtiges Weinanbaugebiet liegt im **Monferrato**. Ursprünglich war der hiesige Barbera bloß ein einfacher Landwein. Erst der Winzer Giacomo Bologna verhalf ab den 1980er-Jahren mit seinem Bricco dell'Uccellone dem **Barbera** zu Weltruhm. Die besten Weine kommen heute unter der Bezeichnung Barbera d'Asti oder Barbera del Monferrato auf den Markt.

Lange Zeit als Massenprodukt verschrien waren die schäumenden Dessertweine wie **Asti Spumante** oder **Moscato**, die sich aber inzwischen auch zu Qualitätsprodukten gemausert haben.

Viele Weingüter bieten Degustationen und Direktverkauf an. Zu den Galionsfiguren der piemontesischen Winzer gehören:

Bologna Giacomo, Via Roma 94, Rocchetta Tanaro (nahe Turin), Tel. 01 41 64 41 13. Hier gibt es Barbera Bricco dell'Uccellone (Mo–Fr 9–12 und 15–17.30 Uhr).

Bartolo Mascarello, Via Roma 15, Barolo, Tel. 017 35 61 25. Traditionelle Produktion, z.B. Barolo- und Barbera d'Alba-Weine sowie Dolcetto (Mo–Fr 8–12 und 14.30–18.30, Sa 9–12 und 15.30–18.30, So 9–12 Uhr).

Klassiker sind die hutförmigen *Gianduiotti*, Nougatpralinen aus Turin, die *Krumiri* aus Casale Monferrato, oder der *Torrone* (Mandelnougat) aus Cremona. Tiefer in die Tasche greifen muss man da schon für die begehrten weißen *Trüffeln*, die würzigen Knollenpilze von Alba.

Essen und Trinken

In der traditionellen Küche des Piemont, des Valle d'Aosta und der Lombardei liebt man es deftig und bodenständig. Gemeinsam ist den drei Regionen ihre Vorliebe für Butter statt Olivenöl und für Reis statt Pasta.

Zu den klassischen Gerichten der **Lombardei** gehört die *Zuppa pavese*, eine Bouillon mit geröstetem Brot, Ei und Parmesankäse und der safrangelbe *Risotto alla milanese*, zu dem gern *Ossobuco*, geschmorte Kalbshaxe, serviert wird. Und natürlich die *Cotoletta alla milanese*, ein in Ei und Semmelbrösel gewälztes und in Butter gebackenes Kalbskotelett. Besonders herzhaft ist die *Busecca*, gekochte Kutteln mit Hülsenfrüchten und Gemüse. Typisch für die Bergregionen um Bergamo und Sondrio ist *Polenta* (Maisbrei) mit Käse oder Pilzen. Um Brescia, Cremona und Mantua schätzt man Ravioli-Spezialitäten wie die *Tortelli di zucca* (mit passiertem Kürbis gefüllte Ravioli). In der Oberitalienischen Seenlandschaft und entlang der Flüsse erfreut man sich an frischem oder mariniertem Fisch.

Schlemmer kommen auch im **Piemont** auf ihre Kosten, wo die *Slow-Food*-Bewegung entstand, die sich gegen die weit verbreitete Fast-Food-Kultur wendet und mit ihrem Buch ›Osterie d'Italia‹ eine Lanze für die regionale Küche bricht. Eine traditionelle Vorspeise ist neben den unwiderstehlichen *Crostini* (geröstete Weißbrotscheiben mit Aufstrich) die *Bagna caôda*, eine heiße Brühe aus Öl, Butter,

Anchovis und viel Knoblauch, in die man Gemüse taucht. Zu den *Primi piatti* gehören die *Agnolotti*, mit Hackfleich und Gemüse gefüllte Teigtäschchen, und natürlich – im größten Reisanbaugebiet Italiens – Reisgerichte in allen möglichen Variationen. Klassische *Secondi piatti* sind der *Brasato al barolo*, in Barolo-Wein geschmorter Rinderbraten, und *Bollito misto*, verschiedene Fleischstücke, die mit unterschiedlichen Saucen serviert werden. Star der Piemonteser Küche ist aber der weiße Trüffel (*Tartufo bianco*) aus Alba, mit dem Salate, Pasta- oder Fleischgerichte ›geadelt‹ werden. Bei Preisen von bis zu 9000 €/kg muss man sich den Genuss aber leisten können.

Berühmt sind beide Regionen auch für ihre reiche **Käseauswahl**: *Tume piemontesi*, *Robiola*-Käse, *Grana* (Padano aus der Poebene), *Taleggio* aus Bergamo, *Gorgonzola* aus Novara oder sahniger *Mascarpone* aus Lodi, Basis des Exportschlagers *Tiramisù*. Der sattgelbe Fontina-Käse bildet die Grundlage einer Spezialität aus dem Valle d'Aosta: *Fonduta*, Käsefondue mit weißen Trüffeln.
In Bars, Restaurants und Diskotheken, die nicht über separate Räumlichkeiten mit besonderer Lüftung verfügen, herrscht striktes Rauchverbot. Die Missachtung des Rauchverbots kann mit Geldstrafen bis zu 275 € geahndet werden.

Feiertage

1. Januar (*Capodanno*, Neujahr), 6. Januar (*Epifania*, Heilige Drei Könige), Ostersonntag (Pasqua) und Ostermontag (*Pasquetta*), 25. April (*Liberazione*, Fest der Befreiung von Faschismus und deutscher Besatzung 1945), 1. Mai (*Festa del Lavoro*, Tag der Arbeit), 2. Juni (*Festa della Repubblica*), 15. August (*Ferragosto*, Maria Himmelfahrt), 1. November (*Ognissanti*, Allerheiligen), 8. Dezember (*Immacolata Concezione*, Mariä Empfängnis), 25./26. Dezember (*Natale*, Weihnachten).

Hinzu kommen die Heiligen- und Patronatsfeste sowie die *Sagre*, den heimischen Erzeugnissen gewidmete Feiern.

Festivals und Events

Januar

Mailand (6.1.): *Corteo dei Tre Magi*. Umzug der Heiligen Drei Könige mit farbenprächtigem Gefolge zur Basilica S. Eustorgio.

Aosta (30./31.1.): *Foire de St-Ours*. Große Kunsthandwerksmesse, bei der sich alles um traditionelle Produkte dreht, z.B. Klöppelarbeiten aus Cogne und bunte Stoffe aus dem Valgrisenche.

Februar

Ivrea (Karneval): Faschingstreiben in historischen Kostümen. Höhepunkt ist die berühmte Orangenschlacht, *Battaglia delle Arancie*, bei der sich die Teilnehmer in Erinnerung an die Vertreibung eines Tyrannen drei Tage lang gegenseitig mit Orangen bewerfen. Das Fest endet Aschermittwoch mit einem Polenta- und Kabeljau-Essen.

Bagolino (Karneval): Die kostümierten und maskierten *Balarì* (Tänzer) ziehen durch die Gassen des Ortes nahe Brescia und erweisen ihre Ehrerbietung, während die *Mascher* (Maskierten) ihre Verkleidung nutzen, um den Zuschauern Streiche zu spielen.

Februar/März

Ivrea (zwei Wochen nach Karneval): *Eurojazz-Festival*, www.jazzaicscontro musica.com

Turin: Eine Woche lang geht es in der Stadt nur um eins: Schokolade in allen möglichen Formen und Geschmacksrichtungen (www.cioccola-to.com).

März/April

Ostern: Während der *Settimana Santa* (Karwoche) finden Prozessionen praktisch in jedem Ort statt, besonders sehenswert sind sie in *Murazzano* bei Cuneo, *Sordevolo* bei Biella (alle fünf Jahre, die nächsten 2010), *Bormio* und *Vercelli* (nächtliche Karfreitagsprozession).

Mai

Legnano (letzter So): *Palio di Legnano*. Kostümfreudiges Fest in der Stadt nordwestlich von Mailand. Mit Messen, historischen Umzügen und Pferderennen wird der Schlacht gegen Kaiser Barbarossa 1176 gedacht (www.paliodilegna no.it).

Juni

Clusone (Ende Mai–Juli): *Clusone Jazz*. www.clusonejazz.it

Mailand (1. So): *Festa dei Navigli*. Volksfeststimmung an den Kanälen: Gastronomische Stände mit lombardischen Spezialitäten, Schwimmwettbewerbe und musikalische Darbietungen.

Turin (20.–24.6.): *Festa padronale di San Giovanni Battista.* Fest zu Ehren des Stadtpatrons mit Messen, folkloristischen Darbietungen, historischem Umzug und abschließendem Feuerwerk.

Vignale Monferrato (Ende Juni–Aug.): *Vignaledanza*, www.vignaledanza.com.

Juli

Bergamo: *Festival Danza*, www.cscanymore.it

Acqui Terme: *Acqui in Palcoscenico.* Modernes Tanztheater.

Stresa (Ende Juli bis Anf. Sept.): *Settimane musicali di Stresa e del Lago Maggiore.* Klassische Musik in den Orten am See, Tel. 0323 31095, Fax 0323 33006, www.stresafestival.eu

August

La Morra (letzter So): *Mangialonga.* Önogastronomischer Spaziergang durch die Weinberge des Barolo.

September

Asti (zwei Tage vor dem Festival delle Sagre): *Douja d'Or.* Zu Beginn der Weinlese dreht sich auf der Piazza Alfieri zehn Tage lang alles nur um den köstlichen Rebensaft.

Asti (2. So): *Festival delle Sagre.* Die verschiedenen Gemeinden der Provinz Asti stellen ihre kulinarischen Traditionen vor. Zum Schauen und Probieren.

Asti (3. So): *Palio.* Eintauchen ins Mittelalter! Die Einwohner ziehen in originalgetreuen Kostümen durch die Stadt. Am Nachmittag messen sich die Viertel von Asti beim Palio. Entscheidend für den Sieg ist nicht welcher Reiter, sondern welches Pferd als Erstes die Ziellinie überquert.

Turin: *Settembre Musica in Turin.* Klassikereignis in Turin, www.comune.torino.it/settembremusica).

Oktober

Alba (1. So): *Palio degli Asini.* Farbenfroher historischer Umzug mit Fahnenschwingern und anschließendem Wettrennen von meist störrischen Eseln. Das Schlusslicht wird mit einer gesalzenen Sardine belohnt.

Alba (ganzer Monat): *Fiera del Tartufo.* Seit 1929 treffen sich an den über 250 Ständen Trüffelliebhaber aus aller Welt zum Fachsimpeln, Feilschen und Genießen.

Aosta (3. So): *Batailles des Reines.* Kühe kämpfen in einer improvisierten Arena so lange gegeneinander, bis eine das Feld räumt. Außerdem sorgen *Polenta, Lardo* (Speck) und *Fontina* (Käse) für das leibliche Wohl.

November

Turin: *Artissima.* Galerien aus aller Welt zeigen ihre zumeist jüngeren Künstler im Lingotto, www.artissima.it

Dezember

Mailand (5.–8.12.): *Oh bej, Oh bej.* Die Ausrufe der Kinder (Oh, wie schön!, Oh, wie schön!) gab diesem Jahrmarkt den Namen. Es gibt lombardische Süßigkeiten, Kunsthandwerk und Antiquitäten rund um die Kirche des Stadtpatrons S. Ambrogio, dessen Fest am 7. Dez. gefeiert wird.

Mailand (ab 7.12.): Opernsaison an der Scala, Info-Tel. 02 72003744, www.teatroallascala.org

Turin (ab Mitte Dezember): *Mercantino di Natale.* Weihnachtsmarkt im Viertel *Borgo Dora*, auf dem lokales Kunsthandwerk verkauft wird.

Klima und Reisezeit

Im Valle d'Aosta und in den bergigen Regionen des Piemont und der Lombardei herrscht alpines Klima mit langen Wintern und kurzen, kühlen Sommern. In tieferen Lagen hingegen, vor allem in der Poebene, herrschen heiße, nicht selten schwüle Sommer und kalte, meist neblige Winter vor. Die beste **Reisezeit** ist im Frühjahr und Frühherbst. Der Frühsommer kann mit zahlreichen Regentagen überraschen.

Die Oberitalienischen Seen und die Poebene sind besonders schön im Frühling, wenn die Landschaft in voller Blüte steht und die Reisfelder von Wasser bedeckt sind. Gourmets strömen vor allem im Herbst ins Piemont. Das Valle d'Aosta, der Norden und Westen des Piemont sowie die lombardische Provinz Sondrio mit dem Veltlin eignen sich besonders im Sommer und Frühherbst für Kultur- und Wanderreisen. Den Wintersportlern gehören die Monate Dezember bis Anfang April.

Städtereisen – nicht nur in die Metropolen Mailand und Turin – sind immer zu empfehlen außer im heißen Sommermonat August.

Klimadaten Mailand

Monat	Luft (°C) min./max.	Sonnen-std./Tag	Regen-tage
Januar	-1/ 4	2	7
Februar	-1/ 8	4	5
März	6/12	5	7
April	10/17	6	9
Mai	14/21	7	10
Juni	18/25	8	7
Juli	20/28	9	5
August	17/24	8	5
September	13/18	6	6
Oktober	11/17	4	8
November	8/13	2	8
Dezember	5/ 9	2	7

Klimadaten Turin

Monat	Luft (°C) min./max.	Sonnen-std./Tag	Regen-tage
Januar	-1/ 6	3	5
Februar	2/ 9	4	5
März	5/13	4	6
April	9/17	5	8
Mai	13/21	7	10
Juni	16/26	7	9
Juli	19/29	8	5
August	18/27	7	7
September	15/23	6	5
Oktober	10/18	4	6
November	4/11	3	4
Dezember	1/ 7	2	4

Klimadaten Aosta

Monat	Luft (°C) min./max.	Sonnen-std./Tag	Regen-tage
Januar	-5/ 5	2	6
Februar	-3/ 8	5	5
März	1/13	6	5
April	4/16	7	6
Mai	9/21	7	8
Juni	12/25	9	7
Juli	14/28	10	5
August	14/27	9	6
September	10/22	7	6
Oktober	5/16	5	7
November	0/10	3	6
Dezember	-4/ 5	2	6

Quelle: Società Meteorologica Italiana Onlus, www.nimbus.it

Sport

Fußball

Zu den bekanntesten Fußballmannschaften Italiens gehören Internazionale Mailand (kurz *Inter*) und *AC Milan* sowie Juventus Turin (kurz *Juve*). Die Spiele im Giuseppe Meazza Stadion in Mailand sind nicht nur für eingefleischte Fußballfans ein Erlebnis. Wie der Lokalrivale FC Turin spielt die Juve im Stadio Olimpico.

Kartenvorverkauf:

Milan, www.acmilan.com; **Inter**, www.inter.it; **Juve**, www.juventus.com.

Golf

Das Piemont und vor allem die Lombardei, wo sich ein Viertel aller italienischen Golfplätze befindet, sind beliebte Reiseziele für Golfspieler. Es gibt über 40 Plätze (9–27 Löcher). Zu den höchstgelegenen Golfplätzen Europas gehört der Golf Club Cervino (2050 m) in Valtournenche:

Federazione Italiana Golf (FIG), Comitato Regionale Lombardo, Via Gramsci 2, Lallio (Bergamo), Tel. 035 20 46 29, Fax 035 20 46 33, www.golflombardia.it, www.federgolf.it.

Klettern

Wahre Kletterparadiese sind der in der Ortler-Cevedale-Gruppe liegende Nationalpark Stilfserjoch, *Parco Nazionale dello Stelvio*, sowie *Arco* am Nordende des Gardasees und die bei *Lecco* aufragenden gezackten Wände Resegone und Grigne. Berühmt sind auch die künstlichen Kletterwände im Valgrisenche, wie die Staumauer von Beauregard, die so genannte Big Wall.

Radsport

Radsport ist sehr verbreitet. Vorschläge für Radtouren findet man in Broschüren, die bei ENIT [s.S.125] und den IAT-Büros erhältlich sind. Fahrrad-Verleihstellen gibt es in den meisten großen Städten.

Allgemeiner Deutscher Fahrrad-Club (ADFC), Postfach 10 77 47, 28077 Bremen, Tel. 04 21/34 62 90, Fax 04 21/3 46 29 50, www.adfc.de.

Reiten

Der Reitsport hat vor allem im lombardischen Varesotto rund um den Comer See und den Lago Maggiore Tradition. Auch in den Langhe und im Monferrato gibt es zahlreiche Reitschulen, häufig in Verbindung mit *Agriturismo*. Broschüren sind bei ENIT und den IAT-Büros erhältlich.

Wandern

Der *Parco Nazionale del Gran Paradiso* des **Valle d'Aosta** an der Grenze zu Frankreich und der Nationalpark Stilfserjoch, *Parco Nazionale dello Stelvio*, in der **Lombardei** sowie unzählige Naturschutzgebiete locken zu Wanderungen und ausgedehnten Spaziergängen (www.parks.it). Mehrtägige Touren kann man von Juni bis Sept. im Valle d'Aosta auf der TOP TIPP **Alta Via 1** unternehmen, die Gressoney St-Jean mit Courmayeur verbindet. Sie geht am Monte Rosa, Cervino und Grand Combin vorbei und endet zu Füßen des Mont Blanc. Eine mögliche Fortsetzung bildet die *Alta Via 2*, die von Courmayeur nach Champorcher führt. Für leichtere Touren eignet sich besonders das Hinterland der *Oberitalienischen Seen*.

Im **Piemont** ist eine besondere Wanderattraktion die 1000 km lange *Große Alpenwanderung* (GTA = Grande Traversata delle Alpi) durch die Piemontesischen Alpen. Auf rot-weiß gekennzeichneten Wegen kann man Juli–Sept. in 120 Etappen (je 5–7 Std.) von der Valle Anzasca östlich vom Monte Rosa bis an die ligurische Küste nach Ormea wandern (Info: GTA, Tel. 0115624477, www.gtaweb.de). Durch das Piemont verlief im Mittelalter auch einer der *Pilgerwege* nach Rom. Noch heute kann man auf dieser Route über den Moncenisio- und Monginevro-Pass nach Oulx und Susa wandern und weiter nach Bussoleno und Avigliana, von wo aus man Rivoli, Asti und Turin erreicht.

Ein alter Saumpfad führt zum Rifugio Casa dell'Alpino im Nationalpark Val Grande

Club Alpino Italiano (CAI),
Via S. Pellico, Mailand, Tel. 02 86 46 35 16
oder Via Barbaroux 1, Turin,
Tel. 011 54 60 31, www.cai.it.

Wassersport

Auf allen großen *Seen* kann man Segeln, Surfen, Wasserski und Motorboot fahren. In den Badeorten gibt es zahlreiche Wassersportschulen sowie Boots- und Ausrüstungsverleiher. Die zeitweilig reißenden *Flüsse* sind beliebte Reviere für Kanu- und Kajaksportler. Zum **Kajakfahren** eignen sich in der Lombardei besonders die Flussläufe der Brembo bei Bergamo und der Oglio bei Brescia, außerdem die Dora Baltea im Valle d'Aosta sowie der Sesia im Piemont. Besonders beliebt für **Kanutouren** sind im Valle d'Aosta die Flussläufe des Chalamy, des Fer und des Pacoula im Gressoney-Tal, im Piemont der Flusslauf des Val Mala oder der Valle Artogna mit ihren bis zu 50 m hohen Rutschen.

Federazione Italiana Canoa-Kajak Piemont, Corso Stati Uniti 10,
Turin, Tel./Fax 011 56 23 348,
www.federcanoa.it

Wintersport

Die Piemontesischen Alpen, das Valle d'Aosta und die Veltliner Alpen bei Livigno und Bormio sind beliebte Wintersportgebiete. Ideale *Abfahrtpisten* findet man im Valle d'Aosta in Breuil-Cervinia, Courmayeur, La Thuile und Pila sowie im piemontesischen Sestrière. Paradies der *Langläufer* ist Cogne (Valle d'Aosta) mit insgesamt 80 km Loipen, gefolgt von Brusson mit 40 km Loipen. Zentren der Skisportarten Snowboard, Telemark, Freestyle und Carving sind Cervinia, Pila, und La Thuile im Valle d'Aosta. Es gibt aber auch *Heliski* für Skiwanderungen zu ausgesuchten Gipfeln oder Ausflüge auf *Hundeschlitten* im Val Ferret und in Courmayeur. *Informationen* zu den Skigebieten bietet der jährlich erscheinende **ADAC SkiGuide Alpen** und der **ADAC Skiguide im Internet**, www.adac-skiguide.de.

Statistik

Geographische Gliederung: Das Piemont und die Lombardei gehören mit einer Fläche von 25399 km² bzw. 23861 km² zu den größten Regionen Italiens. Das Valle d'Aosta hingegen ist mit nur 3263 km² die kleinste. Die *Lombardei* besteht aus alpinem Bergland (Bernina 4050 m, Adamello 3544 m) mit den Seen Lago Maggiore, Comer See, Lago d'Iseo und Gardasee sowie der fruchtbaren Poebene. Das *Piemont*, das Land ›am Fuß der Berge‹, wird im Norden und Westen von den Alpen umgeben, im Süden vom Apennin (Monviso 3841 m, Argentera 3297 m, Gran Paradiso 4061 m) und im Zentrum liegt die weite Poebene. Das *Valle d'Aosta* mit dem Flusslauf der Dora Baltea formiert sich ausschließlich aus Bergland. Zu den höchsten Gipfeln Italiens und Europas gehören der Mont Blanc (4810 m), das Matterhorn (4478 m), der Monte Rosa (4634 m) und der Gran Paradiso (4061 m).

Verwaltung: Die *Lombardei* ist in 12 Provinzen unterteilt: Bergamo, Brescia, Como, Cremona, Lecco, Lodi, Mantova, Milano, Monza und Brianza, Pavia, Sondrio und Varese. Mit 9,5 Mio. Einwohnern ist sie die bevölkerungsreichste Provinz Italiens (370 Einw./km²). Hauptstadt ist Mailand mit 1,3 Mio. Einwohnern. Das *Piemont* besteht aus den acht Provinzen Alessandria, Asti, Biella, Cuneo, Novara, Torino, Verbano-Cusio-Ossola (Verbania) und Vercelli. Von den 4,3 Mio. Einwohnern leben 900000 in der Hauptstadt Turin. Das *Valle d'Aosta* (124000 Einw.) mit der Hauptstadt Aosta besteht seit 1948 und genießt den Status der Selbstverwaltung. Ein Großteil der Bevölkerung spricht noch Frankoprovenzalisch. Französisch ist neben Italienisch als zweite Amtssprache anerkannt.

Wirtschaft: Beim nationalen Pro-Kopf-Einkommen belegen alle drei Regionen seit Jahren die vordersten Plätze. Die Arbeitslosenquote liegt weit unter dem Landesdurchschnitt von ca 6% (2007): Lombardei 4%, Piemont 4%, Valle d'Aosta 4%. Die Lombardei und das Piemont sind weiterhin die Zugpferde der wirtschaftlichen Entwicklung Italiens. In der Industrie arbeiten in der Lombardei 42%, im Piemont 41% und im Valle d'Aosta – hauptsächlich in der elektrometallurgischen Industrie (Aosta und Pont St-Martin) – 25% der Beschäftigten. Die Stärken liegen auch in der Vielfalt der hier angesiedelten Industrien. *Piemont*: In Ivrea sitzt die 2003 mit Telecom Italia fusionierte Firma Olivetti, Biella ist ein Zentrum der Wollindustrie. Turin allerdings leidet mit FIAT an den seit Jahren sinkenden Absatzzahlen des Automobilkonzerns. *Lombardei*: Unangefochten ist ihre führende Stellung in der Mode- und Designbranche. In der Brianza befinden sich bedeutende Standorte der Möbelindustrie, aber auch viele Hochtechnologie-Unternehmen, in Brescia findet man zahlreiche Stahlwerke und chemische Industrie, Petrochemie dominiert in Mantua, Vigevano ist das Herz der italienischen Schuhdesigner. Die Lombardei ist außerdem das größte Landwirtschaftszentrum Italiens mit einem Anteil von 13,5% an der gesamten Agrarproduktion. Viehzucht (für Milch-, Käse- und Fleischproduktion) sowie Weizen- und Maisanbau sind die Pfeiler, in der Futtermittelproduktion steht die Lombardei sogar an erster Stelle. Vor allem aber der Reisanbau spielt eine große Rolle. Aus der Lomellina sowie aus dem *Piemont* rund um Vercelli und Novara stammt über ein Drittel der europäischen Reisproduktion. Eine große Rolle in der Landwirtschaft des Piemont spielen auch Rinderzucht, Mais und Getreide sowie spezialisierter Obstanbau (Erdbeeren bei Turin, Äpfel im Veltlin, Haselnüsse in den Langhe). Berühmt sind die piemontesischen Weinanbaugebiete im Monferrato und in den Langhe. Das Städtchen Alba gilt als Trüffelhochburg. Im bergigen *Valle d'Aosta* herrschen hingegen Rinderzucht und Käseherstellung (*Fontina*, *Toma valdaostana*) vor.

Eine führende Position am Wirtschaftsaufkommen nimmt in allen drei Regionen der tertiäre Sektor ein. Dazu trägt in der *Lombardei* vor allem Mailand als wichtigstes italienisches Mode-, Messe- und Handelszentrum, aber auch bedeutendster Banken-, Versicherungs-, und Börsenplatz bei. Eine große Rolle spielt der Tourismus im Valle d'Aosta, in den Bergregionen des Piemont sowie am Gardasee.

Unterkunft

Agriturismo

Der Urlaub auf dem Land erfreut sich in Italien großen Zuspruchs, allerdings sind nicht alle Betriebe ganzjährig geöffnet. Auskunft:

Agriturist, Via Isonzo 27, Mailand, Tel. 02 58 30 21 22, Fax 02 58 30 08 81 oder in Rom, Tel. 066 85 23 42, www.agriturist.it

Terranostra, Via Tommaso Salvini 1, Mailand, Tel. 02 76 02 58 40, Fax 02 76 01 51 23 und Piazza San Carlo 197, Turin, Tel. 01 15 62 28 00, www.terranostra.it

Bed & Breakfast

Wer eine Unterkunft mit eher familiärem Zuschnitt sucht, ist bei den Bed & Breakfast-Pensionen gut aufgehoben. *Auskunft*:

Bed & Breakfast Italia, Corso Vittorio Emanuele II. 282/284, Rom, Tel. 066 87 86 18, Fax 066 87 86 19, www.bbitalia.it

Dolce Casa, Via Messina 15, Mailand, Tel. 023 31 18 14, Fax 023 31 30 09, www.dolcecasa.it

Camping

Piemont, Lombardei und das Valle d'Aosta verfügen über ein vorzügliches Netz von Campingplätzen verschiedener Kategorien. Eine Beschreibung geprüfter Anlagen bieten der **ADAC Camping-Caravaning-Führer**, Band Südeuropa (auch als CD-ROM) und der **ADAC Urlaubsführer Europa**, die beide jährlich erscheinen (www.adac.de/campingfuehrer).

Hotels und Pensionen

Hotels und Pensionen werden mit einem Bewertungssystem von * (sehr bescheiden) bis ***** (Luxushotel) klassifiziert. Die Höchstpreise müssen in den Zimmern ausgehängt sein. Infos und Prospektmaterial erhält man über die Fremdenverkehrsbüros. In der Hochsaison, vor allem während der italienischen Schulferien (Mitte Juni–Mitte Sept.), sind Hotels häufig ausgebucht. Eine Auswahl empfehlenswerter Häuser bieten im Haupttext die **Praktischen Hinweise**.

Eine Liste *behindertengerechter* Hotels erhält man bei ENIT oder über *COIN*, Tel. 067 12 90 11, Tel. 800 27 10 27 (innerhalb Italiens, gebührenfrei), www.coinsociale.it.

Jugendherbergen

Die Lombardei, das Piemont und das Valle d'Aosta besitzen insgesamt 12 Jugendherbergen (siehe **Praktische Hinweise**). *Auskunft*:

Associazione Italiana Alberghi per la Gioventù (AIG), Via Cavour 44, Rom, Tel. 064 87 11 52, Fax 064 88 04 92, www.ostellionline.org.

Deutsches Jugendherbergswerk, Bismarckstr. 8, 32756 Detmold, Tel. 052 31/740 10, Fax 052 31/74 01 74, www.jugendherberge.de

Verkehrsmittel im Land

Bahn

Mit der Eisenbahn lassen sich alle größeren Orte bequem erreichen. Die Hauptstrecken sind Turin–Mailand–Venedig, Turin–Genua–Rom und Turin–Piacenza. Auch die Poebene, Aosta sowie das Valle di Susa sind gut erreichbar. Auf manchen Strecken kann man Fahrräder mitnehmen. In anderen Tälern sowie in den Langhe und im Monferrato ist man hingegen auf das Auto angewiesen. Auskunft:

Trenitalia, Call Center 89 20 21, www.trenitalia.it.

Bus

Ein dichtes Autobusnetz verbindet die großen Städte mit allen wichtigen Orten im Hinterland. Fahrkarten (*Biglietti*) besorgt man sich an Kiosken oder im Bus selbst.

Schiff

Fährverbindungen gibt es am Comer See, Lago Maggiore, Lago d'Iseo und Gardasee. Teilweise. gibt es Kombitickets für Bus oder Bahn und anschließende Schifffahrten. *Auskunft*:

Navigazione Laghi, Via L. Ariosto 21, Mailand, Tel. 024 67 61 01, Fax 02 46 76 10 59, www.navlaghi.it.

Mietwagen

In den Städten und größeren Orten stehen Mietwagenfirmen zur Verfügung. Für Mitglieder bietet die **ADAC Autovermietung GmbH** günstige Konditionen. Buchungen sind über die ADAC-Geschäftsstellen möglich oder unter Tel. 018 05/31 81 81 (0,14 €/Min.).

Sprachführer

Italienisch für die Reise

Das Wichtigste in Kürze

Ja/Nein	*Sì/No*
Bitte/Danke	*Per favore/Grazie*
In Ordnung./Einverstanden.	*Va bene./D'accordo.*
Entschuldigung!	*Scusi!*
Wie bitte?	*Come dice?*
Ich verstehe Sie nicht.	*Non La capisco.*
Ich spreche nur wenig Italienisch.	*Parlo solo un po' d'italiano.*
Können Sie mir bitte helfen?	*Mi può aiutare, per favore?*
Das gefällt mir (nicht).	*(Non) Mi piace.*
Ich möchte …	*Vorrei …*
Haben Sie …?	*Ha …?*
Wie viel kostet …?/	*Quanto costa …?*
Kann ich mit Kreditkarte bezahlen?	*Posso pagare con la carta di credito?*
Wie viel Uhr ist es?	*Che ore sono?/Che ora è?*
Guten Morgen!/Guten Tag!	*Buon giorno!*
Guten Abend!	*Buona sera!*
Gute Nacht!	*Buona notte!*
Hallo!/Grüß dich!	*Ciao!*
Wie ist Ihr Name, bitte?	*Come si chiama, per favore?*
Mein Name ist …	*Mi chiamo …*
Ich bin Deutsche(r)	*Sono tedesca(-o)*
Ich komme aus Deutschland.	*Sono della Germania.*
Wie geht es Ihnen?	*Come sta?*
Auf Wiedersehen!	*Arrivederci!*
Tschüs!	*Ciao!*
Bis bald!	*A presto!*
Bis morgen!	*A domani!*
gestern/heute/morgen	*ieri/oggi/domani*
am Vormittag/am Nachmittag	*la mattina/al pomeriggio*
am Abend/in der Nacht	*la sera/la notte*
um 1 Uhr/um 2 Uhr …	*all'una/alle due …*
um Viertel vor (nach) ...	*alle ... meno un quarto (e un quarto)*
um ... Uhr 30	*alle ... e trenta*
Minute(n)/Stunde(n)	*minuto(-i)/ora(-e)*
Tag(e)/Woche(n)	*giorno(-i)/settimana(-e)*
Monat(e)/Jahr(e)	*mese(-i)/anno(-i)*

Zahlen

0	*zero*	19	*diciannove*
1	*uno*	20	*venti*
2	*due*	21	*ventuno*
3	*tre*	22	*ventidue*
4	*quattro*	30	*trenta*
5	*cinque*	40	*quaranta*
6	*sei*	50	*cinquanta*
7	*sette*	60	*sessanta*
8	*otto*	70	*settanta*
9	*nove*	80	*ottanta*
10	*dieci*	90	*novanta*
11	*undici*	100	*cento*
12	*dodici*	200	*duecento*
13	*tredici*	1000	*mille*
14	*quattordici*	2000	*duemila*
15	*quindici*	10 000	*diecimila*
16	*sedici*	1 000 000	*un millione*
17	*diciassette*	1/2	*mezzo*
18	*diciotto*	1/4	*un quarto*

Wochentage

Montag	*lunedì*
Dienstag	*martedì*
Mittwoch	*mercoledì*
Donnerstag	*giovedì*
Freitag	*venerdì*
Samstag	*sabato*
Sonntag	*domenica*

Monate

Januar	*gennaio*
Februar	*febbraio*
März	*marzo*
April	*aprile*
Mai	*maggio*
Juni	*giugno*
Juli	*luglio*
August	*agosto*
September	*settembre*
Oktober	*ottobre*
November	*novembre*
Dezember	*dicembre*

Maße

Kilometer	*chilometro(-i)*
Meter	*metro(-i)*
Zentimeter	*centimetro(-i)*
Kilogramm	*chilo(-i)*
Pfund	*mezzo chilo*
100 Gramm	*etto(-i)*
Liter	*litro(-i)*

Unterwegs

Nord/Süd/West/Ost	*nord/sud/ovest/est*
oben/unten	*sopra/sotto*
geöffnet/geschlossen	*aperto/chiuso*
geradeaus/links/ rechts/zurück	*diritto/sinistra/ destra/indietro*
nah/weit	*vicino/lontano*
Wie weit ist …?	*A che distanza si trova…?*
Wo sind die Toiletten?	*Dove sono le toilette?*
Wo ist die (der) nächste …	*Dove si trova nelle vicinanze …*
Telefonzelle/	*una cabina telefonica/*
Bank/	*una banca/*
Geldautomat/	*un bancomat/*
Post/	*la posta/*
Polizei?	*la polizia?*
Bitte, wo ist …	*Scusi, dov'è …*
der Hauptbahnhof/	*la stazione centrale/*
der Busbahnhof/	*la stazione autolinee/*
der Flughafen?	*l'aeroporto?*
Wo finde ich …	*Dove si trova …*
eine Bäckerei/	*un panificio/*
Fotoartikel/	*gli articoli fotografici*
ein Kaufhaus/	*un grande magazzino/*
ein Lebensmittel-geschäft/	*un negozio di alimentari/*
den Markt?	*il mercato?*
Ist das der Weg/ die Straße nach …?	*È questa la strada per ….?*
Ich möchte mit …	*Vorrei andare …*
dem Zug/	*col treno/*
dem Schiff/	*colla nave/*
der Fähre/	*col traghetto/*
dem Flugzeug	*col aereo*
nach … fahren.	*a …*
Gilt dieser Preis für Hin- und Rückfahrt?	*È la tariffa di andata e ritorno?*
Wie lange gilt das Ticket?	*Fino a quando è valido il biglietto?*
Wo ist das Fremden-verkehrsamt/	*Dov'è l'Ufficio per il turismo/*
ein Reisebüro?	*un'agenzia viaggi?*
Ich suche eine Hotelunterkunft.	*Cerco un albergo.*
Wo kann ich mein Gepäck lassen?	*Dove posso deposi-tare i miei bagagli?*
Ich habe meinen Koffer verloren.	*Ho perso la mia valigia.*
Ich möchte eine Anzeige erstatten.	*Vorrei fare una denuncia.*
Man hat mir …	*Mi hanno rubato …*
Geld/die Tasche/	*i soldi/la borsa/*
die Papiere/	*i documenti/*
die Schlüssel/	*le chiavi/*
den Fotoapparat/	*la macchina foto-grafica/*
den Koffer/	*la valigia/*
das Fahrrad gestohlen.	*la bicicletta.*

Freizeit

Ich möchte ein …	*Vorrei noleggiare …*
Fahrrad/	*una bicicletta/*
Motorrad/	*un moto/*
Surfbrett/	*una tavola da surf/*
Mountainbike/	*un mountain bike/*
Boot/	*una barca/*
Pferd mieten.	*un cavallo.*
Gibt es in der Nähe ein(en) …	*Dove si trova nelle vicinanze …*
Freizeitpark/	*un parco di divertimento/*
Freibad/	*una piscina pubblica/*
Golfplatz/	*un campo di golf/*
Strand?	*una spiaggia?*
Wann hat … geöffnet?	*Quando è aperto (aperta) …?*

Bank, Post, Telefon

Brauchen Sie meinen Ausweis?	*Vuole vedere i miei documenti?*
Wo soll ich unterschreiben?	*Dove debbo firmare?*
Ich möchte eine Telefon-verbindung nach …	*Vorrei un colle-gamento telefonico con …*
Wie lautet die Vorwahl für …?	*Qual è il prefisso per …?*
Wo gibt es …	*Dove trovo …*
Telefonkarten/	*le schede telefoniche/*
Briefmarken?	*i francobolli?*

Tankstelle

Wo ist die nächste Tankstelle?	*Dov'è la stazione di servizio più vicina?*

Hinweise zur Aussprache

c, cc	vor ›e‹ und ›i‹ wie ›tsch‹, Bsp.: **ci**ao; sonst wie ›k‹, Bsp.: **co**me
ch, cch	wie ›k‹, Bsp.: **ch**e, **ch**ilo
g, gg	vor ›e‹ und ›i‹ wie ›dsch‹, Bsp.: **ge**nte; sonst wie ›g‹, Bsp.: **go**la
gli	wie ›L**ili**e‹, Bsp.: fi**gli**o
gn	wie ›Co**gn**ac‹, Bsp.: ba**gn**o
sc	vor ›e‹ und ›i‹ wie ›sch‹, Bsp.: **sci**opero; sonst wie ›sk‹, Bsp.: **sc**ala
sch	wie ›sk‹, Bsp.: I**sch**ia
sci	vor ›a,o,u‹ wie ›sch‹, Bsp.: la**scia**re
z	wie ›ds‹, Bsp.: **zu**ppa

Ich möchte … Liter … Benzin/Super/ Diesel.	*Vorrei … litri … di benzina/super/ diesel.*
Volltanken, bitte.	*Faccia il pieno, per favore.*
Bitte prüfen Sie …	*Verifichi per favore …*
den Reifendruck/	*la pressione delle ruote/*
den Ölstand/	*il livello dell'olio/*
den Wasserstand/	*il livello dell'acqua/*
das Wasser für die Scheibenwischanlage/	*l'acqua per il tergicristallo/*
die Batterie.	*la batteria.*
Würden Sie bitte …	*Per favore, mi può …*
den Ölwechsel vornehmen/	*cambiare l'olio/*
den Radwechsel vornehmen/	*cambiare la ruota/*
die Sicherung austauschen/	*sostituire il fusibile/*
die Zündkerzen erneuern/	*sostituire le candele/*
die Zündung nachstellen.	*regolare l'accensione.*

Panne

Ich habe eine Panne.	*Ho un guasto.*
Der Motor startet nicht.	*La macchina non parte.*
Ich habe die Schlüssel im Wagen gelassen.	*Ho le chiavi in macchina.*
Ich habe kein Benzin/ Diesel.	*Non ho più benzina/ diesel.*
Gibt es hier in der Nähe eine Werkstatt?	*C'è un'officina qui vicino?*
Können Sie mein Auto abschleppen?	*Può effettuare il traino?*
Können Sie mir einen Abschleppwagen schicken?	*Mi potrebbe mandare un carro attrezzi?*
Können Sie den Wagen reparieren?	*Può riparare la mia macchina?*
Bis wann?	*Quando sarà pronta?*

Mietwagen

Ich möchte ein Auto mieten.	*Vorrei noleggiare una macchina.*
Was kostet die Miete …	*Quanto costa il noleggio …*
pro Tag/	*al giorno/*
pro Woche/	*alla settimana/*
mit unbegrenzter km-Zahl/	*senza limite chilometraggio/*
mit Kaskoversicherung/	*con assicurazione ›kasko‹/*
mit Kaution?	*con cauzione?*
Wo kann ich den Wagen zurückgeben?	*Dove posso restituire la macchina?*

Unfall

Hilfe!	*Aiuto!*
Achtung!/Vorsicht!	*Attenzione!*
Rufen Sie bitte schnell …	*Per favore, chiami subito …*
einen Krankenwagen/	*un'ambulanza/*
die Polizei/	*la polizia/*
die Feuerwehr.	*i vigili del fuoco.*
Es war (nicht) meine Schuld.	*(Non) È stata colpa mia.*
Geben Sie mir bitte Ihren Namen und Ihre Adresse.	*Mi dia il suo nome ed indirizzo, per favore.*
Ich brauche die Angaben zu Ihrer Autoversicherung.	*Mi dia i particolari della sua assicurazione auto.*

Krankheit

Können Sie mir einen guten Deutsch sprechenden Arzt/ Zahnarzt empfehlen?	*Mi può consigliare un bravo medico/ dentista che parla il tedesco?*
Wann hat er Sprechstunde?	*Qual è l'orario delle visite?*
Wo ist die nächste Apotheke?	*Dove si trova la farmacia più vicina?*
Ich brauche ein Mittel gegen …	*Vorrei qualcosa contro …*
Durchfall/	*la diarrea/*
Halsschmerzen/	*mal di gola/*
Fieber/	*la febbre/*
Insektenstiche/	*le punture d'insetti/*
Kopfschmerzen	*mal di testa*
Verstopfung/	*la costipazione/*
Zahnschmerzen	*mal di denti.*

Hotel

Können Sie mir bitte ein Hotel/eine Pension empfehlen?	*Potrebbe consigliarmi un albergo/ una pensione, per favore?*
Ich habe bei Ihnen ein Zimmer reserviert.	*Ho prenotato una camera.*
Haben Sie ein Einzel-/ Doppelzimmer …	*Ha una camera singola/ doppia …*
mit Dusche/	*con doccia/*
mit Bad/WC/	*con bagno/toilette/*
für eine Nacht/	*per una notte/*
für eine Woche/	*per una settimana/*
mit Blick aufs Meer?	*con vista sul mare?*
Was kostet das Zimmer …	*Quanto costa una camera …*
mit Frühstück/	*con prima colazione/*

mit Halbpension/ mit Vollpension?	*con mezza pensione/ con pensione completa?*
Wie lange gibt es Frühstück?	*Fino a che ora viene servita la colazione?*
Ich möchte um … Uhr geweckt werden.	*Vorrei essere svegliato alle ore …*
Ich reise heute Abend/ morgen früh ab.	*Vorrei partire questa sera/ domani mattina.*
Haben Sie ein Fax/ einen Internet-anschluss/ einen Hotelsafe?	*Ha un fax/ un collegamento Internet/ una cassetta di sicurezza?*
Kann ich mit Kreditkarte zahlen?	*Posso pagare con la carta di credito?*

Restaurant

Ich suche ein gutes/günstiges Restaurant.	*Cerco un buon ristorante/ un ristorante non troppo caro.*
Die Speisekarte/ Getränkekarte, bitte.	*Vorrei la carta/ la lista delle bevande, per favore.*
Welches Gericht können Sie besonders empfehlen?	*Quale piatto mi può consigliare?*
Ich möchte das Tagesgericht/ das Menü (zu …).	*Vorrei il piatto del giorno/ il menù (da …).*
Ich möchte nur eine Kleinigkeit essen.	*Vorrei uno spuntino.*
Haben Sie … vegetarische Gerichte/ offenen Wein/ alkoholfreie Getränke?	*Ha dei … piatti vegetariani/ vini della casa/ analcolici?*
Kann ich bitte … ein Messer/ eine Gabel/ einen Löffel haben?	*Vorrei avere … un coltello/ una forchetta/ un cucchiaio.*
Die Rechnung/ Bezahlen bitte!	*Vorrei il conto, per favore!*

Essen und Trinken

Abendessen	*cena*
Apfel	*mela*
Artischocken	*carciofi*
Auberginen	*melanzane*
Bier	*birra*
Bohnen	*fagioli*
Brot/Brötchen	*pane/panino*
Butter	*burro*
Ei (Eier)	*uovo (uova)*
Ente	*anitra*
Erdbeeren	*fragole*
Espresso (mit Milch)	*caffè (macchiato)*
Essig	*aceto*
Feigen	*fichi*
Fisch	*pesce*
Flasche	*bottiglia*
Fleisch	*carne*
Fruchtsaft	*succo di frutta*
Frühstück	*prima colazione*
gegrillt	*ai ferri/alla griglia*
Gemüse	*verdura*
Glas	*bicchiere*
Huhn	*pollo*
Kalbfleisch	*vitello*
Kalbshaxenscheibe	*ossobuco*
Kaninchen	*coniglio*
Kartoffeln	*patate*
Käse	*formaggio*
Knoblauch	*aglio*
Kotlett	*costoletta*
Krabben	*gamberetti*
Lamm	*agnello*
Languste	*aragosta*
Maisgericht	*polenta*
Meeresfrüchte	*frutti di mare*
Miesmuscheln	*cozze*
Milch mit einem Schuss Espresso	*latte macchiato*
Milchkaffee	*caffellatte*
Mineralwasser (mit/ ohne Kohlensäure)	*acqua minerale (con/senza gas)*
Mittagessen	*pranzo*
Nachspeise	*dolce*
Obst	*frutta*
Öl	*olio*
Orange	*arancia*
Parmesankäse	*parmigiano*
Pfeffer	*pepe*
Pfirsich	*pesca*
Pilze	*funghi*
Rindfleisch	*carne di manzo*
Salat	*insalata*
Salz	*sale*
Schafskäse	*ricotta*
Schinken	*prosciutto*
Schweinefleisch	*carne di maiale*
Spinat	*spinaci*
Steak	*bistecca*
Suppe	*minestra/zuppa*
Thunfisch	*tonno*
Tintenfische	*polpetti*
Tomaten	*pomodori*
Venusmuscheln	*vongole*
Vorspeisen	*antipasti*
Wein, Weiß-/ Rot-/ Rosé-Wein	*vino bianco/ rosso/ rosato*
Weintrauben	*uva*
Zucker	*zucchero*
Zwiebeln	*cipolle*

ADAC Reiseführer – die besten, die wir je gemacht haben.

144 bzw. 192 Seiten, je Band 6,50 € (D), 6,70 € (A), 12,– sFr.

Ägypten
Algarve
Allgäu
Amsterdam
Andalusien
Australien
Bali & Lombok
Baltikum
Barcelona
Berlin
Bodensee
Brandenburg
Brasilien
Bretagne
Budapest
Bulg. Schwarzmeerküste
Burgund
City Guide Germany
Costa Brava & Costa Daurada
Côte d'Azur
Dänemark
Deutschland – Die schönsten Städtetouren
Dominikanische Republik
Dresden
Dubai, Vereinigte Arabische Emirate, Oman
Elsass
Emilia Romagna
Florenz
Florida
Franz. Atlantikküste
Fuerteventura
Gardasee
Golf von Neapel
Gran Canaria
Hamburg
Harz
Hongkong & Macau
Ibiza & Formentera
Irland
Israel
Istanbul 3/2009
Italienische Adria
Italienische Riviera
Jamaika
Kalifornien
Kanada – Der Osten
Kanada – Der Westen
Karibik
Kenia
Korfu & Ionische Inseln
Kreta
Kuba
Kroatische Küste – Dalmatien
Kroatische Küste – Istrien
Kykladen
Lanzarote
Leipzig
London
Madeira
Mallorca
Malta
Marokko
Mauritius & Rodrigues
Mecklenburg-Vorpommern
Mexiko
München
Neuengland
Neuseeland
New York
Niederlande
Norwegen
Oberbayern
Österreich
Paris
Peloponnes
Piemont, Lombardei, Valle d'Aosta
Polen
Portugal
Prag
Provence
Rhodos
Rom
Rügen, Hiddensee, Stralsund
Salzburg
Sardinien
Schleswig-Holstein
Schottland
Schwarzwald
Schweden
Schweiz
Sizilien
Spanien
St. Petersburg
Südafrika
Südengland
Südtirol
Sylt
Teneriffa
Tessin
Thailand
Thüringen 3/2009
Toskana
Türkei – Südküste
Türkei – Westküste
Tunesien
Umbrien
Ungarn
USA – Südstaaten
USA – Südwest
Usedom
Venedig
Venetien & Friaul
Wien
Zypern

Weitere Titel in Vorbereitung.

ADAC Reiseführer Jubiläumsbände – Maxi-Umfang! Mini-Preis!

348 bzw. 450 Seiten, je Band 9,95 € (D), 10,25 € (A), 17,50 sFr.

Deutschland
Freizeitparadies Alpen
Italien

ADAC Reiseführer plus – Top-Reiseführer mit perfekten Urlaubskarten.

144 bzw. 192 Seiten, je Band 8,95 € (D), 9,20 € (A), 16,80 sFr.

Ägypten
Allgäu
Amsterdam
Andalusien
Australien
Baltikum
Barcelona
Berlin
Berlin (engl.)
Bodensee
Brandenburg
Budapest
Côte d'Azur
Dänemark
Deutschland – Die schönsten Autotouren
Dresden
Dubai
Elsass
Florenz
Französische Atlantikküste
Fuerteventura
Gardasee
Gran Canaria
Golf von Neapel
Hamburg
Harz
Irland
Italienische Adria
Italienische Riviera
Kanada – Der Westen
Kanada – Der Osten
Kenia
Korfu/Ionische Inseln
Kreta
Kuba
Kroatische Küste – Dalmatien
Kroatische Küste – Istrien
Leipzig
London
Madeira
Mallorca
Malta
Mecklenburg-Vorpommern
München
New York
Norwegen
Oberbayern
Österreich
Paris
Piemont und Lombardei
Polen
Portugal
Prag
Rhodos
Rom
Rügen, Hiddensee, Stralsund
Salzburg
Sardinien
Schleswig-Holstein
Schwarzwald
Schweden
Schweiz
Sizilien
Spanien
St. Petersburg
Südtirol
Südengland
Sylt
Teneriffa
Thailand
Toskana
Tunesien
Türkei – Südküste
Türkei – Westküste
Usedom
Venedig
Venetien
Wien
Zypern

Weitere Titel in Vorbereitung.

ADAC Reiseführer Audio – umfassende Information und einzigartiges Hörerlebnis.

144 bzw. 192 Seiten, mit TourSet auf CD, 9,95 € (D), 10,25 € (A), 17,50 sFr.

Barcelona
Berlin
Dresden
Florenz
Hamburg
Leipzig
London
München
New York
Paris
Prag
Rom
Wien

Weitere Titel in Vorbereitung.

08/08

Register

Impressum

Redaktionsleitung und Lektorat:
Dr. Dagmar Walden
Aktualisierung: Thomas Paulsen
Bildredaktion: Johannes Graf von Preysing
Karten: Computerkartographie Carrle, München
Herstellung: Martina Baur
Druck, Bindung: Offizin Andersen Nexö, Leipzig
Printed in Germany

Ansprechpartner für den Anzeigenverkauf:
Kommunalverlag GmbH & Co KG,
MediaCenterMünchen, Tel. 089/92 80 96-44

ISBN 978-3-89905-490-3
ISBN 978-3-89905-714-0 Reiseführer Plus

Neu bearbeitete Auflage 2009

Bildnachweis

Umschlag-Vorderseite: Grinzane Cavour.
Foto: laif, Köln (Krinitz)
Umschlag-Vorderseite Reiseführer Plus:
Blick über den Lago d'Iseo.
Foto: Bildagentur Schapowalow, Hamburg

Titelseite
Oben: Mailänder Pracht: Duomo S. Maria Nascente (Wh. von S. 21)
Mitte: Reiterspektakel in Asti: der Palio (Wh. von S. 98)
Unten: Südliches Flair: der Comer See (Wh. von S. 60)

AKG, Berlin: 9 unten, 12, 13, 14, 15 oben, 24, 27 oben, 30, 53 – Associated Press, Frankfurt/Main: 15 unten (Alberto Ramella) – Udo Bernhart, Langen: 77, 97, 107, 124 links unten – dpa picture alliance, Frankfurt: 30 (ANSA) – Hedda Eid, München: 4 oben, 5 links, 6, 10 oben und Mitte, 36 oben, 41, 46, 47, 48, 49, 63 (2), 68, 71, 83 (2), 96, 98 (2), 108, 109, 110, 111, 114 unten, 116, 118, 119, 120 unten, 121 oben, 123 unten – FAN, Lüneburg: 9 oben (Jens Rufenach) – Fototeca ENIT, München: 106 oben – Herbert Hartmann, München: 21 oben, 23, 27 unten, 29, 44 unten, 55, 56 – Huber, Garmisch-Partenkirchen: 7 unten, 8 oben, 31, 34, 35, 40, 74 (Ripani), 51 (Simeone), 73, 93 (Giovanni) – Gerold Jung, Ottobrun: 4 unten, 60 oben, 101, 102, 122, 124 links Mitte, 133 – laif, Köln: 3 oben (Celentano), 7 oben, 32 (Kristensen), 75/76 (Cathrine Stukhard), 91 (Eid), 104 (Krinitz), 133 (Kuerschner), 69, 95 – LOOK, München: 39 (2), 58 (Max Galli), 25 (Rainer Martini), 59 (Franz Marc Frei) – Gino Russo, Savona (Italia): 19, 26 – Klaus Thiele, Warburg: 28, 81, 112, 113, 124 rechts oben und links Mitte – Ernst Wrba, Sulzbach/Taunus: 5 rechts, 8 unten, 10 unten, 11 (2), 16/17, 22, 33, 36 unten, 43, 44 oben, 45, 50, 51 unten, 54, 60 unten, 62, 65, 66, 67, 74, 78, 80, 82, 84, 87, 89, 92, 100, 103, 105, 106 unten, 114 oben, 117, 119, 120 oben, 121 unten, 124 rechts unten und links oben